POLICE
le défi des années
2000

HENRI-PAUL VIGNOLA

POLICE
le défi des années
2000

MONTRÉAL - PARIS

• L'auteur et l'éditeur tiennent à remercier le Conseil de sécurité publique et le Service de police de la Communauté urbaine de Montréal pour avoir bien voulu mettre à leur disposition certains articles parus dans la revue du Service de police de la C.U.M.

Conception et maquette de la couverture :
Luce Vignola et Michel Toupin

ISBN 2-7604-0171-5

Dépôt légal : 2ᵉ trimestre 1982

82 83 84 85 86   1 2 3 4 5
Imprimé au Canada

TABLE DES MATIÈRES

PRÉFACE

Le policier est d'abord et avant tout un citoyen. À ce titre, comme tous les autres, ses préoccupations rejoignent celles de l'ensemble de la société.

Mais, bien sûr, un rôle particulier lui est conféré. Il doit, plus que tout autre, contribuer à la sécurité des citoyens et citoyennes, comme il est aussi appelé à réprimer les écarts ou les abus que certains commettent à l'endroit des personnes et des biens. Il accomplit également une mission institutionnelle en tant qu'agent de justice, en tant qu'intervenant du processus judiciaire.

La façon d'accomplir ce rôle aux multiples facettes influence grandement l'idée et l'appréciation que les citoyens et citoyennes se font de la Justice, puisqu'à toutes fins utiles, le seul contact ou la seule vision que la plupart des gens auront jamais de la Justice leur sera fourni par le policier. Toutefois, le policier, même en accomplissant au mieux sa mission, ne pourra jamais obtenir de résultats à la mesure des attentes s'il ne peut compter sur la compréhension, l'aide et la contribution des citoyens et citoyennes.

C'est ce rapport de réciprocité, de complémentarité, basé sur une mutuelle compréhension, que policiers et citoyens ont à développer et approfondir.

Le livre d'Henri-Paul Vignola vient sûrement favoriser ce rapprochement citoyen-policier. S'adressant aux uns et aux autres, il met en perspective la fonction policière dans un contexte social en constante mutation. Il suggère les paramètres d'une réflexion qui devrait conduire chacun à mieux se comprendre et à conjuguer leurs efforts vers l'objectif commun, qui est le mieux-être collectif.

L'auteur nous fait bénéficier de trente ans d'une expérience particulièrement intense dans la fonction policière, dont il a franchi tous les échelons.

Ajoutant tout au long de sa carrière le perfectionnement académique et l'approfondissement des sciences humaines à la formation difficile, mais irremplaçable, que procure le travail quotidien sur le terrain, Monsieur Vignola ajoutera à la réflexion une dimension à la fois pratique et hautement qualifiée.

La très large contribution qu'il a su apporter, avec compétence et inlassable dévouement à la fonction policière, il en fait aujourd'hui bénéficier un plus vaste auditoire. Henri-Paul Vignola montre également par là son souci de rapprocher, d'unir citoyens et policiers, pour qu'ensemble ils relèvent le défi du quotidien et celui de notre avenir collectif.

Je partage cet objectif et je tiens à marquer mon appréciation de l'initiative prise par l'auteur de cette publication et je souhaite que sa diffusion reçoive l'accueil mérité.

Le Ministre de la Justice

MARC-ANDRÉ BÉDARD

INTRODUCTION

Notre société, depuis la Révolution tranquille, a constamment relevé des défis de taille. Ainsi, la décennie des années 1960 à 70 a été le défi de l'éducation au Québec ; celle des années 70 à 80, celui des affaires sociales ; la décennie où nous vivons nous confronte aujourd'hui et nous confrontera pour une période encore imprévisible au défi économique. Sans devenir prophète, il est facile de prévoir qu'à travers cette conjoncture socio-économique la police deviendra le défi des années 2000, non seulement pour les policiers, mais aussi pour les hommes politiques, les responsables syndicaux et tous les citoyens.

Il s'agit de s'arrêter un instant pour réaliser que la police fait partie de la trame sociale et quotidienne dans laquelle vit chaque citoyen. La sécurité physique et personnelle est constamment présente dans l'esprit des gens et devient parfois même pour certains une obsession parce qu'elle fait partie du mieux-être et de la qualité de vie de notre environnement et de notre quotidien.

Au cours des dix ou quinze dernières années, aux États-Unis comme au Canada, la criminalité et les coûts de la justice pénale ont augmenté de façon continue. La criminalité, depuis la Deuxième Guerre mondiale, bien qu'elle ait varié d'une forme à l'autre, a fait que le taux par habitant des crimes de violence a plus que doublé particulièrement pour le meurtre, le viol et le vol qualifié.

Quant aux crimes contre la propriété, vols de biens appartenant à des individus où à des sociétés, la hausse est encore plus accentuée, elle dépasse de dix fois les crimes de violence. Cette forme de criminalité est celle qui menace surtout le citoyen dans sa vie intime, son foyer et son « royaume ». Il y a aussi la criminalité reliée à l'alcool, aux drogues, aux véhicules automobiles et aux affaires, cette criminalité qui fait partie de plus en plus de la vie quotidienne de notre société a aussi connu une augmentation marquée.

Malgré cette situation, les citoyens pour la plupart ne réalisent pas pleinement l'impact. En effet, combien constatent que cet essor du crime entraîne parallèlement un accroissement des pertes financières et sans négliger les torts physiques et les traumatismes d'ordre émotionnel causés aux victimes et aux témoins.

Nous sommes-nous arrêtés pour nous poser cette question et nous demander ce que la société fait actuellement pour les victimes de crimes et le sort qu'elle leur réserve ? Les victimes de crimes jusqu'à aujourd'hui continuent à être ignorées et ne reçoivent pas véritablement une aide efficace. Bien qu'au cours des dernières années le public ait pu être quelque peu sensibilisé par les mouvements féministes aux problèmes des victimes de viol et de violence contre les femmes et les enfants, il reste encore beaucoup de chemin à parcourir.

Des études ont été entreprises sur la victimisation dans le but de mesurer les effets du crime sur les victimes. Des sondages d'opinion ont aussi été effectués et ils ont permis de constater que le public en général ressent un malaise face à la criminalité et une détérioration du sentiment de sécurité ; de plus, un pourcentage croissant de citoyens cherche davantage à éviter de circuler dans certains quartiers par crainte d'être assailli. D'autres enquêtes ont aussi démontré que les gens veulent de façon générale que soient imposées des peines plus sévères aux coupables d'actes criminels.

Au cours des dernières décades, les budgets consacrés à la justice et à la police en particulier, ont augmenté plus rapidement que ceux de la plupart des autres secteurs. Les sommes d'argent consacrées par exemple à l'administration des prisons fédérales de même qu'à ses effectifs ont connu un accroissement astronomique. Ainsi, dans les institutions pénitentiaires de juridiction fédérale, les effectifs ont quadruplé durant les dix dernières années, à un point tel que le personnel de ces services équivaut ou presque au nombre des détenus.

Les services policiers ont connu de leur côté un accroissement en flèche des coûts et des effectifs. Aujourd'hui, cette situation préoccupe grandement les hommes politiques, les administrateurs policiers et les citoyens. En conséquence, les opérations administratives des services policiers, en fonction de leur efficacité, sont passées à la loupe et scrutées dans les détails aussi bien par les hommes publics et les médias d'information que par la population en général. Bien que la compétence des dirigeants se soit améliorée, ils doivent être encore plus éveillés et conscients de leurs responsabilités en se rappelant constamment qu'ils ont en tout temps des comptes à rendre aux citoyens et à leurs représentants élus sur leur gestion des ressources humaines, physiques et financières mises à leur disposition.

À l'intérieur du système de justice criminelle, du système correctionnel et des services de police, des programmes innovateurs et coûteux ont été l'objet d'expériences. Le personnel des Services de police et des divers systèmes de l'administration de la justice est maintenant mieux payé. Il profite en général de bénéfices sociaux avantageux, il est formé, éduqué et équipé mieux que jamais et il dispose de moyens de communication et d'équipement technique avancé et sophistiqué. Malgré toutes ces améliorations, la société subit une hausse de la criminalité et une détérioration du tissu social semble vouloir prendre forme à travers le pays.

N'est-il pas décevant de constater un tel échec devant cette hausse constante de la criminalité ? Comment expliquer cet échec ? Pourrait-il provenir du fait que nos énergies ont été appliquées à combattre le crime après la commission de l'acte et après que le criminel ait réussi son délit ?

La police est rendue à une croisée des chemins entre la répression, où elle a surtout concentré ses efforts dans une ligne traditionnelle, et la prévention, où elle devra, par des programmes originaux et innovateurs, orienter ses interventions avant la commission du fait délictueux. Un changement de stratégie s'impose de toute urgence, particulièrement devant cette montée grandissante de la criminalité pendant que nous connaissons une augmentation des coûts malgré des contraintes budgétaires rigoureuses.

Les citoyens prennent conscience à la fois de cette situation menaçante de la criminalité et de leurs droits individuels, et en même temps ils souhaitent pouvoir vivre dans un milieu sûr et exempt de crime dans toute la mesure du possible. Mais cet objectif ne sera réalisable que par la prévention du crime et la collaboration du public.

Le citoyen devant cette hausse de la criminalité et des coûts de plus en plus élevés des services policiers, doit être appelé à jouer un rôle important. Monsieur Tout le Monde ne doit plus demeurer un témoin muet, insouciant et passif de cette situation. Il doit dès maintenant s'impliquer dans une action concrète en collaborant et en participant à des programmes communautaires de prévention du crime dans son quartier. Cette nouvelle forme de bénévolat, si l'on peut dire, en matière de sécurité publique aura pour but en définitive, de mobiliser les honnêtes citoyens et de les encourager à devenir des artisans de leur propre sécurité. La lutte au crime ne doit plus demeurer la préoccupation exclusive de la police.

Citons l'exemple d'un district policier dont la population est d'environ 100 000 habitants et où le nombre de policiers en service sur la relève de nuit peut se situer autour d'une vingtaine de patrouilleurs. En prenant pour acquis que tous ces policiers sont très bien formés, disciplinés, consciencieux et équipés au dernier cri, il sera impossible à ces patrouilleurs malgré ces conditions toutes favorables, d'être présents chaque fois sur les lieux d'un crime au moment même de sa commission et ce, même s'ils étaient 200 policiers en service, en même temps pour patrouiller les rues de cet arrondissement.

Rappelons-nous que les crimes, pour la majorité, surviennent à l'intérieur des bâtisses, dans l'intimité des résidences, loin des yeux des policiers, que le nombre d'occasions est directement proportionnel à la négligence des individus, à la densité de la population desservie et à l'étendue géographique du territoire à protéger.

Les crimes commis sur la place publique, ne l'oublions pas aussi, sont accomplis en règle générale de façon furtive et à l'insu de tout le monde. Par conséquent, les possibilités pour les policiers de capturer un suspect en flagrant délit sont très minces et s'ils y arrivent, ce ne le sera qu'après de longues et de laborieuses enquêtes dont les résultats sont parfois décevants à toutes fins utiles.

Tout citoyen sans se donner énormément de troubles pourrait réduire cette menace de crimes contre sa propre personne ou contre ses biens personnels en adoptant quelques mesures simples basées sur le gros bon sens. En plus de précautions élémentaires contre le crime, les citoyens pourraient s'engager davantage et collaborer avec la police et avec les divers intervenants de l'administration de la justice.

Au siècle passé, c'était des citoyens volontaires qui se chargeaient du guet et de la surveillance de leur arrondissement et les citoyens d'aujourd'hui pourraient devenir une contrepartie renouvelée et moderne de cette forme de surveillance de quartier formée de gens désireux de participer à l'action des policiers, et de la compléter à leur façon, en prévenant le crime, en le combattant dans leur milieu et en informant la police lorsqu'ils sont témoins de la commission d'un acte criminel et aussi en facilitant la réhabilitation des délinquants.

Les policiers, de leur côté, doivent s'impliquer davantage à cause de leur expertise et de leurs connaissances dans la planification communautaire, toujours avec le but de mieux lutter contre le crime. Cette implication de la part des policiers sous-entend évidemment une forme de participation à plusieurs niveaux de l'administration municipale.

À titre d'exemple, pensons au transport en commun et à son incidence sur la délinquance juvénile et le vandalisme. Il s'agit sûrement d'un secteur où la police pourrait apporter une contribution valable entre autres au moment de déterminer l'endroit d'un futur terminus ou d'un point de transfert de voyageurs. Le service des travaux publics devrait consulter des policiers lors de la préparation de plans architecturaux de bâtisses ou de plans d'éclairage sur des places publiques, toujours dans l'optique de minimiser les risques de crimes. De même, les Services de parcs et de loisirs pourraient profiter de conseils judicieux sur l'endroit, l'éclairage et la surveillance de terrains de jeux et d'espaces verts. Le Service d'urbanisme, dans l'élaboration de la planification urbaine et de son développement, devrait tenir compte de la configuration de secteurs qui peuvent avoir une influence sur le mouvement et le déplacement des gens susceptibles de requérir une demande accrue de services de la part de la police.

Signalons aussi le Service des permis qui pourrait travailler conjointement avec la police pour tout l'aspect de l'embellissement et de l'amélioration de la qualité de vie du milieu urbain en développant des mesures énergiques en vue de faire disparaître les carcasses d'autos, les maisons abandonnées ou barricadées sans négliger les terrains vacants en friche. Les Services de la voirie et de la circulation seraient sans doute intéressés à connaître le point de vue policier avant d'installer des systèmes de feux de circulation, des systèmes d'éclairage de rues et de boulevards, ou encore avant d'améliorer des places publiques, de créer des rues piétonnières, des îlots de repos le long des trottoirs dans des secteurs commerciaux, de modifier la direction de la circulation véhiculaire, des espaces de stationnement sur rues et hors rues, ou encore de proposer un règlement relatif au stationnement ou au contrôle de terrains de stationnement.

Il ne faudrait surtout pas négliger la nécessité d'une collaboration étroite avec les autorités des commissions scolaires et des directeurs d'école pour contrôler les problèmes de vandalisme, de délinquance juvénile, la présence de personnes indésirables aux alentours des institutions d'enseignement comme des trafiquants de drogues ou des désaxés sexuels. Travailler de concert avec les services de santé et des affaires sociales est un autre aspect concret de cette collaboration mutuelle où un échange d'informations pourrait être utile pour connaître l'évolution, par exemple, de l'usage de la drogue, des maladies vénériennes, des problèmes d'éthylisme sur les places publiques et des personnes itinérantes de même que de la prostitution ; tous ces renseignements pourraient être d'une valeur inestimable pour tous les intervenants.

Cette orientation visant à encourager et à éduquer les citoyens à la prévention du crime peut aller encore plus loin si l'on y ajoute l'amélioration de la législation qui obligerait autant les manufacturiers que les propriétaires de biens personnels et d'immeubles à devoir respecter des normes minimales de sécurité et de prévention incluses au code de la construction de maisons résidentielles et d'édifices publics.

Ce document officiel deviendrait sans doute une source de référence constante pour tous les experts de la construction, les architectes, les urbanistes, les préposés à la prévention des incendies, les policiers et les assureurs. Une législation plus sévère sur le contrôle des armes à feu devrait aussi permettre de réduire les risques de crimes avec violence au pays.

L'industrie de l'assurance a aussi un rôle incitatif et très important à jouer dans le domaine de la prévention du crime. Cette industrie devrait démontrer les avantages qu'il y a pour un bénéficiaire à mieux se protéger et pourrait le récompenser par une diminution notable de sa prime d'assurance s'il participe à un programme de prévention.

La police a besoin de tout le monde et il est urgent que se forme un front commun de citoyens éveillés et coopératifs, de policiers sensibles à la prévention, d'hommes politiques responsables et soucieux de l'évolution de la criminalité et de son contrôle dans leur collectivité et d'organismes sociaux de manière à créer une force agissante contre ce fléau de la criminalité dans notre milieu urbain.

En conséquence, si les citoyens se protègent mieux et s'ils deviennent une ressource supplémentaire par leur contribution à la prévention du crime et à la réhabilitation des délinquants, ils s'aident eux-mêmes en plus d'améliorer la qualité de vie de leur environnement. D'où le défi des années 2000 !

UN SERVICE POUR DEMAIN

De l'homme du Guet au policier de l'an 2000

Histoire sans prétention du Service de police de la Communauté urbaine de Montréal

Le cadre du présent ouvrage ne semble guère se prêter à des propos à saveur historique. L'œuvre de M. Vignola, bien qu'inspirée par les meilleurs exemples du passé, ne peut se permettre d'être passéiste. Comme toute œuvre à long terme, elle transcende le présent pour préparer demain.

« Les gens heureux n'ont pas d'histoire » disent ceux qui tentent de faire fi du passé pour en oublier les leçons. Et puis, existe-t-il des policiers qu'on pourrait qualifier de gens « heureux » au sens un peu bêtifiant du terme. Qu'on nous permette d'en douter. Tous ceux qui assument la lourde tâche qui consiste à protéger le citoyen de la façon la plus démocratique possible doivent demeurer à l'écoute de leurs contemporains et ne plus se contenter de réponses à l'emporte-pièce. Ce bonheur-là ne s'acquiert pas sans peine.

Cette remise en question permanente, cette ouverture d'esprit égratignent quelque peu la conception populaire du bonheur (et celle du policier !). C'est pourtant le prix que doivent payer tous les professionnels efficaces et respectueux de la charge délicate qui leur incombe. Le policier est de ceux-là et la satisfaction qu'il retire de son travail ne s'obtient qu'en fin de parcours.

L'histoire et la petite histoire du Service de police de la Communauté urbaine de Montréal restent à écrire. Des criminologues, des retraités ont commencé à classer, à interpréter les archives*, mais on demande encore des vulgarisateurs qui pourront nous brosser une fresque aussi impartiale que possible des activités presque bicentenaires d'un corps policier aux activités polyvalentes qui, à l'image de ceux des grandes métropoles mondiales, a connu des périodes de croissance et de déchirements. De grandes heures aussi.

---

* *Signalons le travail considérable entrepris en ce sens par Jean Turmel, criminologue, ainsi que Yolande Frenette et Jean Archambault, en collaboration avec la Section Recherche et Planification du Service de police de la CUM.*

Voilà pourquoi, dans les lignes qui suivent, nous nous contenterons de survoler quelques faits saillants permettant de mieux comprendre les origines de cette machine aux rouages complexes qui a pour nom « Service de police de la CUM », ainsi que la philosophie de son directeur actuel, M. Henri-Paul Vignola, l'auteur de ce livre.

C'est à 1796 qu'il faut remonter pour retrouver des prototypes de structures policières qui durèrent jusque vers 1840. Les termes de contre-maître, d'homme du Guet, de quartinier, de connétable et de constable désignèrent naguère les premiers officiers ou agents civils chargés du maintien de la paix dans la ville de Maisonneuve (ainsi qu'à Québec d'ailleurs). Avant 1796, c'est le pouvoir militaire qui représente les forces de l'ordre. Après cette date, sous l'autorité des magistrats ou juges de paix, les « officiers de la paix » font leur apparition. Ils signifient les mandats d'arrêt, surveillent les marchés, appréhendent les personnes accusées de « pratiques séditieuses », un terme volontairement vague, hérité du pouvoir colonial.

Les policiers à quatre shillings

Dans le rapport du Trésorier des Chemins (qu'on appelait alors Grand Voyer en Europe) soumis devant les magistrats en 1800, les appropriations pour fin de police s'élèvent à vingt livres sous la rubrique « Residue for Police », somme résiduelle, en effet, car même si en 1801 ces appropriations sont de 120 livres, de 1802 à 1831, en vertu des Actes provinciaux, elles ne pourront — théoriquement — dépasser 100 livres par année !

Au cours des trois premières décennies du XIXe siècle, ce qui tient lieu de police à Montréal demeure une entité un peu folklorique où le bénévolat côtoie un sous-fonctionnariat au traitement dérisoire. Ainsi, le 9 août 1803, on relève qu'après officialisation des traitements de quelques « constables », cochers et travailleurs ayant gardé un magasin sauvé du feu, on ordonne de verser à ces gens entre quatre et douze shillings (« chelins ») par jour. La somme de quatre shillings semble d'ailleurs représenter la moyenne de ce qu'empochent les constables surveillant les marchés.

Un éclairage bien éphémère

Le 30 juin 1812, les juges de paix autorisent la formation d'un corps de milice qui doit patrouiller la nuit et qui relève probablement, par la bande, des autorités militaires. En 1818, les mêmes juges mettent sur pied le système du Guet, qui possède son « contre-maître », dont le traitement annuel est de 75 livres. Ce dernier a la responsabilité d'engager 18 hommes « aptes à ce travail » qui, enrôlés devant notaire, signent un contrat de six mois, renouvelable, pour un traitement de trois shillings par jour. Le budget de cette garde au nom très médiéval est de 1 172 livres par année, incluant 24 livres pour le bois de chauffage. On se procure ces fonds en faisant appel à différentes sources de financement.

En 1819, afin de faciliter la surveillance de la ville et de ses faubourgs, on décide de porter le nombre de lampes dans les rues de 150 à 676. Ces bonnes résolutions sont toutefois éphémères car, en 1820, faute d'argent, il faut discontinuer l'éclairage des rues et enlever les lampes. Une première enquête sur la mauvaise administration du Guet a lieu en 1823. Les autorités découvrent alors les conditions de travail inhumaines des hommes sans toutefois chercher à remédier à cette situation.

Il faudra attendre 1831 pour que les fonds de police passent de 100 à 125 livres et toujours improviser pour trouver les fonds supplémentaires. D'année en année, le Guet survit et sert tant bien que mal jusqu'en 1837 où, tous fonds engloutis, on se voit forcé de réduire le salaire de misère des hommes. Au beau milieu d'une époque agitée, face au désintérêt des magistrats, cette formation est définitivement démembrée le 24 avril. Cela n'empêche pas les autorités militaires de mettre sur pied un efficace service d'espionnage n'ayant rien à voir avec la police municipale.

Une semaine de travail de 126 heures !

En vertu de l'ordonnance passée par Lord Durham et son Conseil spécial, un nouveau système de police prend forme pour les villes de Montréal et de Québec en 1838. Un budget annuel de 5 000 livres est prévu pour cette force qui compte 60 hommes. Ceux-ci sont en service 18 heures par jour ; par exemple, de midi à six heures du matin et ce, sept jours par semaine ! Même si ce genre de « quart » est inhumain, il offre l'avantage de donner l'impression que la police est omniprésente, ce qui réduit très sensiblement le nombre de crimes. Trente de ces courageux gardiens de l'ordre ne peuvent signer leur nom. Il est vrai que les qualités exigées pour ce genre de travail sont avant tout physiques.

C'est cependant en 1843 que la police municipale de Montréal commence véritablement à prendre forme. Son chef est un homme à la forte personnalité, Alex Comeau, qui réorganisera ce corps de manière à ce qu'il ne coûte, du moins sur papier, que 3 235 livres par années à la ville. Cette police est plus ou moins bien acceptée par le public d'alors. Certains citoyens ne sont pas commodes et ne se gênent pas pour malmener les constables et même leur chef. Une telle infraction sur un simple policier peut vous coûter une livre cinq shillings d'amende ou quinze jours de prison, cinq livres et un mois à l'ombre si l'on s'en prend au chef. La chose semble suffisamment fréquente pour que l'on ait ainsi codifié le prix à payer pour ce genre de méfait. C'est Guignol qui rosse le gendarme, ce qui fait toujours rire le populaire et ceci laisse soupçonner que les contrevenants d'alors sont davantage de frustes bagarreurs de style « western » plutôt que des criminels aguerris, car, pour les offenses majeures, la Justice n'est pas aussi bon enfant : à Montréal comme à Londres on pend haut et court.

Des policiers battus et humiliés

En 1848, nouvelle réforme : on réorganise le réseau des postes de police (qui se doublent de « départements de feu ») ainsi que les effectifs. Les temps sont difficiles, les hommes toujours aussi mal rémunérés (4 shillings, six pence par jour) et, pour un tel traitement, il ne faut pas s'attendre à engager des lauréats du cours classique, car il s'agit d'une rémunération inférieure à celle des sous-prolétaires de l'époque.

Outre leurs sorties ordinaires, les hommes peuvent faire l'objet de nombreux appels. En effet, durant les périodes d'épidémie et de mauvaise température ils épuisent leur santé. Par ailleurs, ils doivent rétablir la paix dans les rixes, émeutes et autres circonstances dangereuses. Pourquoi en somme ? Même pas pour la gloire car, nous l'avons vu, les citoyens les tiennent en piètre estime. Souvent, lors d'arrestations la foule attaque le policier afin de libérer l'individu qu'on vient d'appréhender. De 1863 à 1867, on arrête 540 personnes pour assauts sur la police.

En 1865, un nouveau règlement permet aux constables d'être armés, à la discrétion du Comité de police, « de mousquets légers, de baïonnettes et de revolvers à être utilisés seulement dans les occasions de grande urgence ». Côté uniforme, de 1850 à 1865, on s'inspire largement du style londonien. Par la suite, l'influence américaine sera plus nette, surtout après 1889.

À l'orée des communications modernes

En 1875, on installe un système d'alarme électrique reliant tous les postes au poste central. C'est une époque fertile en émeutes de toutes sortes — contre la vaccination, par exemple — et il s'agit d'intervenir rapidement. D'ailleurs, en 1876, la ville se voit forcée d'engager 50 constables occasionnels pour une période de trois mois. Fait caractéristique qui se confirmera par la suite et qui illustre bien l'aspect cosmopolite de Montréal (et, plus tard, sa devise : « Concordia Salus ») : la moitié de ces hommes sont d'origine canadienne-française, tandis que l'autre moitié est d'origine anglaise, irlandaise et écossaise. En 1877, on voit poindre une amorce de réforme sociale grâce à l'établissement d'un premier fonds de pension pour les policiers.

En 1880, The Bell Telephone Company installe un système téléphonique reliant les divers postes de police entre eux, une innovation décisive pour l'époque, quatre ans à peine après l'invention d'Alexander Graham Bell. En 1886, le traitement des policiers augmente quelque peu. Ainsi, un constable de première classe reçoit neuf « piastres » par semaine. La direction devient plus exigeante aussi : tout agent doit être bilingue et doit au moins savoir lire et écrire dans sa langue maternelle. Les effectifs d'officiers et de constables s'élèvent à 277 hommes âgés de 23 à 72 ans (!).

En 1887, 98 « boîtes d'alarme » sont disposées aux endroits stratégiques de la ville à un coût de 30 000 $. La population semble en faire bon usage *puisque, cette même année, la police répond à 4 689 alarmes par le truchement de ces avertisseurs.*

Toujours en 1894 le surintendant de police Hugues demande qu'une enquête soit tenue sur son « département », ce qui amène la réorganisation d'une unité qui ne semble guère efficace, le Bureau des détectives. Celui-ci opère toutefois un redressement spectaculaire, illustré dans le rapport annuel de 1897, où l'on relève que sur 2 024 plaintes signalées au bureau, 90 pour cent des coupables ont pu être démasqués, 797 individus appréhendés, tandis que l'on a pu récupérer pour 70 000 $ d'objets volés.

Dans la foulée des améliorations apportées au Département, l'an 1894 voit l'adoption par Montréal du système anthropométrique, mis au point par Alphonse de Bertillon en 1882. À l'aube de ce siècle, la police montréalaise se structure de plus en plus et l'ère du folklore semble révolue. À l'image des agents des grandes métropoles mondiales, les policiers montréalais s'équipent de revolvers, de bicyclettes. Leur instruction est également plus poussée. Entre 1900 et 1903 ils se dotent aussi d'un uniforme vraiment distinct.

Première crise de croissance : l'enquête Cannon

Mais tout n'est pas rose à l'hôtel de ville. Le 19 avril 1909 s'ouvre au Palais de justice une première séance de la Commission royale d'enquête sur l'administration de la Cité de Montréal. Nommé commissaire royal, du 19 avril au 14 septembre, le juge Lawrence John Cannon préside 115 séances où seront présentés quelque 914 témoins et 548 pièces à conviction.

Préfigurant deux enquêtes similaires qui se dérouleront plus tard (les enquêtes Coderre et Caron), celle-ci place l'administration municipale sur la sellette, en particulier certains échevins véreux et des membres du Comité de police. Dans son rapport final de décembre 1909 le juge Cannon en déduit que 25 pour cent du revenu annuel de cinq millions de dollars perçu par la ville ont été dépensés en pots-de-vin et malversations de toutes espèces alors que la plus grande partie du reste a été employée à des travaux dont la permanence se révélait souvent éphémère.

Le Département de police en prend pour son grade. Le Surintendant Olivier Campeau est blâmé de s'être quelquefois montré trop servile entre les mains de certains échevins. La critique la plus acerbe à l'égard de la police concerne toutefois son impuissance à faire disparaître le commerce illicite de boissons alcooliques le dimanche, les tripots clandestins et les maisons de prostitution.

Ces accusations reviendront d'ailleurs au cours des deux enquêtes qui suivront. Dans un contexte nord-américain, avec une population majoritairement latine, peut-on dire que la police de Montréal fermait davantage les yeux que celle de Paris, de Londres ou de New York ? Nous laisserons les sociologues débattre de la question en la replaçant dans son contexte historique. Une chose est certaine : sur le plan administratif, l'enquête

Cannon apporte des améliorations notables dans le Département qui, de 1910 à 1918 sera dirigé par le même homme, le Surintendant Campeau. Celui-ci appuiera plusieurs améliorations comme la création de postes de préposés à la circulation, de « préposés à la vitesse des voitures » et d'enquêteurs aux autos volées. L'automobile prend de l'importance, même pour la police, qui se dote bientôt de neuf voitures de patrouille et d'un fourgon cellulaire (la « Black Maria »), en 1913.

Les temps modernes

De 1910 à 1914, le budget de la police passe de 573 909 $ à 1 190 968 $ et le salaire d'un constable de première classe oscille aux environs de 900 $ par année. De 1909 à 1914 l'effectif total de la force de police double pratiquement en passant de 614 à 1 211 hommes. Le juge Cannon n'est pas étranger à cet accroissement, qu'il avait recommandé à l'issue de son enquête. Il faut aussi compter avec l'agrandissement de Montréal, qui s'annexe une foule de nouveaux quartiers, ce qui contribue à augmenter le nombre de postes de police. De 1909 à 1917, le Département s'enrichit de 14 nouveaux postes, lesquels représenteront 33 unités en 1918.

Cette même année, le rapport du bureau de recherche municipale de New York recommande dans un rapport (rapport Driscoll) la fusion de 23 services municipaux en cinq grands services administratifs. Cette expertise soulève un nombre considérable de questions sur les procédures routinières du Département de police qui, à toutes fins utiles, ne satisfait aucunement aux différentes attentes de la population, tant en matières criminelles que sociales et un grand nombre de recommandations seront émises. Au début des années vingt, on suit partiellement le plan de réorganisation. S'il est fortement controversé, cela n'empêche pas que, dans l'histoire du Département, c'est la première fois que l'on se livre à une analyse qualitative de la tâche policière.

En effet, depuis 1840, la protection de la ville par les forces policières n'a toujours été envisagée que sur un plan quantitatif (par exemple : le nombre de policiers et leur répartition dans l'espace-temps). Il s'agit donc d'une étape importante. Mais tous ces changements créent une certaine insécurité parmi les hommes, qui fondent leur premier syndicat, l'Union ouvrière fédérale des policiers (UOFP), local 62, qui connaîtra des difficultés mais aura eu le mérite de faire œuvre de pionnier dans ce domaine.

L'enquête Coderre et les douleurs du krach

Le 6 octobre 1924 s'ouvre, sous la présidence du juge Louis Coderre, la deuxième enquête royale que doit subir la Cité de Montréal. Cette enquête, contrairement à l'enquête Cannon qui avait porté sur l'administration générale de la ville ainsi que sur la gestion des sept services municipaux, mettra principalement en cause le Département de la police. Le détonateur de cette enquête fut, la même année, le procès du chef de gang Tony Frank et de ses complices dans l'affaire du camion blindé de la banque d'Hochelaga.

Dans son jugement, le juge Coderre souligne que l'activité de la police connaît bien des carences en ce qui concerne la mise en force des lois et règlements municipaux, notamment au chapitre de l'organisation de la prostitution, des jeux et des paris, qui connaissent une activité florissante avec la complicité de personnalités vénales et de quelques officiers de police un peu trop complaisants. Le Département vit alors maintes expériences de réorganisation qui ne sont pas toujours faciles pour son personnel.

De 1918 à 1928, le budget du Département s'accroît d'environ un million de dollars pour atteindre 2 335 000 $. De 1924 à 1927, les effectifs se stabiliseront aux alentours de 1 126 hommes. On entreprend vers cette époque un effort de modernisation du système de communication. En 1924, deux contrats aux montants respectifs de 180 000 et de 117 000 $, accordés à la Northern Electric Company, amélioreront sensiblement l'efficacité d'un système qui bénéficiera des derniers progrès de la technologie américaine.

Un autre remaniement important survient en 1928, quelques mois après l'élection du maire Camillien Houde. Suivant le règlement No 987, le Département de police devient Service et son chef prend le titre de directeur. Les temps ne sont guère propices aux grands projets. C'est le krach de 1929, puis la Grande Crise économique. Comme il est de coutume en tel cas, on assiste à des compressions de personnel. Le budget de police se stabilise aux environs de 2,8 millions de dollars et, de 1931 à 1941, le salaire annuel d'un constable de première classe demeure inchangé : 1 800 $.

Deux chefs se succèdent au cours de cette période difficile : Hulbrit Langevin (de 1928 à 1931) et Fernand Dufresne (de 1931 à 1941). La Deuxième Guerre mondiale complique les choses, à cause des difficultés de recrutement. Entre 1928 et 1939, les effectifs oscilleront entre 1 200 et 1 500 hommes. Le directeur crée quatre nouvelles escouades, dont celle des narcotiques, chargée de circonscrire les problèmes créés par les fumeries d'opium et, signe des temps, l'escouade dite « des communistes », qui couvre tout événement pouvant mettre en cause des éléments pro-bolcheviques et tente de découvrir et de surveiller les réseaux ou les foyers « communistes », une appellation imprécise qui inclut nombre de protestataires et de mécontents engendrés par les misères de la Crise. Le rôle purement politique de cette escouade est difficilement concevable au sein d'une force de police municipale mais, une fois de plus, à ce chapitre Montréal n'est guère différente des grandes métropoles occidentales, où ce genre d'activité policière se dissimule sous des appellations pleines d'euphémismes. L'heure des idéologies et des déchirements a sonné.

Montréal, ville ouverte

La question de la moralité, soulevée par les enquêtes Cannon et Coderre, revient à la surface au cours de la Deuxième Guerre mondiale. Partiellement souligné lors de l'enquête Cannon, le vice commercialisé sort à peu près indemne de l'enquête Coderre en rendant inopérant le règlement municipal

No 921 de 1927, désigné sous le nom de *Règlement du cadenas*. Les maisons de désordre possèdent plusieurs numéros civiques. Il suffit, pour faire semblant de les fermer, d'apposer sur une de leurs portes les scellés d'usage. Cette comédie est poussée au paroxysme lorsque l'on appose un cadenas sur des placards à balais, des toilettes ou mêmes de fausses portes clouées sur les murs, à la manière d'un décor de théâtre !

Temporairement délaissé par l'opinion publique pendant la Crise, où les malfaiteurs débrouillards font presque figure de héros dans un système économique en faillite, où l'honnêteté ne semble pas être rentable, le problème du vice commercialisé à Montréal, ville pratiquement « ouverte », resurgit avec vigueur dans les années quarante sous les pressions combinées de la presse écrite et des corps intermédiaires. En janvier 1944, inquiets de la recrudescence des maladies vénériennes, les autorités militaires menacent de déclarer Montréal ville interdite à la troupe à moins que des mesures ne soient prises pour corriger la situation. Le 2 février, toutes les maisons de désordre ferment comme par enchantement dans le quartier réservé dit « Red Light ». Le pouvoir militaire opère là un véritable miracle, ce qui n'est guère glorieux pour l'administration municipale.

Mais Montréal ne compte pas seulement des maisons de tolérance. Il y a aussi les tripots et les débits de boisson clandestins maquillés en clubs privés, que tout bon chauffeur de taxi se fait fort d'indiquer à l'amateur éventuel. L'existence de tels établissements sous-entend des complicités parmi certaines personnalités municipales et certains policiers. Le meurtre de Harry Davis, parrain incontesté de la pègre montréalaise dans son tripot, le 25 juillet 1946, donne à Montréal de douteux relents de gangstérisme et ameute par le fait même l'opinion publique.

« Pax le magnifique »

Le 7 août 1946, acculé au mur, le directeur Dufresne fait nommer un avocat municipal, Me Pacifique Plante, aviseur légal de l'escouade de la moralité. Dans les semaines et les mois qui suivent, Me Plante et son fidèle adjoint, le sergent Armand Courval, malmènent quelque peu le vieux système des maisons de pari et de désordre. Fort habile avec les journalistes, Me Plante, dit « Pax », applique un principe très simple qui consiste à braquer les projecteurs de l'actualité sur une foule de personnages du crime organisé qui, depuis des années, avaient su se ménager de discrets appuis en haut lieu. Le 25 juillet 1947, Me Plante devient assistant directeur du service de police et, avec l'aide du clergé, de la presse et des corps intermédiaires entreprend une campagne d'épuration sans précédent qui semble en voie d'obtenir un succès éclatant.

Le 11 mars 1948 survient un coup de théâtre : le directeur Albert Langlois suspend de ses fonctions l'assistant directeur Plante pour des motifs que le juge Caron qualifiera en 1954 de « non fondés ». Dix-huit mois après son renvoi, Me Plante, avec la collaboration du journaliste Gérard Pelletier, *du* **Devoir,** *publie une série d'articles traitant du vice commercialisé qui s'étale sur le territoire de Montréal et du régime de tolérance dont la pègre semble bénéficier. Assisté d'un confrère, Me Jean Drapeau, l'ex-assistant directeur de la police de Montréal présente à la Cour supérieure de la ville une requête de 1 095 pages contenant 15 000 accusations précises impliquant 58 officiers ou ex-officiers de police et cinq membres ou ex-membres de l'Exécutif de la Cité.*

L'enquête Caron

Déclenchée à la suite de cette requête une enquête, présidée par le juge François Caron, durera quatre longues années. Le tribunal tiendra 335 séances où 373 témoins seront entendus et où seront présentés plus de 500 documents et dossiers relatifs à la preuve. Le 8 octobre 1954, le juge Caron rend son jugement, particulièrement accablant pour les directeurs Dufresne et Langlois qui, de 1941 à 1946 et de 1947 à 1956 ont laissé proliférer des moyens de tolérance pour protéger les maisons de désordre, de paris et de jeu : silences de certains officiers de police, préavis de descentes, arrestations d'hommes de paille, abstention de poursuivre les véritables gérants et propriétaires, soustraction des casiers judiciaires devant la Cour du recorder, dérogations au Règlement du cadenas, interventions de personnalités véreuses.

Vingt officiers et ex-officiers, dont le directeur Langlois et l'ex-directeur Dufresne sont déclarés coupables des accusations portées contre eux. Malgré le fait que le directeur Albert Langlois eut obtenu gain de cause en 1957, après s'être pourvu en appel, le jugement Caron mit en évidence une facette peu reluisante de la force policière métropolitaine et contribua à crever un vieil abcès qui entachait sa crédibilité. La police montréalaise en sortit malgré tout grandie car, tel que le mentionnait Me Plante dans une brochure choc**, publiée en février 1950 et reprenant sa série d'articles du **Devoir :** *« ... l'immense majorité de constables honnêtes dont se composent les rangs de notre police municipale ne demandent rien d'autre que de faire leur devoir de leur mieux ».*

La touche européenne

On peut dire qu'au cours des années comprises entre 1940 et 1954 aucune réforme importante n'a semblé être apportée à l'organisation du Service. Du côté financier, de 1939 à 1954 le budget de police s'accroît d'environ 6,3 millions de dollars pour atteindre 7 633 000 $ en 1953-54, ce qui représente en moyenne 7,39 pour cent des dépenses totales de la Cité. Du jugement Caron à l'intégration des forces policières, en janvier 1972, huit administrations se succéderont à la direction du Service de la police.

** Montréal sous le règne de la pègre, *Éditions de l'Action nationale.*

Parmi les faits saillants de l'histoire du Service signalons, en 1959, l'expertise Woods, Gordon et Cie sur la décentralisation des services et la réorganisation avec MM. Andrew Way et André Gaubiac, deux officiers de police britannique et français, dont l'intervention sera discutée par une presse d'abord bienveillante, puis sceptique quant aux méthodes policières européennes appliquées à un environnement résolument américain. Les méthodes de travail du Vieux continent seront également contestées par la Fraternité des policiers ainsi que par les détectives.

Cette expérience ne sera toutefois pas vaine. Contenues dans 36 mémorandums, plus quatre mémorandums annexes, les recommandations de MM. Way et Gaubiac se classent en quatre grandes catégories : « Organisation et fonction », « Administration », « Personnel », « Communications, transports et édifices ». En plus de répondre aux besoins de décentralisation, la réorganisation Way-Gaubiac permet également au Service de se rétablir des conséquences de l'enquête Caron.

Les exigences dictées par l'annexion de plusieurs municipalités comme Rivière-des-Prairies, en 1963, Saraguay, en 1964, Saint-Michel, en 1968, ou encore par des événements d'envergure internationale comme l'Exposition universelle de 1967 alourdiront le fardeau du Service de police. Il suffit, pour apprécier l'importance qu'il a pris au cours des dernières décennies, de regarder l'exercice financier du Service qui, de 1954-55 à 1970-71, passe de 9,6 à 49,7 millions de dollars, ce qui représente 9,25 pour cent des dépenses de la Cité. Signalons également que, de 1954 à 1971, l'effectif total de la force policière passe de 2 256 à près de 4 000 hommes.

La décennie 70 : une période cruciale

Les années soixante-dix se révélèrent décisives pour le Service qui, au cours de la décennie, allait prendre sa forme définitive et se structurer pour aborder une fin de siècle fertile en changements sociaux de toutes sortes.

Par suite de la grève des policiers de Montréal, survenue le 7 octobre 1969, le législateur québécois créait, en janvier 1970, la Communauté urbaine de Montréal, par l'unification de toutes les municipalités de l'île. La Communauté avait, entre autres compétences, celle de coordonner et, s'il y a lieu, d'intégrer les différents services de police existant sur son territoire.

Cette même loi créait également le Conseil de Sécurité publique de la Communauté urbaine de Montréal. Sa mission consistait, à l'époque, d'étudier les besoins et problèmes policiers de la Communauté et de recommander à celle-ci les mesures susceptibles d'assurer l'efficacité maximale des services policiers dans l'ensemble du territoire, où il existait 30 municipalités, incluant toutes celles sises sur l'île de Montréal ainsi que celles de l'île Bizard et de l'île Dorval.

C'est ainsi que, dans ce même territoire, on dénombrait 4 874 policiers municipaux, dont 3 817 (soit 78,31 pour cent) étaient à l'emploi de la Ville de Montréal et 1 057 (soit 21,69 pour cent) au service de toutes les autres municipalités réunies. Ces chiffres n'incluaient pas les fonctionnaires, au nombre de 454 pour la CUM (dont 360 à Montréal), pas plus que les auxiliaires, qui totalisaient 462 personnes. Le nombre total des employés de toute catégorie atteignait donc le chiffre de 5 790.

La loi 93 de 1971, en créant le Conseil de sécurité publique, constituait le Service de police de la Communauté urbaine de Montréal. Cette loi décrétait que le service de police intégré se trouverait sous le contrôle d'un conseil d'administration civil, indépendant et apolitique.

Le Conseil de Sécurité

Le Conseil se compose de six membres, dont un président, soit le juge Jacques Coderre. Trois membres sont nommés par le Conseil de la Communauté parmi ses membres ou parmi les membres du Comité exécutif de la Communauté. Un de ces trois membres doit être proposé et choisi par les représentants des municipalités autres que la Ville de Montréal.

Les trois autres sont nommés par le lieutenant-gouverneur en conseil parmi des personnes autres que les membres du Conseil de la Communauté. Aucun membre du Conseil de Sécurité ne peut être un policier en fonction d'une municipalité. Les membres du Conseil autres que le président sont nommés pour trois ans. Parmi les trois personnes nommées par le lieutenant-gouverneur se trouve un président nommé pour cinq ans.

La loi impose au Conseil de Sécurité de lourdes responsabilités au chapitre de la sécurité publique. Ces responsabilités sont relatives à la protection policière et à la nécessité de faire fonctionner un service de police. De plus, le Conseil doit inventorier et connaître les besoins pour planifier son activité.

Le Service de police de la CUM

Ce n'est que le 1er janvier 1972 que la loi constituant le Service de police de la Communauté urbaine de Montréal entra en vigueur et confia au Directeur du service l'obligation, après consultation avec les municipalités et les associations représentant policiers et fonctionnaires, de préparer en priorité et de soumettre au Conseil de Sécurité ainsi qu'à la Commission de police du Québec un plan d'allocation des ressources humaines et physiques dudit service, compte tenu des besoins de la Communauté et de la protection-incendie des municipalités dans lesquelles les policiers cumulaient la fonction de pompier.

La Commission de police procéda à l'évaluation et à la normalisation des grades du personnel intégré, à l'exception des policiers de Montréal, dont les salaires, déjà plus élevés que ceux de la majorité de leurs confrères « intégrés », serviront de base à la négociation de 1972.

Le 17 février 1972, M. René Daigneault, le directeur nouvellement nommé par le lieutenant-gouverneur en conseil, désigna un groupe de policiers chargés d'élaborer un plan d'allocation des ressources, dont un avant-projet fut transmis aux municipalités et associations concernées. Le 17 juillet 1974, le Conseil de Sécurité, sous la présidence de Mᵉ Paul-Émile L'Écuyer, approuve sur division le plan final d'allocation des ressources humaines et physiques, déposé par le Directeur du Service de police et, le 21 mars 1975, ce même Conseil approuve à l'unanimité le plan en question, avec quelques modifications d'usage. Ce plan demeure toutefois sujet à des modifications ultérieures possibles.

Le 28 décembre 1974, un conseil consultatif fut constitué à la Communauté urbaine de Montréal dans le but d'étudier les questions concernant la protection policière et la lutte contre la criminalité dans les municipalités et de faire au Conseil de Sécurité publique toute recommandation qui lui paraît appropriée pour améliorer le Service de Police.

1976 et 1977 : des années-charnières

Ces deux années se révélèrent sans contredit des années-charnières dans l'évolution du Conseil de Sécurité et dans celle du Service de Police.

Le Conseil de Sécurité appelle à la fonction de directeur des Services administratifs M. Gérard Trudeau. Ce cadre a pour mission de mettre de l'avant l'idéologie d'un service efficace à un coût réduit, de définir chaque volet des responsabilités du C.S.P., de structurer de façon adéquate l'organisation, de poser des diagnostics et, finalement, d'entreprendre des actions concrètes et appropriées.

Au niveau du contrôle des traitements, l'année 1976 a été marquée par une visite des principaux corps policiers du Canada et des États-Unis ; cette visite avait pour but de vérifier l'équité de la rémunération versée à nos policiers, de comparer leurs conditions de travail, d'analyser les contrôles existants sur l'absentéisme, d'évaluer les mécanismes de fixation des salaires, et de rechercher les méthodes et procédés administratifs qui pourraient éventuellement mieux servir les objectifs visés.

L'année 1976 a également été marquée par l'implantation de systèmes modulaires d'informations pour la gestion. Par exemple, dans le cas des heures supplémentaires et de l'absentéisme, le Conseil de Sécurité ainsi que le Directeur de police étaient en mesure de recevoir simultanément tout renseignement à ce propos et ce, dès le lendemain où ils avaient été enregistrés par les surveillants. Cet influx de renseignements permit une prise de conscience du gaspillage et des abus en ressources humaines et financières qui pouvaient se manifester au sein du Service, ce qui amena un gel des effectifs.

Ces abus ayant été dénoncés publiquement par le Président du Conseil de Sécurité, une polarisation d'actes contestataires s'effectua autour de sa personne ainsi que de celle du Directeur de Police, si bien qu'il fut nécessaire, en 1977, que le Gouvernement du Québec intervienne par le projet de loi 57 et remplace les deux hommes par M. Yves Ryan, maire de la Ville de Montréal-Nord et par le Directeur Henri-Paul Vignola.

La loi sur la Communauté urbaine de Montréal, sanctionnée en 1977, apporte aussi des changements à la représentation du Conseil de Sécurité publique en plaçant autour de la même table trois représentants de la Ville de Montréal, trois des municipalités de banlieue et un représentant pour le Gouvernement du Québec.

Cette loi transformait l'organisation et les fonctions du Directeur du Service de police, puisque celui-ci se voyait confier, outre :

▪ le mandat de maintenir la paix, l'ordre et la sécurité publique sur le territoire, de prévenir le crime et les infractions, d'en rechercher les auteurs, de les citer en justice et de veiller à l'application des lois en vigueur au Québec, ainsi que des règlements, résolutions et ordonnances de la Communauté et des municipalités qui en font partie ;

▪ la charge de : la direction, de l'administration et de l'organisation, de l'embauche et de la gestion du personnel, de préparer et gérer le budget et de procurer au Service les armes, l'équipement, les vêtements et toute chose nécessaire à l'exécution des fonctions assumées par le Service de Police.

Ces dispositions engendrèrent le transfert du C.S.P. au Service de police de tout le personnel salarié et non salarié, à l'exception du secrétaire et de son personnel. Cette intégration permit des rapports plus nombreux et mieux éclairés entre les opérations et l'administration. À la fin de 1977 on pouvait assister au Service de police à la création d'un Conseil de direction nouveau, dynamique et sur lequel étaient appelés à siéger les représentants de chaque directorat.

Dès son arrivée, en septembre 1977, le nouveau Directeur restructura sa direction, qui inclut dorénavant des civils. De plus, afin de permettre une plus grande souplesse d'opération, les grades des officiers de la Direction furent abolis. Deux grandes directions voient le jour : la Direction des Opérations, placée sous la responsabilité de M. André de Luca, et la Direction des Services administratifs, sous la tutelle de M. Gérard Trudeau.

Les nouvelles politiques mises de l'avant ne tardèrent pas à porter fruits, même si l'année 1978 commença dans la confusion pour des questions d'horaires de travail préconisés unilatéralement par les autorités syndicales. Malgré ces difficultés, le Comité exécutif accepta les recommandations des conciliateurs et le contrat de travail fut signé en mai, à la satisfaction des parties.

L'année 1978 permit en outre d'améliorer les systèmes d'information pour la gestion et d'agir sur divers aspects de la rémunération, soit par l'établissement de politiques claires, soit par action directe sur le travail en temps supplémentaire. Ces éléments, renforcés par le suivi du Conseil de Direction, ainsi que par l'intérêt affiché par les officiers-commandants permirent à ces seuls chapitres des économies de plus d'un demi-million de dollars.

Le Service de police applique un concept moderne de gestion par objectif supporté par un système d'information pour la gestion (S.I.G.). Les objectifs d'opération sont mariés aux objectifs budgétaires et intégrés dans un plan d'action dont le suivi est assuré par un S.I.G. Les composantes de ce système sont en quelques sortes des systèmes autosuffisants, manuels ou informatisés, qui permettent aux différents administrateurs de gérer en conformité avec le plan d'action du Service.

Le 31 août 1980, le Gouvernement du Québec procédait pour un terme de trois ans à la nomination du troisième président du Conseil de Sécurité publique en la personne de M. Yvon Lamarre, président du Comité exécutif de la Ville de Montréal.

Le personnel, élément-moteur de l'efficacité

Malgré le fait qu'elles tendent à diminuer en plusieurs endroits — ou, du moins à ne pas s'accroître —, les ressources humaines d'une organisation représentent toujours l'élément-moteur de son efficacité.

Dans le contexte économique actuel, devant la large part du budget consacrée aux salaires et bénéfices marginaux, il est indispensable à tout dirigeant d'entreprise de rechercher de nouveaux modes d'organisation, des méthodes de travail fonctionnelles, une implication accrue du personnel dans la gestion des programmes de formation en fonction des besoins et des méthodes d'évaluation du rendement.

Il s'agit là de défis de taille, dont la réalisation est possible mais à la condition que, parallèlement, s'instaure un climat de confiance, d'acceptation et de franche communication entre les parties concernées. Ainsi, en 1981, la Direction s'est-elle employée à établir un dialogue constant avec les syndicats, particulièrement celui représentant les policiers de la Communauté urbaine de Montréal. L'assainissement des relations de travail, déjà amorcé en 1980, s'est poursuivi en 1981. De 501 en juillet 1980, les griefs sont passés à 225 en décembre 1981.

De plus, en juin 1981, le Service a procédé à la consignation officielle des descriptions des fonctions policières. La Direction mit également beaucoup d'emphase sur la formation du personnel ; en effet, en 1981, 70 120 heures de formation de base, de perfectionnement ou de recyclage furent dispensées à l'intérieur des murs de l'organisation, tandis que les heures de formation dispensées par le biais de maisons d'enseignement extérieures totalisa 8 864.

L'utilisation rationnelle des ressources humaines, physiques et financières demeure un principe qui guidera à l'avenir toutes les actions du Service de police de la CUM. Ce dernier, cherchera toujours à améliorer la qualité de ses services à la population et son premier souci sera toujours de procurer une protection ainsi qu'un sentiment de sécurité plus grands aux citoyens de la Communauté urbaine de Montréal et ce, au coût le plus raisonnable possible. Le tableau qui suit, donnera une idée de l'ampleur de la tâche qu'il a fallu abattre au cours des dix dernières années.

Année	Effectif policier	Dépenses	Population	Taux d'encadrement
1972	5 134	94 798 572	1 984 842	2,59
1973	5 217	101 594 018	1 967 546	2,65
1974	5 288	118 197 001	2 002 757	2,64
1975	5 172	137 675 827	2 009 394	2,57
1976	5 146	155 355 980	1 857 839	2,76
1977	5 109	159 393 119	1 857 839	2,77
1978	4 940	175 432 766	1 829 000	2,70
1979	4 859	177 024 689	1 811 000	2,68
1980	4 820	198 110 662	1 792 869	2,69
1981	4 743	219 635 000	1 774 811	2,67
1982	4 618	242 500 500	1 756 771*	2,63*

Ces chiffres ont été extrapolés à partir d'une estimation mathématique.

Les personnes qui s'intéressent aux statistiques trouveront là des chiffres éloquents. À la lueur de ces derniers, les citoyens résidant sur le territoire de la CUM comprendront qu'ils possèdent également des responsabilités qui consistent à ne pas céder trop facilement à la tentation de considérer la police comme une sorte de tuteur omniprésent, une sorte d'entité magique qui possède la clé de toutes les solutions. Monsieur Henri-Paul Vignola, l'actuel Directeur du Service de police de la CUM et auteur de ce livre, rappelle constamment que les citoyens doivent, avant tout, respecter les lois, sans lesquelles aucun ordre social n'est possible. C'est pourquoi il exhorte son personnel à se rapprocher de tous les membres de la communauté, dont il fait d'ailleurs intégralement partie.

En effet, sans travail d'équipe entre policiers et citoyens, on risque — à l'image de ce qui se passe dans une foule de villes occidentales — d'en arriver à une société parfaitement égoïste « où l'on ne s'implique pas » (« We don't want to get involved », disent, par exemple, certains Américains), où l'on regarde le voisin se faire spolier ou agresser en se réjouissant secrètement de ne point être la victime, où l'on rejette avec force jérémiades la responsabilité sur la police et les gouvernements.

Dans cette communauté constituée par Montréal et ses municipalités de banlieue, dans ce Québec de plus en plus urbanisé, dont l'administration requiert des méthodes modernes d'une complexité croissante, tenons-nous à copier tant de sociétés urbaines à la qualité de vie pour le moins douteuse ? Est-ce vraiment cet avenir, digne d'« Orange mécanique » et autres contes de science-fiction pessimistes que nous désirons ? Monsieur Vignola ne le pense pas.

Voilà pourquoi il livre ici, à l'intention des policiers, aspirants et chevronnés, ainsi qu'à celle de tous les citoyens qui s'intéressent à la chose publique, ces témoignages, reflets de formules qui ont fait leurs preuves et qui, tout en étant efficaces, ne font jamais abstraction de l'élément humain. Au cours de ce survol de l'histoire et de la petite histoire des forces de police qui se succédèrent dans l'agglomération montréalaise, nous avons pu mesurer le chemin parcouru et comprendre combien il y a loin des frustes hommes du Guet et des rustaudes « polices » du début du siècle aux professionnels d'aujourd'hui.

Car, depuis les trente dernières années, les policiers ont progressivement accédé à un statut vraiment professionnel et ce, en dépit de conditions de plus en plus exigeantes. Mais il reste encore beaucoup de chemin à parcourir pour que policiers et citoyens se rencontrent à mi-chemin afin de faire de Montréal et, in extenso, de toutes nos villes québécoises, des endroits où règne un climat de sécurité optimale et, par conséquent, une très haute qualité de vie. Et, à l'orée d'un nouveau siècle, la Direction et le personnel du Service de police de la Communauté urbaine de Montréal savent pertinemment qu'ils ont moins d'une génération pour relever ce défi.

POUR LES ÉDITEURS
Jean-Louis Morgan

AVANT-PROPOS

Aujourd'hui, le citoyen moyen se demande s'il va échapper aux fléaux de la vie industrielle et citadine ou s'il va en mourir. Il est victime de tensions divergentes, s'interroge et ne sait plus à quel saint se vouer ni quel visage donner à la liberté. Il est sollicité par une foule d'idéologies, dont certaines radicales et, en nos temps troublés, elles peuvent sembler offrir une réponse aux maux de cette fin de siècle. Solitude, violence, autorité, pouvoir, loi, ordre, répression, fascisme, marxisme, démocratie, quel impact peuvent bien avoir ces termes dans notre vie de tous les jours ? Le passé, révolu, prédétermine-t-il l'avenir dans tous les cas ? Et cet avenir, quel visage pourra-t-il prendre ? Bien des futurologues se chargent de nous fournir des réponses, dont certaines semblent plausibles, mais la futurologie ne sera, malheureusement, jamais une science exacte...

Dans le présent ouvrage je tente, dans le domaine qui m'est le plus familier, à la lueur de mon expérience, de débroussailler quelque peu certains concepts qui s'offrent à l'esprit de tous les honnêtes serviteurs de l'État — donc du public — et particulièrement à ceux qui ont la redoutable (et quelquefois ingrate) tâche de protéger leurs concitoyens. Je ne gloserai point sur les grandeurs et les servitudes du métier de policier, un métier que l'on choisit librement, qui exige un apprentissage perpétuel, qui est de plus en plus exigeant et dont on ne retire qu'une seule satisfaction qui se résume en un mot: servir, dans le sens le plus noble du terme.

J'estime que sans claire conscience, sans analyse, sans vision abstraite de notre société, il n'y a pas de progrès possible. En démocratie, l'exercice d'une autorité comme celle de la police repose sur la compréhension de notre histoire autant que sur la capacité de gérer le potentiel de générosité d'un grand corps issu du peuple pour se placer à son service. L'avenir, que j'évoquais plus haut, ne constitue qu'une notion intellectuelle qui n'implique qu'une demi-liberté, mais c'est pourtant vers lui que doit tendre tout notre dynamisme.

XXXI

Le 31 août 1977, lors de ma nomination au poste de directeur du Service de police de la Communauté urbaine de Montréal, le programme d'action que je proposais reflétait mon analyse de la situation historique globale de notre milieu et s'inspirait des besoins les plus concrets des citoyens. Diriger les destinées du plus grand et du plus important corps policier municipal du Canada constituait un immense défi que j'ai accepté avec un sentiment empreint d'humilité.

Le défi à relever était insurmontable pour un seul homme, mais j'ai vite ressenti qu'avec l'appui inconditionnel du Président et de chaque membre du Conseil de sécurité publique tout était possible pour un nouveau directeur. Fort de cet appui, il pouvait s'ingénier à ériger un Service de police efficace, en établissant clairement les règles du jeu, afin de respecter les rôles de chaque participant.

J'ai ressenti également qu'avec l'appui de la grande majorité des membres de l'État-major, qu'avec l'encouragement unanime de la base, il existait un désir de changement évident, un désir à tous les niveaux de participer à l'édification d'un meilleur corps de police. Je dois humblement avouer que j'en ai ressenti une très grande fierté, mais cette fierté personnelle n'avait été rendue possible que parce qu'elle existait déjà chez tous les membres du Service : elle avait pris racine dans un indéniable esprit de corps.

Tous ceux d'entre nous réalisaient, en effet, qu'avant de chercher à l'extérieur les autorités gouvernementales avaient considéré le potentiel humain qui existait dans notre service et avaient placé leur confiance dans les ressources humaines de notre organisation. La destinée du Service de police de la Communauté urbaine de Montréal avait été confiée à l'un de ses membres et j'estimai qu'il existait suffisamment de potentiel et de compétence parmi nos cadres pour trouver les solutions aux problèmes qui nous assaillaient, pour donner une impulsion nouvelle et une orientation dynamique à ce Service encore tout jeune.

Avant de me décider à accepter ce poste, j'ai rencontré le Président ainsi que les membres du Conseil de sécurité publique. On m'a alors demandé de faire connaître mon programme d'action et ma façon d'envisager la gestion du Service. Je leur ai alors indiqué que le thème de mon leadership serait caractérisé par une amélioration des relations humaines au sein du Service et par une amélioration des relations communautaires auprès des citoyens. Une discipline raisonnable n'exclut pas, en effet, des relations plus humaines dans une organisation. De plus, le maintien de l'ordre est mieux garanti lorsque les policiers sont près des citoyens.

Le programme d'action que j'ai développé comprenait trois points: *l'organisation, les ressources humaines, les relations publiques et communautaires.* Ce programme pouvait paraître ambitieux pour certaines personnes, mais la loi me donnait cinq ans pour le réaliser. D'ailleurs, certaines de mes propositions rejoignaient des recommandations déjà formulées dans de nombreuses études qui avaient été faites sur notre Service au cours des dernières années.

Ainsi, au plan organisationnel, je proposais les objectifs suivants :

▪ créer une mobilité à l'intérieur des cadres supérieurs de la Direction en développant des généralistes et en abolissant les grades (A.I.C. à D/A) ;

▪ diminuer les paliers d'autorité (il existait dix paliers, du constable au directeur) ;

▪ abaisser le niveau de décision le plus bas possible par la délégation, afin d'amener chacun à prendre ses responsabilités ;

▪ développer la gestion participative par objectifs à tous les niveaux d'autorité ;

▪ créer un organigramme susceptible d'abolir la cloison traditionnelle existant entre la gendarmerie (Surveillance du territoire) et la Sûreté (Enquêtes criminelles) ;

▪ développer des méthodes de gestion efficaces et économiques en faisant appel à l'innovation et à la créativité, par exemple : le poste de police communautaire ;

▪ amener les policiers à reprendre confiance en la direction du Service ;

▪ organiser périodiquement des journées de consultation auxquelles pourraient participer des représentants politiques du Conseil de sécurité publique, des cadres supérieurs, intermédiaires civils et policiers et des représentants de syndicats ;

▪ réviser et décrire les tâches propres à chaque fonction dans le Service.

Pour ce qui avait trait aux ressources humaines, j'estimais que le Service devait se proposer d'atteindre ces objectifs :

▪ amener chaque policier à être fier d'être membre du Service de police de la Communauté urbaine de Montréal ;

▪ personnaliser le policier à son travail en développant son sens des responsabilités ;

▪ rapprocher les officiers supérieurs et les policiers non gradés, les policiers et le personnel civil par une communication ouverte à tous les niveaux ;

▪ développer un système de promotion efficace qui évalue adéquatement les qualités requises pour accéder à la fonction ;

▪ développer un plan de carrière ;

▪ développer un programme exhaustif de formation des cadres supérieurs, des cadres intermédiaires et des superviseurs ;

▪ développer un programme de recyclage de tous les policiers ;

• constituer des équipes de travail homogènes et multidisciplinaires sur le principe du *Team Policing* ;

• améliorer les plans d'exécution et horaires de travail ;

• développer un programme d'enrichissement de la tâche du
patrouilleur et du sergent-détective de poste ;

• impliquer et valoriser le personnel civil dans l'organisation
policière par des programmes de formation et par un plan de
carrière.

Finalement, pour améliorer les relations publiques et les
relations communautaires auprès des citoyens le Service devait, à
mon avis, orienter ses activités dans le sens suivant:

• accentuer chez le personnel le souci de respecter les droits de
chaque citoyen ;

• développer un Service de police qui projette une image
d'efficacité et de professionnalisme ;

• amener le citoyen à reprendre confiance en son Service de
police ;

• rapprocher les policiers des citoyens et les citoyens des policiers
par des programmes de relations communautaires ;

• impliquer les citoyens dans les programmes de prévention de la
criminalité ;

• tenir périodiquement les assemblées de la Direction dans les
diverses municipalités sur le territoire de la Communauté urbaine et
aussi dans différents quartiers de la Ville de Montréal.

C'est donc avec enthousiasme que j'ai entrepris le mandat qui
m'était confié. Avec optimisme aussi, car je ne me sentais pas seul.
J'étais épaulé par 5 200 policiers et par 1 000 employés civils.

Diriger le Service de police de la Communauté urbaine de
Montréal constitue une entreprise collective et ce, du plus haut gradé
à la dernière recrue. Dès le premier jour, je me sentais encouragé par
la bonne foi et la ferme détermination de tous, en commençant par
les représentants du Conseil de sécurité publique, les représentants
de la Fraternité des policiers de la Communauté urbaine de Montréal, les policiers et les employés civils. Tous désiraient réaliser cet
objectif commun : mettre sur pied un service de police efficace qui
devienne une source de fierté pour tous nos concitoyens et un
modèle pour les autres corps policiers, non seulement au Canada,
mais aussi en Amérique.

I

De l'ordre hiérarchique

1. LE DIRECTEUR

Fonctions, responsabilités, délégation

La loi stipule que le Directeur est chargé de la direction, de l'administration et de l'organisation du Service de police, de l'embauche et de la gestion du personnel du Service, de se procurer les armes, l'équipement, les vêtements et toute autre chose nécessaire à l'exécution des fonctions assumées par le service de police ; que le Directeur doit rendre compte au Conseil de sécurité de ses activités et dépenses, qu'il doit préparer le budget annuel du Service et qu'il est responsable de la gestion du budget.

Il s'agit d'une tâche colossale qu'un homme ne peut mener à bien qu'en déléguant son autorité. Que faut-il entendre par là ?

Avant d'aborder ce sujet, consultons le dictionnaire Robert pour connaître la définition du verbe « déléguer ». En effet, selon ce dictionnaire, déléguer c'est charger quelqu'un d'une fonction, d'une mission, en transmettant son pouvoir.

« Déléguer », c'est donc confier à d'autres ses responsabilités et son autorité tout en leur octroyant son pouvoir et l'initiative des décisions à prendre dans les limites d'une juridiction donnée.

Déléguer, c'est avoir à l'endroit d'un subalterne un préjugé favorable en lui laissant une marge suffisante d'autonomie et de liberté. Toutefois, cela ne sous-entend pas que cette liberté puisse s'exercer n'importe comment et de manière incontrôlée.

Il faut se rappeler un point : lorsque je délègue, je ne cède pas ma responsabilité pour autant. Si je confie un travail à quelqu'un, j'en demeure toujours responsable et j'en assume même les risques. Bien sûr, je peux, à mon tour, tenir cette personne responsable quant à la façon dont elle s'est acquittée des tâches assignées, mais si la situation va de travers, je ne peux m'en prendre à elle quant aux résultats. Le délégataire devient le prolongement de moi-même. En dépit des risques, la délégation est un impératif inévitable, particulièrement dans une organisation importante.

Jusqu'où je peux déléguer variera selon les circonstances et les personnes. Ainsi, je ne peux déléguer pleinement à des personnes non entraînées ou jugées incompétentes. De même, je ne peux déléguer si je ne connais pas moi-même mes propres objectifs.

Pour être efficace, la délégation requiert en effet la détermination d'objectifs, la formulation de politiques, la subdivision des activités, la mise au point de programmes, l'évaluation du personnel, la formation des employés, des communications efficaces et le contrôle de l'exécution.

Plus la délégation est grande, plus le contrôle doit être évident et précis. La délégation sans contrôle n'est pas de la délégation, c'est du laisser-aller ou du « je-m'en-foutisme ».

Bien que la délégation devienne de plus en plus indispensable, bien qu'il soit impératif de confier une partie de son autorité, de ses responsabilités à des collaborateurs soigneusement choisis, il faut veiller, en même temps, à ce qu'il n'y ait pas émergence d'un pouvoir parallèle, d'un « antipouvoir » dans l'organisation.

L'efficacité en matière de délégation ne signifie pas que je me repose entièrement sur mes assistants pour décider ce que je devrais faire, ni que je ne peux remettre en question, ni modifier les jugements et les décisions de mes collaborateurs. Il s'agit plutôt d'un processus de réciprocité : je leur présente des cas et ils me conseillent ; de cette interaction naît un équilibre constructif.

Il est nécessaire que celui qui délègue permette à son subalterne de manœuvrer avec une certaine marge d'erreurs sous peine de voir ce dernier se cantonner dans un immobilisme peureux et dans l'irresponsabilité. Par ailleurs, l'erreur se mute souvent en source de progrès car, lorsqu'elle est intelligemment utilisée, elle peut devenir matière à enseignement et faire partie du bagage d'expériences de l'intéressé.

Cependant, nous constatons que des officiers ne sont pas toujours aptes à déléguer convenablement. En effet, certains ont de la difficulté et sont même incapables de déléguer quoi que ce soit à des assistants ou à des subalternes.

Par contre, il y en a d'autres qui délèguent n'importe quoi et à tout moment. Je pourrais dire, qu'ils « abandonnent » leurs responsabilités sous le prétexte de déléguer. Cette attitude frise l'insouciance et même la négligence de son devoir.

Comment se présentent ces officiers que nous pourrions identifier comme étant d'une part des officiers « allergiques » à la délégation et, d'autre part, des officiers ayant une propension spontanée et naturelle à déléguer ?

Officiers « allergiques » à la délégation. Nous côtoyons parfois des officiers qui éprouvent de la difficulté à déléguer, ils vivent des « blocages » de délégation. Il y a peut-être d'autres cas qui m'échappent mais je me permets d'en identifier cinq qui m'apparaissent les plus courants :

1. *L'officier incompétent,* celui qui se sent débordé ou qui réalise avoir dépassé son niveau de compétence ou encore celui que le Service n'a pas suffisamment préparé et aidé à se développer dans son rôle d'officier. Il arrive alors qu'il puisse avoir l'impression d'être incapable et inconfortable dans sa fonction. Si, de plus, les subalternes sont avides de se développer et d'avancer, cet officier se sent davantage menacé. Il y a aussi le cas de l'officier qui pourrait avoir les qualités et la compétence à sa tâche, mais qui ne réalise pas tout le profit qu'il pourrait retirer en déléguant des charges dont il s'est personnellement occupé durant des années. Ainsi, il ne considère pas l'avantage qu'il retirerait de confier des tâches à autrui afin d'en accomplir d'autres plus importantes.

2. *L'officier égocentrique,* celui qui s'efforce de satisfaire des besoins inavouables par nature. Dans le but de répondre à son narcissisme, de refuser les sentiments de faiblesse, de démontrer la justesse de sa position ou de rehausser son amour-propre, ce genre d'officier assumera la plus grande part du processus de décision. Un pareil personnage est incapable de répartir les problèmes d'une affaire ; il considère qu'agir ainsi pourrait être perçu comme étant un signe évident de déficience de sa personnalité et en conséquence il écartera, quelle que soit leur excellence, toutes les idées venant de son entourage.

3. *L'officier compétiteur* craint de ne pas être dans la course ou d'être dépassé par ses propres associés. Les motivations résultant de cet esprit de compétition peuvent provenir d'un désir de promotion, de pouvoir, de contrôle des gens, d'orgueil, etc. D'une façon ouverte, il peut plagier les idées de ses confrères mais la variété des subtiles actions compétitives est trop intarissable pour les citer toutes en détail ; il convient cependant de souligner qu'elles représentent chacune une tentative de se montrer sous le meilleur jour possible aux dépens des autres.

4. *L'officier perfectionniste* est celui qui est caractérisé par l'incertitude quant à sa compétence et à la justesse de sa position. Il ne peut pas tolérer les erreurs. Il vérifie et revérifie son travail. Il lutte pour la perfection.

5. *L'officier peu communicatif.* Cet officier n'est pas, à proprement parler celui qui refuse délibérément de communiquer ; c'est plutôt qu'il ignore la bonne façon de communiquer. Il transmet aux gens des informations disparates qui déterminent une image parfois altérée ou incomplète de la tâche assignée. Il parvient souvent à bel et bien s'aliéner les gens en discutant officieusement de certaines questions avec une personne en particulier, alors qu'il ne discute pas des mêmes problèmes en présence de son personnel réuni au complet. Des difficultés surgissent parce que les gens n'aiment pas l'obscurité, détestent faire un travail médiocre, conséquences de communications défectueuses.

Officiers avec propension à la délégation. Parlons maintenant des officiers qui délèguent trop, à n'importe qui et n'importe quand, ceux que je disais portés à abandonner leurs responsabilités sous le fallacieux prétexte de déléguer. En fait, ils se débarrassent et se déchargent de responsabilités qui devraient leur demeurer en propre.

Les raisons sont variées mais les facteurs déterminants dans ce sens peuvent être l'incompétence, les sentiments d'inadaptation ou une habitude de vie à vouloir « obtenir quelque chose sans contrepartie », laquelle recourt à la manipulation comme outil principal.

Ces officiers ont assimilé les techniques de la délégation mais en ont rejeté la philosophie. Ils veulent en retirer les avantages sans avoir à payer le coût et l'effort personnel. Il leur manque peut-être le courage de prendre des décisions qui paraissent controversées.

Interrogation préalable à la délégation. Individuellement, essayons de savoir jusqu'à quel point nous déléguons et si le manque de délégation est pour chacun d'entre nous un sérieux problème. Repassons maintenant, chacun pour soi, ce court questionnaire:

▪ Si je dois m'absenter, existe-t-il quelqu'un qui connaisse suffisamment bien mon travail pour être à même de me remplacer et d'assumer mes tâches en mon absence ?

▪ Dois-je habituellement abandonner une besogne importante pour me consacrer à une autre ?

▪ Suis-je constamment incapable de trouver le temps de dresser des plans à l'avance ?

▪ Suis-je incapable de trouver un subalterne apte à me soulager lorsque j'ai une surcharge de travail ou que je suis sous tension ?

▪ Est-ce que je respecte habituellement les échéances ?

▪ Suis-je ordinairement incapable de trouver du temps pour d'importantes relations publiques et d'importants engagements professionnels ?

• Ai-je habituellement une liste de dossiers sans réponse ou en suspens, faute de prendre des décisions ?

• Est-ce que je travaille longtemps après les heures normales ? Est-ce que j'apporte régulièrement une mallette pleine à la maison ?

• Est-ce que je dicte la plupart du courrier, des mémorandums et des rapports que je dois signer ?

Une réponse affirmative à plusieurs de ces questions indique qu'il me faudrait déléguer davantage, ou tout au moins renoncer à certaines responsabilités (ou même les deux à la fois).

Questions classiques sur la délégation. Selon Pierre Simon, auteur d'un volume intitulé *Le ressourcement humain,* quatre questions méritent d'être posées avant de penser à déléguer. C'est en m'inspirant des réflexions appropriées de cet auteur que je vous fais part de mes commentaires. Ces questions sont les suivantes : Quand déléguer ? Quoi déléguer ? À qui déléguer ? et Comment déléguer ?

1. *Quand déléguer ?* Il faut déléguer le plus souvent possible, à condition que le collaborateur soit prêt à assumer cette délégation, qu'il soit compétent et qu'il dispose du temps suffisant pour assumer la tâche nouvellement confiée. Il faudra ensuite qu'il rende compte de l'usage qu'il fait de ses pouvoirs, de son autorité et de ses responsabilités.

2. *Quoi déléguer ?* Tout officier qui détient des pouvoirs est susceptible de les transmettre, dans leur totalité ou en partie seulement.

Le transfert de pouvoirs s'accompagne en général d'un transfert de droits et de privilèges : droit de prendre des décisions, droit de prendre des mesures nécessaires à l'exécution de la tâche déléguée, droit de récompense et de blâme, etc. Les privilèges sont matériels et moraux et ils portent souvent sur l'apparence extérieure.

Il existe cependant des tâches qui ne se délèguent pas : celles qui sont rattachées au leadership par exemple, puisque ce serait une abdication, l'officier se retranchant du centre même de ses responsabilités. De même, le Directeur doit conserver son rôle dans les décisions importantes concernant les politiques du Service, les objectifs, les programmes, les budgets, etc.

3. *À qui déléguer ?* Il s'agit de déléguer à ceux qui ont les capacités et le potentiel et aussi à ceux qui sont dans une phase de développement sur le plan administratif ou sur le plan de leur carrière. Le délégataire est alors confronté à un défi devant la nouvelle tâche, la compétence reconnue ou l'honneur, raisons suffisantes pour susciter chez lui une motivation accrue.

Il faut évidemment éviter de déléguer aux « vedettes » ou aux « prime donne » qui ne sont pas toujours bien acceptées par le groupe. Il faut que la chance soit offerte à tous.

Sur un autre plan, tout officier doit envisager son propre remplacement et mettre en place, dès que possible, un système de délégation. Un officier qui ne prévoit pas sa propre relève ou qui ne prépare pas un remplaçant ne devrait pas mériter, à mon avis, une promotion, étant donné qu'il se rend indispensable et irremplaçable au poste qu'il occupe présentement.

La délégation dans l'entreprise moderne est très conforme à l'idée de participation et de décentralisation ; elle permet à chacun une meilleure prise de conscience de ses responsabilités, de ses capacités et de ses missions futures.

4. *Comment déléguer ?* Le délégataire vit dans une certaine sphère d'autorité, à l'intérieur de laquelle il peut agir, prendre des initiatives mais seulement dans le cadre des politiques et des directives du Service et en coordination avec les autres délégataires des diverses sections et districts policiers du Service.

Une fois les objectifs fixés par l'autorité délégatrice, celle-ci doit laisser le délégataire déterminer les moyens, les procédures à adopter pour mieux atteindre les buts visés. Elle peut néanmoins modifier les objectifs et donner son avis sur les moyens et les procédures à adopter.

La personne à qui l'on délègue ne doit pas se considérer, dans son action, comme étant autonome et indépendante. En effet, le délégataire doit constamment se rappeler qu'il doit rendre compte, de façon périodique, de ses activités et des décisions qu'il a prises à l'intérieur de son mandat.

Aux niveaux les plus bas de la hiérarchie, les délégations doivent être bien délimitées, précises et claires. Aux niveaux intermédiaires, il est capital que l'objet, l'étendue, les rapports des diverses délégations soient parfaitement explicites, faute de quoi surgiront des confusions dans les attributions, des frustrations et des conflits. Aux niveaux les plus élevés, elles doivent être purement formelles et même diffuses, de façon à inciter le délégataire à mesurer l'étendue de ses responsabilités nouvelles.

Intérêts communs. La délégation requiert de la part de celui qui délègue de la générosité et une forme d'humilité pour reconnaître qu'il n'est pas seul dans le Service et qu'il a autour de lui des collaborateurs et des compétences valables.

La délégation bien comprise et bien mise en application permet de concilier l'autorité nécessaire à la poursuite organisée des objectifs du Service avec la participation dans les décisions par un plus grand nombre.

Par la formation du personnel, le recyclage et la communication interpersonnelle, l'amélioration du milieu de vie, tous, officiers et subalternes, à partir du Directeur du Service au dernier policier assermenté, finiront par avoir en commun un plus grand nombre de préoccupations et réaliseront combien leurs intérêts sont proches de ceux de leurs collègues, quels qu'ils soient.

Les notions de direction, d'autorité hiérarchique et despotique, populaires dans le passé, sont aujourd'hui largement contestées dans leur fondement même. Elles font l'objet de remises en question qui débouchent sur de nouvelles formes de structures participatives et sur de nouvelles relations entre dirigeants et dirigés.

La délégation de son autorité permet à d'autres de prendre conscience de leur personnalité, d'exprimer leur confiance en leur propre capacité, en leur conscience professionnelle et en leur compréhension des objectifs du Service.

La délégation des pouvoirs constitue un facteur permanent de progrès pour l'individu, qui a ainsi l'occasion de développer ses aptitudes et de découvrir en lui des qualités latentes et des possibilités qu'il ne soupçonnait pas. Par voie de conséquence la délégation devient également un facteur de progrès pour l'organisation.

La *décentralisation* que nous tentons de mettre de l'avant au Service de police de la Communauté urbaine de Montréal repose sur la délégation et celle-ci repose sur la *confiance* et sur la *compétence* de chacun des membres de notre organisation à accepter et à absorber des responsabilités accrues au sein de notre Service.

Ainsi, la décentralisation, par le biais de la délégation, reconnaît et cherche à mettre en valeur les talents et les qualités de tous et à développer aussi bien les leaders de demain et les futurs dirigeants du Service de police de la Communauté urbaine de Montréal que d'améliorer la qualité et l'efficacité du personnel en général.

Grâce à la décentralisation et à la délégation, notre Service devient l'affaire de tout le monde au service de chaque citoyen de la Communauté urbaine.

La direction participative par objectifs

« Êtes-vous prêts à bâtir avec moi une belle et grande entreprise ? » Telle est la question que je pose implicitement à mon personnel. C'était d'ailleurs la même question que je posais au moment de mon assermentation, lorsque j'exprimais le désir de faire du Service de police de la Communauté urbaine de Montréal une entreprise où tout un chacun pourrait se sentir impliqué.

Je préconisais alors d'abaisser le niveau de décision le plus bas possible afin que les membres de notre organisation puissent devenir individuellement responsables de leurs actes, de leurs décisions, de leur administration, qu'ils puissent améliorer les relations humaines dans leur milieu de travail pour que, par rebondissement, la qualité des services que nous rendons aux citoyens s'en trouve, elle aussi, améliorée.

Depuis lors, nous avons pris conscience que l'approche dite « autoritaire » était actuellement dépassée, car nous vivons dans une société de participation. Dans les entreprises, le « management » participatif s'impose et cette méthode garantit le développement harmonieux des organisations.

Au sein des services de police comme ailleurs, il nous faut également repenser notre façon d'envisager l'administration, revoir notre philosophie et nous enligner sur des modèles opérationnels de management contemporain.

Avec l'approche traditionnelle l'homme doit s'ajuster à sa tâche et les changements organisationnels sont alors opérés aux frais de l'individu.

Tandis qu'avec une approche de participation, la tâche s'ajuste à l'homme. En partant du principe suivant : le titulaire possède des ressources et des pouvoirs pour accomplir sa tâche : il doit donc répondre de sa tâche.

Pour y arriver, le titulaire doit identifier ses priorités, définir ses objectifs, déterminer les étapes à franchir, choisir ses moyens ou les ressources, passer à l'action et contrôler ses résultats.

Dans un tel contexte administratif, l'employé se taille une tâche à la mesure de son potentiel et de ses aspirations, compte tenu des exigences de l'organisation et de son interdépendance avec les autres unités de gestion de cette même organisation.

Je n'ai pas la prétention de réinventer la roue en vous énonçant ces vérités ; une telle conception du management n'est pas nouvelle. McGregor a déjà énoncé ces prémices lorsqu'il a élaboré les principes qu'il a identifiés comme étant la « *Théorie X et Y* ».

C'est dans cette veine que se situent mes préoccupations comme directeur du Service de police de la Communauté urbaine de Montréal et j'aimerais développer, avec tous mes subordonnés, un modèle opérationnel où chacun d'entre eux pourra se donner une tâche à dimension humaine dans sa conception et dans son exécution, tout en offrant au Service des garanties d'efficacité requises pour son développement.

Pour y arriver, de nombreuses méthodes ont été mises au point, mais celle qui semblerait convenir le mieux à ces préoccupations serait la « *Direction participative* » et, si nous voulons poursuivre notre cheminement et nous impliquer davantage, ce serait *la Direction participative par objectifs* ou D.P.O. Pourquoi la D.P.O. ?

Parce qu'elle est un modèle de gestion applicable dans tous les secteurs de l'activité humaine.

En effet, la D.P.O. est un modèle qui se prête à toute organisation en tenant compte de ses particularismes.

La D.P.O. peut s'appliquer au niveau de la tâche individuelle aussi bien qu'au plan de toute organisation et, finalement, elle situe l'enjeu véritable au plan de la participation.

Mais attention, la D.P.O. n'est pas une panacée, encore moins un remède pour guérir une entreprise malade. Elle n'est pas un simple gadget pouvant être mis en place en l'espace de quelques heures. Ce n'est pas non plus une technique de fixation d'objectifs, une technique de motivation ou encore un système d'appréciation du personnel.

La D.P.O., selon moi, est une philosophie et une pratique administrative. C'est une philosophie parce qu'elle a ses valeurs, ses croyances et ses principes fondamentaux. C'est une pratique administrative parce qu'elle possède sa méthodologie et ses règles.

Il ne faut surtout pas s'illusionner sur cette méthode de direction participative. On ne plonge pas tête baissée sans se poser de questions, sans avoir des soupçons, des hésitations ou des doutes.

La D.P.O. est une méthode administrative qui dérange des habitudes enracinées et de vieilles pratiques éprouvées, mais dépassées.

Il ne faut pas se le cacher, la D.P.O. est exigeante. En effet, elle exige au début beaucoup plus d'effort de la part du gestionnaire ; elle exige une adaptation constante et un changement dans son style de gestion. Finalement, la D.P.O. ne convient pas à tous les gestionnaires et à tous les styles de leadership.

En contrepartie, si cette approche administrative devient une réalité dans notre service, elle entraînera, par conséquent, un style différent de relations entre supérieurs et collaborateurs, c'est-à-dire, une relation en direct, face à face.

Je suis très conscient du fait qu'un service de police ne puisse être l'entreprise d'un seul homme. Mieux vaudrait demander sur combien d'épaules repose actuellement notre Service, combien parmi nous participent réellement à sa construction, combien d'entre nous se sentent véritablement impliqués...

Ceci me rappelle l'histoire des trois tailleurs de pierres sur un chantier de construction à qui l'on demandait ce qu'ils faisaient.

Le premier de répondre: « *Je gagne ma vie* » ; le deuxième : « *Je suis un tailleur de pierres, le meilleur du chantier* » ; et le troisième : « *Je bâtis une cathédrale* ».

9

Si j'applique ces réponses à chacun d'entre nous, combien répondraient comme le premier qu'ils ne travaillent que pour la paie, combien, comme le deuxième, se diraient le champion sans pour autant partager compétence et responsabilité avec les collègues et finalement combien pourraient, à l'exemple du troisième, répondre qu'ils sont conscients d'être en train de bâtir un service efficace et moderne.

Voilà pourquoi il est impératif de découvrir une méthode administrative susceptible de transformer notre milieu de travail en milieu d'épanouissement humain, disposer d'un instrument de développement des individus, stimuler un état d'esprit et une philosophie qui pourraient assurer à chacun d'entre nous une plus grande autodétermination, une plus grande utilisation de ses capacités d'initiative et de créativité.

Peu importe l'étiquette utilisée, qu'on parle de Z.B.B. (« Zero Base Budgeting »), de P.P.B.S. (« Planning, Programming, Budgeting System ») ou encore de D.P.O. (« Direction Participative par Objectifs »), le principal c'est que nous réussissions tous ensemble à bâtir un service de police fort et à procurer aux citoyens le meilleur service policier qui se puisse concevoir.

2. LE POLICIER

En équipe : citoyen et policier

Le slogan : « Contre le crime, ensemble tout est possible ! » traduit bien mon intention de voir les citoyens et les policiers œuvrer conjointement dans la lutte contre ce fléau. Il est temps pour les citoyens d'agir, de modifier leur attitude de neutralité et d'indifférence à l'égard de la prévention de la criminalité, de voir à assurer leur propre sécurité en suivant des règles élémentaires de prévention et de coopérer, d'une façon évidente, avec les policiers dans cette lutte contre le crime.

Le policier est celui qui arrête, en règle générale, les malfaiteurs et les criminels, mais il est aussi, et surtout, celui qui guide, conseille, prévient, renseigne, rassure, éduque et protège les citoyens. S'il exerce un rôle parfois répressif, c'est toujours dans le but de protéger l'individu contre lui-même et les autres et de l'inciter à respecter ses concitoyens et leurs biens. Ce respect de la personne et des biens d'autrui est essentiel : nous devons aussi l'inculquer aux jeunes, ces adultes de demain.

Comme les policiers doivent défendre les intérêts des citoyens, ils ont, par voie de conséquence, la responsabilité d'assurer la protection des personnes et de leurs biens.

Mais qu'est-ce que vous, citoyen, attendez du policier ? Vous désirez que le policier, dans ses interventions, soit très compréhensif et attentif à vos revendications légitimes. Vous voulez qu'il soit objectif, intègre et d'une ouverture d'esprit exceptionnelle à la suite de vos appels de service.

En regard de l'application de la loi, vous demandez au policier de démontrer un sens humain véritable, d'être d'une disponibilité totale envers vous.

La multiplicité de services que vous requérez du policier exige de sa part l'exercice d'une diversité de tâches de plus en plus accaparantes et complexes, résultat du caractère même d'une société évoluée.

Énumérons brièvement ces tâches fondamentales dont vous êtes en droit d'attendre, et avec raison, l'accomplissement par vos policiers :
- protéger la vie et la propriété des citoyens ;
- faire respecter la loi et les règlements municipaux ;
- maintenir l'ordre public et la paix ;
- prévenir le crime ;
- rechercher les criminels ;
- recouvrer les biens illégalement obtenus ;
- aider les jeunes.

Dans toutes ces activités, je vous demande de voir le policier un peu comme vous-même, c'est-à-dire comme un homme, un être humain vêtu d'un uniforme, avec ses défauts, mais aussi ses qualités. Comme vous, il a ses préoccupations, sa vie personnelle, sa vie familiale. Ce côté humain du policier n'est-il pas trop souvent méconnu ?

Vous exigez du policier, et avec raison dans une société démocratique, des qualités souvent exceptionnelles. Lors de la sélection, des conditions préalables sont exigées pour que le candidat à la fonction policière réponde vraiment aux tâches variées et difficiles qui l'attendent.

À cet égard, la Commission de police du Québec, par sa réglementation, a déterminé les normes auxquelles doivent correspondre les candidats aspirant à la fonction policière.

Le policier est, en effet, un professionnel des relations harmonieuses dans notre société qui, malgré elle, souffre parfois de nombreux malaises. Il doit exercer sa profession en favorisant l'établissement de ces relations.

Pour agir professionnellement, une formation de base, dispensée à l'Institut de police du Québec, à Nicolet, est essentielle. Mais le souci de perfectionnement et de spécialisation du personnel doit être la préoccupation constante d'un directeur de service de police.

Les policiers qui s'illustrent par des actes de bravoure sont, la plupart du temps, l'objet de votre admiration. Mais, de grâce, ne négligez pas pour autant ceux qui accomplissent souvent de multiples tâches dans l'ombre, de façon moins spectaculaire.

Ces policiers-là, au cours de leur ronde, sont constamment à votre service et leur travail est soumis à des règles d'éthique consignées dans un règlement sur la déontologie et la discipline.

Rôle du citoyen. Le citoyen vivant dans une société civilisée a également des responsabilités. La première, qui est bien fondamentale, repose sur le respect des lois, sans lesquelles aucun ordre social ne peut être possible.

Dans une société moderne et pluraliste comme la nôtre, le citoyen devrait faire davantage pour aider les policiers chargés de maintenir l'ordre, la paix et la sécurité publique.

En effet, cette coopération que nous souhaitons encore plus efficace, a malheureusement tardé jusqu'à ce jour à se manifester puisque les rapports entre citoyen et policier se sont limités trop souvent au contexte de l'application de la loi. Bien sûr, nous avons déjà réalisé cette nécessité de vous faire connaître sous un jour meilleur les diverses formes de l'activité policière. De même, s'est imposée graduellement l'idée que les efforts des citoyens et des policiers se devaient d'être réciproques. Malgré le travail sérieux d'information de la section de Relations publiques, nous n'avons pas atteint à notre satisfaction les résultats escomptés. Le public n'a pas sensiblement modifié son attitude face au travail du policier, tout simplement parce qu'il ne s'est probablement pas senti assez impliqué.

C'est pourquoi l'idée du travail de coopération et d'équipe, policier et citoyen, a fait son chemin pour correspondre davantage à la société de participation d'aujourd'hui.

Nous sommes d'avis que, au fur et à mesure que le citoyen établira des liens nouveaux et plus étroits avec ses policiers, il aura en même temps une plus grande conviction que nous cherchons vraiment à l'aider. Et plus la confiance du citoyen envers l'efficacité policière augmentera, plus le public sera porté à transmettre aux agents de la paix un plus grand nombre de renseignements qui se traduira sûrement par une augmentation du taux de solution des crimes.

Criminalité et attitudes sociales. Beaucoup de questions se posent en regard de la criminalité et des attitudes sociales de notre milieu. Pourquoi en est-il ainsi ? En philosophant un tant soit peu, vous pourriez noter que le sens moral et le respect de la loi sont intimement liés.

Les valeurs morales dans une société de consommation constituent également une denrée fortement périssable. La loi qui fait
appel à la morale, à une accoutumance, à la tradition, est souvent
privée de ses sources les plus fécondes. La société s'émeut encore
d'un crime crapuleux, mais reste, par ailleurs, insensible devant
l'accroissement de la criminalité.

Suffit-il, pour apaiser votre conscience, de réclamer de l'État ou
encore de la Communauté urbaine de Montréal d'embaucher
davantage de policiers et de vous réfugier calmement dans une
euphorie bienfaisante en disant : « Après tout, c'est l'affaire de la
police » ! NON, la PRÉVENTION, c'est aussi VOTRE AFFAIRE...
ENSEMBLE TOUT EST POSSIBLE.

À l'égard de la criminalité et de la prévention du crime, nous
cédons trop facilement à la tentation de faire reposer sur les épaules
de l'État et de la police des responsabilités qui sont, en fait, les nôtres
comme les vôtres. Votre Service de police, comme l'État, ne peut être
un tuteur omniprésent, ni le magicien de toutes les solutions.

Vous devez d'abord secouer l'indifférence qui est en train
d'étouffer nos grandes villes et qui menace de plus en plus par
contagion les centres moins urbanisés.

Tout citoyen a un devoir de policier, dans ce sens qu'il doit
assumer la sécurité de sa personne, de ses biens et de la société.

Parlons concrètement maintenant et passons aux actes. Ainsi,
lorsque vous verrez se perpétrer un crime, avertissez la police ! Vous
voyez des rôdeurs près de chez vous ? Avertissez la police ! Quelqu'un heurte le véhicule de votre voisin et se sauve ? Prenez le
numéro de la plaque d'immatriculation du chauffard et avertissez la
police !

Moyens élémentaires de prévention. Si vous voulez, vous
pouvez faire beaucoup, et sans tellement d'effort, pour aider votre
service de police et prévenir le crime. Présentement, nous constatons
que les introductions et les vols par effraction sont à la hausse, de
même que les vols dans les véhicules. Grâce à votre coopération, il
serait facile de prévenir ces délits ou du moins de rendre la tâche du
voleur plus difficile.

Par exemple, lors de vos magasinages, déposez donc vos colis
dans le coffre arrière de votre véhicule et non sur le siège, où ils ne
font que tenter le voleur éventuel. Savez-vous qu'il faut moins de dix
secondes à un voleur moyennement habile pour pénétrer dans votre
voiture ? Ne laissez pas non plus votre permis de conduire et les
papiers d'immatriculation de votre voiture dans la boîte à gants et
évitez de stationner votre véhicule en des endroits isolés ou mal
éclairés.

Verrouillez les portes et fenêtres de votre domicile. Vous seriez étonné du nombre de citoyens qui ne ferment pas leurs portes à clef. Il ne suffit pas de verrouiller, mais encore faut-il que les portes soient munies de serrures adéquates qu'on ne peut ouvrir avec un simple canif.

Surtout, ne laissez pas votre clef dans la boîte aux lettres ou sous le tapis : ce sont les premiers endroits que les voleurs vérifient !

Si vous emménagez dans une maison à logements multiples, faites changer votre serrure, le cas échéant.

Si vous partez de la maison pour quelques heures, laissez une lumière allumée. Cependant, si vous devez vous absenter pour plusieurs jours, faites cesser toute livraison de journaux, pain, lait. Demandez à un parent ou à un voisin fiable de prendre votre courrier, de vérifier régulièrement votre domicile. Ne faites pas savoir à trop de gens, surtout dans les endroits publics, que vous devez vous absenter pour une longue période.

Il ne faut surtout pas laisser de note au laitier dans la porte ou la fenêtre. Combien de fois, lorsque nos policiers se rendent sur les lieux d'un vol par effraction, ne voient-ils pas ces notes : « Partis pour deux semaines, ne laissez pas de lait... »

De même, si vous voulez vous protéger davantage, évitez de conserver des objets et documents de trop grande valeur à la maison ; prenez plutôt un coffret de sécurité dans une institution bancaire ou autre.

Il est aussi prudent de marquer vos appareils électriques ou objets de valeur au burin et d'y inscrire votre numéro de permis de conduire. Cette précaution nous permet de retracer vos biens et de vous les remettre beaucoup plus rapidement lorsque nous les retrouvons. De plus, le voleur hésitera sûrement avant de pénétrer chez vous dès qu'il verra sur votre porte une inscription indiquant que vos biens sont identifiés. Nous disposons de burins électriques que nous nous ferons un plaisir de vous prêter gratuitement sur demande.

En matière de protection de la personne, évitez les endroits sombres ou déserts ; les boisés et les terrains de stationnement sous prétexte d'écourter votre trajet, méfiez-vous des automobilistes qui s'offrent pour vous conduire à destination et évitez de transporter sur vous d'importantes sommes d'argent.

Voilà quelques moyens de prévention que vous pouvez mettre en application immédiatement.

N'oubliez pas : « CONTRE LE CRIME, ENSEMBLE TOUT EST POSSIBLE ! En nous rendant service, vous vous rendez service.

Le policier dans notre démocratie

Il est important pour nous, policiers, de nous rappeler constamment les points suivants :

- que nous vivons dans une société démocratique ;
- que, dans une société démocratique, tous et chacun doivent rendre des comptes à quelqu'un ;
- que les policiers doivent se rappeler qu'étant au service des citoyens ils sont appelés à rendre des comptes à la population, par l'intermédiaire des élus et des hommes politiques ;
- que cette démarche démocratique sera d'autant plus facile à respecter, de la part des policiers, que les hommes politiques en place seront des hommes honnêtes, intègres, honorables et respectables.

Ce jeu de la démocratie est essentiel si nous ne voulons pas exercer la police pour la police, si nous ne voulons pas dégénérer rapidement en État fasciste et créer par le fait même un État policier.

L'assermentation : les objectifs. L'assermentation de nouveaux policiers se déroule au cours d'une cérémonie toute simple qui n'en revêt pas moins une grande signification. Quelles obligations ce serment implique-t-il pour l'officier qui le prononce ? Voici en gros les idées qui sous-tendent cet engagement personnel.

Être policier doit demeurer pour moi une décision libre et volontaire. Toutefois, à partir du moment où j'ai décidé de devenir policier et de prêter serment, je me suis engagé en même temps à accomplir mon devoir avec conscience professionnelle et à vivre selon les règles et les normes strictes de ma profession.

En devenant policier, j'ai accepté la grandeur de cette tâche, mais aussi les sacrifices et les contraintes qu'elle peut entraîner et j'ai aussi accepté de répondre par le fait même à des obligations morales plus grandes pour moi, policier, que pour le citoyen moyen.

Comme policier, que je le veuille ou non, je deviens un point de mire et un point d'observation au milieu de mes concitoyens. En conséquence, ma liberté personnelle n'est plus tout à fait la même, et mon comportement doit être digne de ma fonction aussi bien au travail, à la maison que durant mes heures de loisirs, et être exempt de reproche mérité de la part de mes voisins, de mes amis, des étrangers et même de mes adversaires. C'est le cas de le dire, le policier vit d'une certaine façon dans une « maison de verre » au milieu de la collectivité.

La question que je dois maintenant me poser est la suivante : Ai-je la force de supporter ce mode de vie et cette pression comme étant le défi et le lot de tout policier ?

L'uniforme, la sécurité d'emploi, le salaire, les bénéfices sociaux, le fonds de pension et le prestige de la fonction ne devraient pas être les seuls motifs qui me retiennent au Service. Je ne dois pas craindre de me regarder en face pour me demander : Suis-je bien dans ma peau ? Suis-je heureux comme policier ? Est-ce que je me sens utile à quelque chose ?

Si ma réponse est négative, je dois me rendre à l'évidence : je n'ai pas choisi la carrière qui me convient. Dans ce cas, tout ce qui me reste à faire, c'est d'avoir le courage de démissionner et de m'orienter ailleurs afin d'être honnête avec moi-même, ma famille, le service de police et aussi afin de ne plus avoir à supporter, une fois pour toutes, ce lourd fardeau.

La Loi de police du Québec exige qu'un policier, pour devenir apte à accomplir légalement cette fonction, prête sur les Saintes Écritures deux serments. Le premier est un serment de loyauté et d'allégeance à l'autorité constituée et le second est un serment de confidentialité.

Serment de loyauté et d'allégeance. Par le serment de loyauté et d'allégeance, je jure que je serai loyal, que je porterai vraie allégeance à l'autorité constituée, que je remplirai les devoirs de ma charge de policier municipal avec honnêteté et justice et que je ne recevrai aucune somme d'argent ou considération quelconque pour ce que j'ai fait ou pourrai faire, dans l'exécution des devoirs de ma charge, dans le but de favoriser l'achat ou l'échange de quoi que ce soit, à part mon traitement, ou ce qui me sera alloué par la loi, par un règlement ou par une résolution du conseil.

Serment de confidentialité. Par le serment de confidentialité, je jure que je ne révélerai et que je ne ferai connaître, sans y être dûment autorisé, quoi que ce soit dont j'aurai eu connaissance dans l'exercice de ma charge.

Suites logiques de mon serment. En prêtant serment, je reconnais humblement la charge de ces responsabilités devant Dieu et je jure de toujours considérer le maintien de la paix, de l'ordre et de la sécurité publique ainsi que l'application des lois en vigueur au pays comme étant les devoirs d'une profession honorable qui relève à la fois de l'art et de la science.

Dans l'accomplissement de ces responsabilités, je ne dois pas m'engager dans aucune pratique illégale ou contraire à l'éthique professionnelle ou encore entretenir des relations douteuses avec des gens connus et actifs sur le plan criminel.

L'information dont je prends connaissance en ma qualité de policier devient une responsabilité sérieuse qui ne peut être utilisée qu'à des fins strictement officielles.

De même, je ne dois pas chercher à tirer un avantage personnel d'informations obtenues par suite de la consultation de dossiers ou de documents officiels ou encore par suite de renseignements portés confidentiellement à mon attention grâce à mon statut d'agent de la paix.

Il est entendu que je ne dois jamais révéler à une personne non autorisée quelque fait ou information relatifs à une affaire en litige que j'aurais pu obtenir à titre officiel et dont la révélation pourrait favoriser ou défavoriser une personne en cause, influencer le jugement d'un magistrat ou encore compromettre le dénouement d'un procès.

Je retiens l'obligation imposée par ma fonction de déclarer honnêtement les faits devant la Cour et de témoigner sans préjugé et sans me laisser emporter par l'émotivité.

Quant à la tâche qui m'est dévolue de prévenir le crime, de déceler les infractions à la loi, d'en rechercher les auteurs et de les citer en justice, il m'importe d'être aussi vigilant à faire acquitter une personne innocente qu'à faire condamner un coupable sans crainte de représailles, sans rechercher des faveurs et sans entretenir de préjugés.

J'accepte pleinement la responsabilité de protéger la société tout en respectant les droits des individus, d'assister le faible, de venir en aide à ceux qui sont en difficulté et d'être respectueux des lois aussi bien en public que dans ma vie privée.

Mon serment d'office comme policier sous-entend que je mets aussi en pratique les articles de la Charte des droits et des libertés de la personne qui ont une incidence sur mon travail de policier.

Pour accomplir mon devoir avec justice et équité, il me faut posséder des connaissances légales de sorte que la société puisse être protégée en même temps que les droits des individus sauvegardés.

En prêtant serment, je prends conscience du sérieux de mes responsabilités qui consistent à prodiguer confort, conseil et assistance aux personnes dans le besoin et à combattre en même temps les personnes qui violent les lois de mon pays.

Qualités essentielles. La fonction de policier a tant de facettes qu'elle demande aux candidats à cette carrière l'obligation de développer de nombreuses qualités.

En effet, pour accomplir de façon adéquate mon travail de policier, je dois posséder un peu de tout à la fois : les connaissances et les aptitudes du médecin, de l'avocat, de l'éducateur, du psychologue et même celles de l'homme d'affaires.

Je pense en particulier au patrouilleur qui doit non seulement connaître les grandes artères de sa ville, mais presque chaque commerce du secteur dont il est responsable. Il devient en somme une bibliothèque ambulante, une espèce de centre de références et d'information touristique. Sans oublier les fois où il est appelé à s'improviser sapeur-pompier ou accoucheur dans des moments d'urgence ou à affronter des situations inimaginables, à partir de la tentative de suicide, de la fracture du crâne à l'hémorragie, à la crise d'épilepsie et à l'arrêt cardiaque.

Le policier doit aussi être un franc-tireur et, à la fois, un lutteur vigoureux et un coureur agile. Il doit développer au cours des années des aptitudes de jardinière d'enfants et des qualités de diplomate pour agir en médiateur, par exemple, sur une scène de « trouble de ménage » ou de « cause civile ».

Il doit avoir une mémoire d'expert et être une autorité sur une multitude de sujets variés.

En certaines occasions, il devient juge et jury et parfois procureur de la défense et de la couronne et, en d'autres circonstances, il joue même ces quatre rôles simultanément. En effet, c'est ce qui lui arrive lorsqu'il décide en une fraction de seconde, d'arrêter ou non un suspect et qu'il se met à réfléchir en même temps aux conséquences sociales de cette décision sur la vie de cet être humain tout en retenant l'importance de la protection de la société et du bien commun.

Pour compléter cet éventail de qualités, nous pourrions conclure en disant qu'un policier efficace est reconnu par son calme et sa maîtrise de soi, son respect de la dignité humaine et son esprit de justice à toute épreuve.

Le calme et la maîtrise de soi. Le général Foch, qui conduisit les troupes alliées à la victoire en 1918, disait que pour garder son calme, « il fallait simplifier les choses tragiques et ne jamais dramatiser les choses simples ».

En conséquence, toute la personne du policier doit dégager une impression de sérénité pour que les citoyens avec lesquels il vient en contact se sentent en sécurité. Comme conseil pratique, j'ajouterais qu'un policier doit éviter les paroles inutiles et être discret. La règle d'or du policier devrait être la suivante : « Écouter beaucoup et parler peu. »

Respect de la dignité humaine. Comme policier, je dois me rappeler que les citoyens sont des êtres humains que je dois traiter selon leur dignité de personnes raisonnables et libres.

Au moment de l'arrestation d'un jeune, par exemple, ou de son séjour dans un poste de police, le comportement du policier revêt une importance particulière qui pourrait même influencer son orientation future.

Tout le monde sait que l'attitude négative ou vindicative d'un policier à l'endroit d'un jeune peut provoquer chez lui une réaction de crainte, de haine ou encore de révolte. Par contre, une attitude ferme mais affable entraîne, en règle générale, un sentiment de confiance et un encouragement à respecter les lois.

Comme représentant de l'ordre, je dois me rendre digne de l'autorité dont je suis investi par la loi, de manière à projeter le symbole d'une autorité ferme, mais qui peut être à la fois juste et humaine.

La réhabilitation du jeune délinquant, ne l'oublions pas, commence la plupart du temps lors du premier contact qu'il a avec l'un d'entre nous, policiers.

Esprit de justice. Être juste, c'est la première qualité qu'un homme digne de ce nom réclame de celui qui a autorité sur lui.

Être juste, c'est rester impartial en toute circonstance, sans jamais se laisser guider par des sympathies ou des antipathies.

Au service de ses concitoyens. La personne qui a choisi de faire carrière dans un service de police doit prendre conscience du rôle important qu'elle a à jouer pour assurer le succès de son organisation. Il doit aussi se rendre compte de l'importance de son travail et de son rôle social et considérer sérieusement la confiance et la responsabilité que le public lui a déléguées.

Dans une société démocratique, le policier exerce ses fonctions dans l'intérêt de la collectivité et il ne doit exercer que les pouvoirs que les citoyens lui ont confiés.

Dans cette même société, le policier est tenu d'agir dans le cadre d'un système juridique qui reconnaît et applique les valeurs démocratiques. Il peut même avoir à répondre de sa conduite devant les cours de justice et, en dernier ressort, devant la population par l'intermédiaire des représentants qu'elle a élus aux divers paliers de gouvernement.

Les citoyens veulent que la police soit forte et efficace dans le maintien de l'ordre social et dans la prévention du crime et, au même titre, ils exigent que le pouvoir du policier soit contrôlé et limité de façon à ne pas gêner arbitrairement la liberté individuelle.

Sous notre régime démocratique, la police peut être puissante, mais elle ne doit jamais être tyrannique ; elle peut être efficace, mais sans être trop zélée.

Bref, la police doit constituer une force impartiale tout en demeurant soumise à des formes de contrôle de la part de personnes qui ne sont pas tenues à l'impartialité et de la part de personnes qui sont elles-mêmes soumises à la surveillance policière.

La formation du policier dans le système cégépien

Quelle est la formation d'un policier ? L'enseignement dispensé aux futurs gardiens de la paix reflète-t-il la réalité contemporaine, les besoins des étudiants et ceux des services de police ?

Ayant été pendant de nombreuses années professeur à temps partiel dans différents cégeps dans le cadre de techniques auxiliaires à la justice et chargé du cours intitulé « Opérations policières », mon point de vue est celui d'un observateur participatif et, à la fois, celui d'un directeur responsable d'un service de police.

Afin d'amorcer mon exposé sur le sujet, je dois, en termes de préambule, faire une distinction entre ce que l'on pourrait appeler l'éducation et la formation professionnelle.

Éducation et formation professionnelle. « Éducation » et « formation professionnelle » sont des termes qui reviennent souvent dans les écrits et les discussions dans le domaine de l'enseignement.

En règle générale, on entend par éducation le développement de l'esprit et de la personnalité d'un homme et surtout de ses facultés de perception et de raisonnement.

La formation professionnelle a pour but l'acquisition de toute une série de connaissances et de techniques concrètes, pouvant s'appliquer à un domaine déterminé et généralement pratique.

Au Québec, jusqu'au début des années 60, l'évolution des systèmes d'enseignement tendait à établir une distinction assez rigide entre l'enseignement « secondaire », en tant que préparation libérale et intellectuelle à la vie et l'enseignement « professionnel », apportant essentiellement, et souvent exclusivement, une formation pratique destinée à certaines techniques et à certains métiers spécifiques.

On ne considérait pas comme important, ni même souhaitable, qu'une éducation générale ait des aspects pratiques ou qu'elle soit étroitement liée au milieu contemporain.

De même, nul ne songeait que les écoles professionnelles pouvaient ou devaient procurer, en dehors d'une formation technique, une éducation pour la vie, analogue à celle que dispensaient les établissements de l'enseignement secondaire.

Depuis 1968, les cégeps sont venus corriger cette situation anormale et confuse. L'enseignement des techniques policières dans les collèges d'enseignement général et professionnel a comblé l'absence ou la carence d'un enseignement plus ouvert et polyvalent qui existait autrefois dans les « écoles d'entraînement », comme on les appelait, ou les écoles de police placées sous la tutelle exclusive d'un service de police en particulier.

En effet, la caractéristique principale que possédaient ces écoles de police, à l'époque, était d'être à l'image et à la ressemblance du directeur de police en place.

Les cégeps ont permis de faire tomber les barrières rigides entre l'éducation de l'esprit et la formation professionnelle. Grâce au programme, grâce à la qualité du corps professoral formé de professionnels, de diplômés universitaires et de policiers, grâce aux contacts que les étudiants en techniques policières entretiennent avec les étudiants des autres disciplines tant générales que profession-nelles, grâce aux activités para-scolaires, les cégeps deviennent un milieu propice pour encourager et permettre aux futurs policiers d'atteindre un développement plus harmonieux avec leur environ-nement et avec le milieu social dans lequel ils seront appelés à vivre et à travailler comme policiers.

Après plus de dix ans, il est bon de faire le point sur l'enseigne-ment des techniques dans les cégeps et de rechercher ensemble les secteurs susceptibles de subir des améliorations.

Critiques sur le système actuel. Sans vouloir être perçu comme un juge sévère à l'endroit du système d'éducation, il ne faut pas passer sous silence que la croissance du domaine de la formation policière et les exigences d'un système d'éducation de masse ont, malgré le succès qu'il ne faut pas sous-estimer, fait ressortir certaines faiblesses.

Fait à noter, ces faiblesses ne caractérisent pas chacun des cégeps. Tout au contraire, c'est en prenant comme étalons les standards très élevés réunis dans les meilleures institutions que les critiques qui suivent sont formulées à l'encontre des autres, à savoir : la sélection des étudiants, le corps professoral, le manque de connais-sances de la fonction policière, les préjugés entretenus à l'endroit de la police, un programme de cours périmé, le stage pratique inexis-tant, un marketing déficient.

1. *Sélection des étudiants.* Jusqu'à tout récemment et particulière-ment avant les compressions budgétaires que nous connaissons présentement, seules quelques rares institutions procédaient à une sélection des étudiants à l'entrée et seul un petit nombre présentait des programmes où l'on exigeait beaucoup des étudiants. Pour l'ensemble des autres institutions, force était de noter que l'enseigne-ment était conçu pour des étudiants moyens. Ceci pouvait laisser croire parfois que les techniques policières étaient offertes comme une planche de salut aux étudiants refusés dans les autres disciplines.

2. *Corps professoral.* La qualité des professeurs enseignant les techniques policières ne semble pas toujours répondre aux exigences les plus générales des autres disciplines. Je n'ai rien contre les

criminologues et les avocats, mais il y en a trop par rapport aux policiers.

Je verrais difficilement l'enseignement de la plomberie dispensé presque exclusivement par des ingénieurs et des technologues. Si le métier de plombier doit être principalement enseigné par des plombiers, il devrait en être ainsi pour l'enseignement de la police.

Les collèges auraient avantage à recruter des policiers à leur retraite depuis peu de temps et à profiter de leur expérience et de leurs connaissances pratiques dans le domaine.

De même, les professeurs auraient aussi avantage à faire des stages d'observation dans les services policiers pour être moins livresques dans leur enseignement.

3. *Manque de connaissances de la fonction policière.* Les professeurs ne connaissent pas, pour la plupart, ce qu'est un service de police sauf pour l'avoir observé de l'extérieur ou avoir été des téléspectateurs assidus de programmes populaires.

Je dois faire exception pour les professeurs qui ont fait des stages d'observation participative ou qui ont complété, dans un cadre universitaire, des recherches magistrales dans le domaine de la police.

Comme conséquence de ce manque de connaissances, on laisse les étudiants idéaliser la fonction policière. Plusieurs étudiants sont sous l'impression que l'on reconnaîtra leurs talents et leurs connaissances théoriques peu de temps après leur admission à la police et qu'ils deviendront très vite des enquêteurs dans une section spécialisée. Mais la réalité est tout autre. Au contraire, le nouveau policier sera peut-être appelé à sonder des portes, à faire la faction à pied ou à patrouiller pendant plusieurs années pour parfaire son métier et son expérience. Dans ce contexte, il est risqué de créer des plans de carrière utopiques ou inexistants. La réalité est toujours brutale et les déceptions sont toujours de taille car, comme partout ailleurs, un métier, ça s'apprend.

Il serait peut-être préférable de restreindre le nombre de cégeps où l'on enseigne des techniques policières, en tenant compte des besoins réels des services policiers et de la situation géographique de la population étudiante.

4. *Préjugés entretenus à l'endroit de la police.* Sans vouloir généraliser, j'ai rencontré en plusieurs occasions des responsables et des professeurs de techniques policières qui nourrissaient constamment une espèce d'hostilité envers tout ce qui était police et policiers.

Voilà qui peut sembler paradoxal, mais c'est un fait. Tout ce que je demande aux professeurs (qui ont le droit à leurs opinions) c'est une certaine empathie, une compréhension et une tolérance à l'endroit de gens qui veulent travailler au service de la société et qui veulent du même coup hausser le statut de la fonction de policier.

5. *Programme de cours périmés.* Je constate que la qualité de l'enseignement des techniques policières s'est grandement améliorée depuis 1968. Toutefois, je remarque, en contrepartie, que peu de changements ont été apportés aux programmes depuis les débuts, du moins si je tiens compte de l'évolution de la fonction policière, des services policiers et de l'Institut de Police du Québec.

À mon avis, il devrait exister une symbiose entre l'enseignement des techniques policières dispensé dans les cégeps et la formation que reçoivent les futurs policiers à l'Institut de Police du Québec. Le passage d'une institution à l'autre devrait se faire de façon continue et harmonieuse.

On peut se demander pourquoi l'Institut de Police du Québec, qui est une maison d'enseignement relevant du gouvernement provincial, a un traitement particulier. Afin de coordonner l'enseignement et la formation des policiers, je suis d'avis que l'Institut, de par sa vocation, devrait relever du ministère de l'Éducation comme toutes les autres institutions consacrées à l'enseignement au Québec.

6. *Stage pratique inexistant.* Il devrait exister un système par lequel les étudiants devraient faire des stages pratiques supervisés dans les services policiers en collaboration et sous le contrôle des responsables de départements en techniques policières.

Serait-il logique de décerner un diplôme à une future infirmière sans qu'elle ait fait de nombreux stages dans des hôpitaux généraux et spécialisés ? C'est pourtant le cas de l'étudiant en techniques policières.

Il est évident que ces stages devraient être organisés en étroite collaboration avec les syndicats pour éviter par la suite des griefs ou encore pour éviter que la direction des services policiers ne soit accusée de faire exécuter du travail à rabais (« cheap labor »). La vie m'a appris qu'il fallait payer d'une manière ou d'une autre pour acquérir son expérience, ce que peuvent vous confirmer tous les professionnels qui croient en leur métier.

De même, les services de police seraient encouragés à créer des mécanismes d'insertion et des mécanismes d'accueil aux nouveaux policiers pour les aider à s'intégrer dans ce monde inconnu et à leur apprendre à saisir les diverses facettes du métier.

7. *Marketing déficient.* Les responsables de départements de techniques policières semblent prendre pour acquis que tout le monde connaît la valeur de leur programme et la qualité de leurs étudiants.

Dans le commerce, les chefs d'entreprises sont conscients qu'un bon produit, même le meilleur, ne se vend pas sans promotion ni publicité.

Il est grandement temps que les professeurs de techniques policières sortent des collèges et rencontrent la direction des services policiers s'ils veulent faire connaître les programmes, la qualité et la disponibilité des étudiants et s'ils veulent bâtir une suivie des résultats en toute connaissance de cause.

*
**

Le Comité interministériel (Justice-Éducation) et le Comité provincial de coordination, qui évaluent la situation d'une manière critique, démontrent l'évidence d'une volonté de saine autocritique, ainsi qu'une volonté de répondre à une incontestable nécessité de changement.

L'examen des facteurs d'évolution montre également que les techniques policières conservent et doivent conserver un caractère essentiellement dynamique.

La motivation et l'intérêt remarquables que l'on retrouve chez les candidats à la fonction de policier provenant des cégeps constituent une indication du contexte stimulant et encourageant dans le milieu collégial.

Les professeurs et les responsables des techniques policières apportent un enthousiasme et une conscience particulière à l'organisation, à l'encadrement du régime académique et aux centres d'intérêt qu'ils animent autour du métier de policier.

Ces spécialistes de l'enseignement ont, au même titre que plusieurs dirigeants policiers — et parfois plus — la préoccupation de hausser au niveau de profession, le métier de policier, au service de l'homme, du citoyen et de la société tout entière.

Aux jeunes policiers

Tout jeune policier devrait, de temps en temps, relire pour son plus grand profit les termes du code de déontologie régissant sa profession. Vivre chaque heure de service, chaque jour de sa vie en demeurant fidèle à ces termes sobres exige une volonté sans faille et le désir de progresser sur le plan moral et intellectuel.

Voici, en quelques lignes, l'essentiel d'un texte conçu à l'origine par l'International Association of Chiefs of Police (I.A.C.P.), mieux connue au Québec sous l'appellation « Association internationale des chefs de police ».

« En ma qualité de policier, mon premier devoir est d'être au service de mes citoyens, de protéger la vie et la propriété, de préserver l'innocent de l'escroquerie, le faible de l'oppression ou de

24

l'intimidation, le pacifique de la violence ou du désordre et de respecter les droits de la personne à la liberté, à l'égalité et à la justice.

« Je garderai dans ma vie privée une conduite irréprochable, servant d'exemple ; je ferai preuve de courage devant le danger et de calme devant le mépris ou le ridicule ; je resterai maître de moi-même et je penserai constamment au bien-être des autres. Je serai, en pensée et en action, honnête dans ma vie privée et dans ma vie professionnelle. Je donnerai l'exemple en obéissant aux lois de mon pays et en me soumettant aux obligations de mon service. Tout ce que je verrai ou entendrai, de nature confidentielle ou qui me sera confié officiellement ou officieusement, sera toujours gardé secret à moins que la révélation n'en devienne nécessaire dans l'accomplissement de mon devoir.

« J'agirai toujours avec pondération et mes décisions ne seront jamais influencées par mes amitiés, mes animosités et mes sentiments personnels. Je poursuivrai les criminels avec détermination, sans compromis avec le crime. Avec courtoisie, j'appliquerai la loi comme il se doit, sans crainte ni favoritisme, sans malice ni mauvaise volonté, n'employant jamais la force ni la violence sans nécessité et n'acceptant jamais de gratification.

« Je reconnais l'insigne de mon emploi comme un symbole de la confiance publique et je l'accepte comme une mission que je poursuivrai aussi longtemps que je demeurerai fidèle aux principes moraux du Service de police. Visant constamment à atteindre l'objectif de cet idéal, je me consacre devant Dieu à la profession que j'ai choisie ... celle de policier ».

J'ai déjà eu l'occasion de féliciter des étudiants qui venaient de compléter avec succès le cours en techniques policières, le stage de formation de l'Institut de Police du Québec et les mots de ce texte me revenaient en mémoire en contemplant ces jeunes gens décidés à se consacrer au service de nos concitoyens. J'ai également eu l'occasion de leur en rappeler les termes, car aucun d'entre nous ne doit les oublier.

En parlant de recrues fraîchement émoulues, je crois qu'il est de mon devoir de mettre en garde les nouveaux diplômés en leur disant :

« Votre diplôme n'est pas et ne doit surtout pas constituer la fin de votre apprentissage. Si vous croyez pouvoir, dès demain, affronter la vie en experts, vous vous leurrez grandement. Si vous croyez envisager les situations auxquelles vous serez confrontés, dans votre vie de policier, avec des solutions toutes faites, vous aurez, pendant les trois années au cégep et à l'Institut de Police, perdu votre temps.

« Le rôle de vos professeurs et de vos instructeurs n'a pas été de vous enseigner des techniques magiques, mais de vous permettre de découvrir, en vous-même, les moyens de considérer sereinement les situations et, à l'aide de votre propre jugement, guidé par vos connaissances, d'y apporter les meilleures solutions.

« *L'expérience sans la science est fort difficile et fort longue à porter ses fruits.* De même que *la formation sans l'expérience ne peut faire d'une personne un employé complet et équilibré* sur le plan professionnel.

« *L'éducation permanente* est là pour vous aider, les programmes de perfectionnement vous attendent et le recyclage en cours d'emploi doit demeurer un de vos objectifs prioritaires. »

Vers la spécialisation

Notre époque s'annonce chaque jour plus complexe et, dans les sciences policières, comme dans les autres sciences, la spécialisation devient obligatoire. Cela ne s'accomplit pas toutefois sans peine.

C'est ainsi que, depuis quelque temps, circule dans les milieux syndicaux policiers un courant dénonçant ce que ces personnes appellent « la Police parallèle ».

À mon avis, cette façon de voir les choses présente mal ces préposés chargés de faire appliquer les règlements municipaux (concernant le stationnement, par exemple). En effet, si ces fonctions étaient véritablement identifiées à une police parallèle, des procédures judiciaires pourraient êtres prises, autant par les syndicats policiers que par les dirigeants des services de police lésés par ces formes d'intrusion.

En somme, nous n'assistons pas à l'éclosion d'un nouveau type de policiers, mais plutôt à la naissance d'un nouveau groupe d'employés municipaux.

Ces activités découlent de recommandations faites à l'intérieur du Rapport Coderre (1971), du Rapport des Ressources humaines et physiques (1973), du Livre blanc sur la police ainsi que du Rapport Saulnier.

De plus, le projet de loi 64 adopté en novembre 1977, a créé une ouverture touchant l'application relative au stationnement et à la circulation.

Avant l'arrivée de cette catégorie d'employés, il existait déjà des employés municipaux qui étaient habilités à appliquer des règlements municipaux, aussi bien dans le domaine de la prévention des incendies, du contrôle de la pollution que de la réglementation des permis.

Foisonnement de règlements. Devant la longue liste des activités multiples que la police est appelée à accomplir dans le maintien de l'ordre et de la sécurité, il devient humainement et physiquement impossible pour le policier d'appliquer efficacement tous les règlements municipaux.

Ainsi, le Rapport Saulnier dénombre 13 règlements municipaux qui tombent sous la responsabilité des services policiers. Imaginons un instant la situation sur le territoire de la Communauté urbaine de Montréal où il y a 29 municipalités, possédant chacune 13 règlements possibles. C'est donc dire que le policier du service de police de la Communauté urbaine de Montréal devrait normalement être familier avec 377 règlements différents.

Il est à peu près temps que les édiles municipaux réalisent l'urgence d'uniformiser ces règlements sur le territoire de la Communauté urbaine de Montréal, tout en respectant le principe de l'autonomie des municipalités.

À cause de cette situation particulière, les policiers ont généralement démontré peu d'intérêt à appliquer les règlements municipaux. D'autre part, l'existence d'un grand nombre de règlements et de dispositions désuètes, archaïques et inadaptées à la vie contemporaine impose aux policiers des obligations qu'ils ne peuvent pas toujours remplir.

L'application de plusieurs règlements exige parfois des connaissances techniques ou scientifiques et des équipements que ne possèdent pas les policiers. Il ne faut pas non plus passer sous silence le coût prohibitif, aux yeux des citoyens, de l'application de certains règlements municipaux par les policiers.

Il a été démontré que les policiers appliquent, assez bien et de façon régulière, les règlements relatifs au stationnement et à la circulation ; mais en pratique, les policiers traduisent très peu de personnes devant les tribunaux pour des infractions à des règlements municipaux autres que ceux de la circulation et du stationnement.

Les règlements municipaux autres que ceux touchant la circulation et le stationnement appliqués par la police sont, par ordre de priorité, les suivants :
- règlements sur la paix et le bon ordre ;
- règlements relatifs aux nuisances, bruit, déchets, amoncellements ;
- règlements relatifs aux permis et aux licences.

Il existe une grande confusion dans tous les règlements municipaux ; voilà une constatation évidente.

Le contenu d'un règlement municipal portant un titre générique, comme ceux relatifs aux nuisances, à la paix publique et aux bonnes mœurs, varie d'une municipalité à l'autre.

Par exemple, certaines municipalités incluent le règlement sur le bruit dans celui sur les nuisances ; d'autres l'incluent dans le règlement sur la paix et l'ordre publics ; quelques-unes ont un règlement spécial sur le bruit. Il en va de même pour plusieurs autres catégories de règlements.

L'Institut de Police, face à cet amoncellement de règlements sur le territoire du Québec, se trouve dans l'impossibilité de former les futurs policiers sur les règlements municipaux. Cela entraîne un manque d'intérêt et de motivation face à cet aspect de la réglementation municipale et, par le fait même, une inefficacité des policiers dans ce domaine.

D'où la nécessité pour les édiles municipaux de remplir ce vide au moyen d'un autre groupe d'employés municipaux.

Rattachés au Service. Toutefois, il serait souhaitable que tous ces employés, à cause de leur travail relatif à l'application de règlements, tombent sous la juridiction du Directeur du service de police, afin de maintenir une coordination entre ces employés et les policiers.

Bref, nous constatons que la réglementation municipale appliquée par les policiers est caractérisée par une masse impressionnante d'éléments qui viendraient expliquer le très faible taux d'infraction aux règlements municipaux autres que ceux de la circulation et du stationnement.

Une étude faite en 1977 a démontré que, sur le territoire du Québec, le taux d'infraction par 1 000 habitants aux règlements municipaux, au Code de la route et au Code criminel, illustre un bas niveau de l'activité policière en regard de règlements municipaux autres que ceux de la circulation et du stationnement.

Le taux d'infraction aux règlements municipaux, selon cette même étude préparée par le groupe Saulnier, est près de onze fois plus faible que celui qui a trait à la circulation et huit fois moindre que celui qui concerne le Code de la route.

Il serait recommandable, comme le proposait le groupe Saulnier, que le ministère de la Justice entreprenne une étude des lois et des règlements que doivent appliquer les policiers au Québec. Cette recommandation est particulièrement d'actualité sur le territoire de la Communauté urbaine de Montréal parce que cette étude aurait comme objectifs de réduire le nombre de règlements, de favoriser l'uniformité et de rendre plus claires les responsabilités des policiers.

Dans la mesure où les fonctions qui ne sont pas proprement policières seront accomplies par d'autres employés que des policiers, plus nous pourrons aspirer un jour à atteindre le statut de profession reconnue comme telle et plus nous aurons la possibilité d'être considérés, dans le plein sens du mot, comme de véritables professionnels de la sécurité publique.

Si j'ai insisté sur l'aspect un peu fastidieux des règlements municipaux — qui ne représentent, au fond, qu'une partie de la pointe de l'iceberg —, c'est pour bien souligner la complexité de la tâche qui attend le policier des années 80. Comme nous allons le voir, les facettes de son travail peuvent être multiples.

Un homme-orchestre. La fonction de policier consiste à protéger la vie et la propriété ; assurer l'ordre et la paix publique ; poursuivre le criminel, l'arrêter et le traduire en justice ; recouvrer des biens criminellement obtenus.

C'est la définition traditionnelle de la fonction de policier. Malgré le fait que les multiples tâches qui s'y greffent aient été modifiées, spécialisées, complétées ou abandonnées, elle est toujours d'actualité.

Pour protéger la vie et la propriété, on a d'abord exigé du policier qu'il patrouille les rues, les ruelles, les parcs ; qu'il sonde les portes ; qu'il enquête sur les personnes suspectes. Ensuite, avec l'avènement de l'automobile, on lui a demandé de diriger la circulation ; de contrôler le stationnement ; d'enquêter sur les accidents ; de faire subir des tests d'alcotest aux conducteurs.

Lorsque le terrorisme est apparu chez nous, on a assigné le policier à la protection des personnalités publiques, à la surveillance d'édifices gouvernementaux et autres points stratégiques. Au fil des années, on lui a même demandé de transporter des blessés, des malades, toujours avec le souci de protéger la vie.

Pour assurer l'ordre et la paix publique, le policier a d'abord surveillé les places publiques, les endroits licenciés. Depuis la syndicalisation des ouvriers, il a été appelé à maintenir l'ordre sur des scènes de grève ou de lock-out. Plus récemment, on lui a demandé de faire évacuer des Cégeps et des usines occupés par des étudiants ou des ouvriers.

Nous ne saurions ignorer combien complexe et spécialisée est devenue la tâche du policier dans la lutte au crime. D'abord, le policier a dû lutter contre des crimes avec lesquels il n'était pas familier, tels le crime organisé, la fraude, la fraude commerciale, la faillite frauduleuse, l'incendie criminel, le prêt usuraire, la drogue.

Simultanément, la science et la technologie ont permis de développer des moyens nouveaux et révolutionnaires de recueillir la preuve, de traiter des éléments de preuve, de classifier l'information, d'identifier les criminels. De plus, le législateur ou la jurisprudence ont établi des règles rigides entourant la prise de déclaration, le témoignage, l'interception de conversations privilégiées et j'en passe.

Ainsi, qu'il s'agisse de patrouille, d'enquête, d'entrevue, d'interrogatoire, du traitement de la preuve et de l'information, d'identification, la tâche du policier s'est techniquement compliquée quoique son but soit toujours d'augmenter ses possibilités de réussite.

Spontanément, face à cette évolution, le policier a senti le besoin de se perfectionner. Il a compris qu'il ne pouvait donner sa pleine mesure que s'il possédait des notions de psychologie, de sociologie, de criminologie, de médecine, de droit civil et criminel, d'administration, de relations humaines, notions qui lui permettraient de mieux communiquer, de mieux recueillir la preuve, de mieux témoigner, de mieux composer avec les autres personnes chargées d'administrer la justice ou tout simplement d'aider le grand public.

Il a dû aussi se spécialiser, abandonner certaines tâches accessoires de surveillance, de transport et de soutien administratif, entre autres.

Parallèlement, le policier a voulu jouer un rôle plus actif au sein de la collectivité. Il a cherché la collaboration de personnes pouvant l'aider à réduire le crime, la violence, la délinquance juvénile, les accidents, bref pouvant l'aider à mieux exécuter sa tâche.

Où va la fonction policière ? C'est ainsi qu'il est devenu éducateur auprès des jeunes ; qu'il s'est intéressé à la prévention du crime et des accidents ; qu'il est devenu ambulancier ; qu'il participe avec empressement à des programmes pour venir en aide aux malades mentaux, aux victimes de viol, aux jeunes délinquants ; qu'il a demandé d'être entendu par les organismes chargés de libérations conditionnelles, de probation ; qu'il avise le législateur lorsque des lois ou des règlements qui le concernent sont modifiés.

Ces pressions tant intérieures qu'extérieures ont métamorphosé la fonction de policier à tel point qu'on n'hésite pas à en parler, aujourd'hui, en termes de « professionnalisation ».

On reconnaît généralement, chez toutes les professions, certains traits communs tels une sélection du personnel, un entraînement, une spécialisation, une compétence technique, l'obéissance à un code de déontologie et un dévouement désintéressé envers la population.

Nous retrouvons ces traits à un degré plus ou moins accentué dans la fonction policière. La sélection du personnel y est rigoureuse ; peut-être plus que n'importe où ailleurs. L'entraînement a été intensifié. Les exigences de scolarité de base des candidats n'ont cessé de progresser. Le policier a développé une indéniable compétence technique de patrouille et d'enquête. Il n'hésite pas, non plus, à se spécialiser par des cours aux niveaux collégial et universitaire. Le code de déontologie du policier est sévère et rigoureusement observé. Il est contrôlé tant de l'intérieur que de l'extérieur au moyen de mécanismes qu'on peut difficilement contourner.

La question suivante se pose : Où va la fonction policière ?

On pourrait répondre sans exagération qu'on exigera dorénavant du policier qu'il participe encore plus activement à la vie communautaire ; qu'il se scolarise toujours davantage dans le but d'acquérir une vue d'ensemble de la société qui lui permettra d'identifier et de mieux comprendre les problèmes humains, économiques, sociaux et politiques sous-jacents à l'accomplissement de crimes et à la fomentation de troubles. On lui demandera qu'il se donne pleinement à la tâche ; qu'il s'intéresse de façon prioritaire au bien-être, à la protection, à la sécurité de la collectivité ; qu'il se comporte en véritable professionnel.

Sommes-nous prêts ou dans quelle mesure nous préparons-nous à jouer pleinement notre rôle ?

C'est une question à laquelle chaque policier doit tenter de répondre.

Saines relations patronales-syndicales et professionnalisme

Les délégués syndicaux sont à la base des relations patronales-syndicales sereines. Ils sont des policiers qui portent une responsabilité plus grande que les autres, face au Service et face au syndicat. Grâce à leurs interventions adroites et appropriées, ils sont souvent les premiers à régler des conflits de relations de travail.

Cette charge et cette fonction font de ces policiers choisis le point de mire de tous leurs collègues. Ils ont, par le fait même, le devoir d'assumer le rôle de policier aussi bien sinon mieux que leurs confrères. C'est donc une fonction qui demande à la fois une maturité peu ordinaire et une attitude positive s'ils ne veulent pas se laisser emporter par leur crédulité ou par l'abus de confiance que pourraient exercer sur eux certains de leurs collègues.

Nous avons assisté, au cours des dernières années, à une revalorisation du rôle de délégué syndical au sein de la Fraternité des Policiers de la CUM par des mécanismes de consultation, des journées d'étude, la participation aux prises de décision, en étant représentant de la partie syndicale lors d'auditions disciplinaires, en étant membre de comités paritaires et en accomplissant d'autres responsabilités qui démontrent que nous sommes loin des années où le délégué syndical, ou encore le moniteur à l'époque, n'était qu'une courroie de transmission des décisions prises par les dirigeants de la Fraternité.

Déjà, la convention collective confirme très bien cette évolution. On y déclare qu'avant de soumettre un grief, le policier, seul ou accompagné de son délégué syndical, doit essayer de régler ce grief avec son officier-commandant dans les cas relevant de l'autorité de ce dernier.

De plus, la définition des tâches des délégués syndicaux a été clairement établie au sein de la Fraternité, à savoir qu'elle consiste principalement à protéger les droits des policiers et à assurer le respect de la convention collective au niveau de leur poste d'attache ou de leur unité de travail.

Lorsque nous nous arrêtons un instant pour réfléchir, nous réalisons qu'il y a cependant une responsabilité qui n'a jamais été décrite dans la convention mais qui m'apparaît aussi importante que les précédentes, sinon plus. Il s'agit de la revalorisation de l'image d'honnêteté, de crédibilité et d'efficacité du policier.

Contrairement à ce que plusieurs pourraient prétendre, ce devoir n'incombe pas seulement aux autorités du Service. En effet, il n'y a pas à se le cacher, la détérioration de l'image de la police affecte non seulement le Service, mais tous les policiers sans exception, y compris la Fraternité en tant qu'organisme syndical et en tant qu'organisme public, dont son image est associée au Service de police. Il est de la responsabilité de tous les policiers, et plus particulièrement des officiers, des délégués syndicaux, des dirigeants de la Fraternité et de tous ceux qui exercent une influence sur leurs collègues, de faire en sorte que cette image soit positive aux yeux des citoyens.

Comparer la Fraternité avec des syndicats conventionnels serait vain. Les syndicats conventionnels n'ont pas, en règle générale, à tenir compte de l'effet de leurs revendications sur la productivité ou sur l'accroissement des bénéfices de leur employeur. La Fraternité, comme association, est, par contre, liée par le serment d'office qu'a prêté chacun de ses membres et a, en conséquence, le devoir moral de faire en sorte que ses préoccupations syndicales ne viennent pas nuire au rendement, à l'efficacité et à la sécurité auxquels les citoyens sont en droit de s'attendre.

Les policiers revendiquent depuis plusieurs années le statut de professionnel et nous devons être parfaitement d'accord avec cette aspiration légitime. Toutefois, pour aspirer à ce statut, il faut non seulement accepter le prestige mais aussi les obligations qui s'y rattachent. Mais pour atteindre le statut de professionnel, les organisations qui y sont arrivées se sont d'abord munies de mécanismes leur permettant de s'épurer elles-mêmes, et elles se sont dotées d'un code de déontologie professionnelle dans le but de protéger les citoyens contre les abus de leurs membres et maintenir ainsi la crédibilité de leur profession. Prenons l'exemple des principaux organismes professionnels, tels que le Barreau, le Collège des médecins, l'Ordre des notaires, des ingénieurs ou encore, des Comptables agréés.

Mais, comment pourrions-nous justifier cette aspiration, pourtant légitime en apparence, si des délégués syndicaux adoptent des façons pour le moins discutables, comme par exemple :

• lorsqu'ils prennent tous les moyens à leur disposition pour protéger un policier dont le comportement dévalorise l'image et le travail de ses collègues ;

• lorsqu'ils se servent de leur influence, et parfois même de méthodes d'intimidation, pour inciter des officiers à déroger de leurs responsabilités ;

• lorsqu'ils s'objectent systématiquement à toute forme de contrôle du rendement dont le but est pourtant d'améliorer l'efficacité d'une équipe ;

• lorsqu'ils se servent de toutes les tactiques possibles pour contrer ou pour diminuer l'efficacité de projets locaux mis de l'avant, dans le but de mieux protéger les citoyens et ce, malgré que la majorité des policiers qui y participent soient volontaires et qu'ils acceptent d'y participer tout en respectant la convention, et en acceptant les incovénients qu'entraînent parfois de tels projets, comme le changement d'heures de travail.

• lorsqu'ils ferment les yeux ou qu'ils ignorent volontairement le harcèlement que font subir des policiers au rendement faible ou médiocre, à l'endroit de collègues qui font preuve de motivation ou qui effectuent tout simplement leur travail avec conscience professionnelle. Ces policiers exemplaires ne sont-ils pas aussi membres de la Fraternité, au même titre que les autres policiers souvent médiocres et incompétents ? Selon la Charte des droits, les policiers consciencieux et travailleurs n'ont-ils pas le droit au travail et d'être protégés par leur syndicat autant que les paresseux ?

Il est évident que ces comportements ou ces tactiques ne sont attribuables qu'à une *minorité* de délégués syndicaux. Cependant, cette minorité est suffisamment agissante pour affecter l'image et l'efficacité de tout notre Service.

L'important n'est pas de se voir octroyer le titre de professionnel par un décret quelconque, mais bien d'être reconnu comme tel, d'abord et avant tout, par les citoyens. Seule une image de *compétence* et d'*efficacité* nous permettra d'obtenir cette reconnaissance recherchée.

Aujourd'hui, la question que se posent de nombreux citoyens est celle de savoir si le policier est un syndiqué d'abord et un policier ensuite, ou un policier d'abord et un syndiqué ensuite. Ne serait-il pas plus simple d'être des policiers syndiqués, c'est-à-dire des policiers au service des citoyens et des travailleurs en droit de revendiquer des conditions de travail et à des salaires décents répondant à leurs besoins et à leurs aspirations, mais à la fois compatibles avec leur mission de policier ?

Nécessité de collaboration réciproque. Le Service a un mandat imposé par la loi et son Directeur doit l'assumer. Nous devons dispenser aux citoyens le meilleur service et la meilleure protection possible, au meilleur coût. Il en va de même pour tous les policiers jusqu'à la dernière recrue.

Tout comme le syndicat, nous souhaitons les meilleurs salaires, les meilleures conditions de travail, le meilleur équipement. Mais, comme toute entreprise publique et privée, nous devons, dans les années que nous traversons, vivre à l'intérieur d'un budget restreint et offrir malgré tout, un service efficace au citoyen, notre patron ultime.

Que le représentant élu par les citoyens nous impose un cadre, qu'il s'interroge sur les coûts, c'est son droit le plus strict et c'est même son devoir. Qu'il exerce un contrôle sur la police, c'est l'indice d'une démocratie saine et préoccupée du respect des droits et des libertés de ses citoyens.

Que nous nous remettions en question, que nous tentions de nous réorganiser, n'est-ce pas faire preuve de courage et de détermination ? Si nous analysons le taux de solution du crime et l'augmentation de la criminalité, si nous observons la qualité des interventions de certains de nos policiers, la tenue et la productivité de certains autres, n'y aurait-il pas lieu pour les dirigeants syndicaux d'être enthousiastes et de concourir à ces changements organisationnels qui viendront, par voie de conséquence, redorer à la fois le blason du Syndicat et celui du Service ?

Nous sommes souvent portés à oublier que les changements des dernières années n'ont pas tous été contestés. Certains ont même fait l'unanimité. Ainsi, nous avons rapproché le niveau décisionnel aussi près que possible de la base, chacun y gagnant sa part de responsabilité.

Je suis conscient de la nécessité d'un dialogue entre la direction d'un district et les délégués syndicaux, entre la Direction du Service et les dirigeants syndicaux. Toutefois, pour que ce dialogue soit constructif, les deux parties devront avoir à l'esprit que l'intérêt des citoyens et de l'ensemble des policiers doit avoir préséance sur l'intérêt individuel des policiers. Sans cette ouverture d'esprit, le dialogue sera inefficace et ne servira qu'à engendrer la confusion et l'animosité.

Cessons en premier de laver notre linge sale sur la place publique, essayons tous ensemble de parler « police » et de régler des problèmes de « police ». Le temps est venu pour les dirigeants du syndicat et la Direction du Service de travailler ensemble. Si nous y pensons bien, les deux parties visent souvent le même but et ce n'est pas en nous détruisant mutuellement mais bien en y travaillant ensemble que nous pourrons l'atteindre :

Bâtir un service de police moderne et efficace au service d'une société démocratique.

3. LES SERVICES ADMINISTRATIFS

Les policiers et les civils dans le Service

Les nombreux commentaires qui me parviennent me portent à m'interroger sur la qualité des relations qui existent entre les policiers et les fonctionnaires civils. On se demande, en effet, quelle est l'importance actuelle et possible que peuvent et pourraient avoir les fonctionnaires dans l'administration et l'organisation de notre Service.

On s'inquiète et on s'interroge sur l'ampleur de l'incorporation des fonctionnaires au Service de police, une ampleur qui pourrait restreindre considérablement les ambitions ou les aspirations fort légitimes des policiers.

Celui qui a la charge d'administrer le Service peut difficilement mesurer l'importance de l'amorce de telle ou telle contestation ou de tel ou tel remous.

L'arrivée de fonctionnaires au Service est une réalité avec laquelle on devra se réconcilier sinon, la situation nouvelle qui se présente risquera de dégénérer en conflit entre officiers supérieurs et cadres, conflit qui entraînerait, en permettant qu'il se développe, de sérieuses répercussions qui secoueraient la base même des structures dans le Service. Il faut donc éliminer rapidement toute ambiguïté sur le rôle des uns et des autres.

Toute entreprise ou toute organisation qui se veut progressive doit recruter du personnel à l'extérieur. C'est l'explication de ces nombreuses offres d'emploi que nous voyons chaque jour dans les journaux. Si on pouvait toujours recruter à l'intérieur des cadres ou des structures les candidats recherchés, particulièrement lorsqu'il s'agit de domaines spécialisés ou de champs de compétence particuliers, on ne ferait pas aussi souvent appel aux compétences de l'extérieur.

Il se peut fort bien, dans une entreprise ou une organisation, que des exigences nouvelles créent des obligations nouvelles qui demandent à leur tour des ressources nouvelles ou des compétences nouvelles.

Un service de police n'échappe pas à cette rigoureuse nécessité de déborder des cadres de son personnel pour recruter les personnes dont les connaissances et les aptitudes peuvent être jugées essentielles.

Il faut dégager le spécialiste, autant que faire se peut, des fonctions ou des tâches dont on a pu l'inonder, en cédant à d'autres celles qui ne sont pas précisément du ressort du spécialiste.

Dans un service de police, le spécialiste c'est le policier, quel que soit le niveau d'opération ou d'administration où on le retrouve.

Qu'on laisse aux policiers les tâches de leurs spécialités : surveillance, protection, prévention, perquisition, inspection, descente, filature, enquête, contrôle, arrestation pour les libérer des travaux de recherche, de compilation, d'analyse, de programmation, de consultation et de coordination.

Ainsi, afin de permettre aux policiers d'accomplir les tâches qui leur incombent sur le plan professionnel, il n'est pas exclu d'avoir recours aux services de fonctionnaires ou d'employés civils. L'activité policière est si vaste et ses opérations si variées que, dans le cadre de celle-ci il y a moyen de faire avantageusement appel à des ingénieurs, à des psychologues, à des médecins, à des pédagogues, à des techniciens, à des relationnistes, à des correspondanciers, et j'en passe.

Ces personnes, qui ont une formation différente de celle des policiers peuvent apporter, de l'extérieur, cette audace, cette initiative, cette impulsion, cette motivation, cette fraîcheur dans les idées qui permettront à notre service d'être, ainsi que tous les policiers le veulent, en constante progression et à la fine pointe de la science ou de la technique.

Libérés de certaines tâches pour lesquelles ils n'ont pas été principalement et méthodiquement préparés et dégagés de soucis qui accompagnent habituellement l'exécution de celles-ci, les policiers pourront consacrer plus de temps au raffinement des techniques policières d'enquête, de patrouille, de surveillance et de prévention, de même qu'au raffinement dans les communications et dans les relations avec les citoyens qui viennent en contact avec le service par leur intermédiaire.

La police a connu depuis les vingt dernières années des mutations irrésistibles. Les plus anciens ont dû rapidement s'accommoder de cette accélération du changement, alors que des structures en apparence immuables étaient déplacées, modifiées ou même éliminées.

Nous avons vu au cours des ans surgir de nouvelles unités. Ces unités répondaient à des besoins particuliers dans les circonstances particulières. Elles ont duré un temps, puis ont disparu.

Pourtant, cette courte vie était normale. On avait travaillé spécifiquement pour des objectifs à court ou à moyen terme. Ces objectifs ayant été atteints, ces formations ne pouvaient que disparaître. Les maintenir en existence une fois la tâche exécutée ou la mission accomplie aurait été injustifiable. Ceux qui ont pu s'offusquer de la disparition de ces formations ou qui ont été déçus n'ont pas su anticiper les changements inévitables qui se préparaient.

En acceptant les services de fonctionnaires civils, nous espérons trouver des personnes qui, grâce à leur formation professionnelle ou académique, grâce à leurs aptitudes particulières pourront compléter ou faciliter le travail des policiers.

En modifiant les structures de la direction, en les élargissant, nous constituons une équipe de dirigeants associés, une direction assumée par un groupe d'hommes où chacun occupe une fonction ou une situation qui représente un aspect de l'administration.

Par la même occasion, l'organigramme doit fixer les seuils de compétence et de décision pour les échelons subordonnés. Les membres de la direction ne se retrouvent donc pas automatiquement ou obligatoirement sur un pied d'égalité absolue, mais ils débattent les problèmes et décident en commun.

Il est certes plus souhaitable de souscrire à cette forme de gestion plutôt qu'à celle où toutes les décisions ne reposeraient que sur une seule personne.

Nous devons opter pour un mode de gestion participative. Trop souvent, dans le passé, les policiers à tous les échelons, du plus bas au plus haut, ont fait entendre la même plainte voulant qu'ils n'avaient jamais rien à dire. L'occasion leur est donnée. La responsabilité sera commune et la critique, si elle se fait entendre, sera proportionnellement distribuée.

Par expérience, depuis que j'ai assumé la direction du Service, j'ai de toute nécessité consulté ces fonctionnaires. Aujourd'hui, je peux déclarer que j'ai découvert chez eux une volonté indéniable de mettre au service des policiers et de la collectivité leurs talents, leur expérience et leur énergie.

J'ai découvert, en outre, que le service avait besoin d'eux.

Disons-le : le milieu policier est très difficile à pénétrer. Les fonctionnaires le sentent, car des résistances se manifestent. Ils les expliquent difficilement dans l'intense désir qui les anime à l'idée d'une participation active à la reconstruction entreprise dans le Service.

En résumé, une nouvelle conception de la direction de la police vient bouleverser les coutumes établies. Les structures doivent obligatoirement varier. Elles doivent avoir une élasticité telle qu'elles tolèrent la présence de ceux qui peuvent les compléter et les renforcer.

Nous avons eu dans le passé, en tant que policier, des tâches que nous n'avons plus aujourd'hui. Nous avons aujourd'hui des tâches que nous n'aurons pas demain. Le présent est donc une constante transition entre le passé et l'avenir et il commande un perpétuel ajustement en fonction des événements et des circonstances.

Les policiers ont un rôle essentiel à jouer. Les fonctionnaires ont un rôle déterminant à jouer.

Il est donc important, de part et d'autre, d'unir nos efforts pour atteindre les buts et objectifs que nous nous sommes fixés.

Les « cols blancs »

En raison du haut degré d'éducation et de formation policière exigé pour l'admission d'un nouveau policier, de nombreuses tâches n'exigeant aucunement la formation académique acquise au cours des trois années collégiales en techniques policières et durant le stage de quatre mois à l'Institut de Police du Québec, doivent donc être assumées par du personnel non policier.

Comme corollaire à cet énoncé, nous pouvons mettre en évidence que plus nous exigerons un niveau élevé de compétence et de formation pour l'embauchage d'un policier, plus celui-ci commandera un salaire élevé ; en contre-partie, moins nous pourrons lui confier de fonctions qui ne nécessiteront pas toute sa compétence et toutes ses qualifications et plus nous devrons le concentrer à sa tâche de policier et à celle de spécialiste de la sécurité publique.

Cette politique ne se veut cependant pas rigide au point d'empêcher un policier qui possède la compétence requise de donner momentanément une orientation particulière à sa carrière et ainsi d'accéder à une telle fonction.

Toutefois, nous croyons qu'il devra s'agir là d'un cas d'exception et que, d'une manière générale, *la distinction entre les tâches à compétence policière et non policière devra d'être faite.*

Dans cet ordre d'idées, et vu au plan plus global de l'organisation, le « col blanc » devient donc un collaborateur important et indispensable parce qu'il devient l'un des nombreux intervenants essentiels à l'efficacité d'un service de police.

Efficacité du cadre supérieur. Parmi les nombreuses ressources qui peuvent contribuer à l'efficacité d'un officier de direction ou d'un cadre supérieur, aucune n'est plus critique entre autres que sa secrétaire et le personnel de secrétariat qui l'entourent et qui l'assistent dans l'accomplissement de sa tâche quotidienne.

Il arrive trop souvent qu'un cadre se comporte comme s'il voulait qu'une secrétaire et son personnel de soutien soient là uniquement pour veiller à ses affaires et pour exécuter ses ordres.

Dans un service de police, certains peuvent malheureusement être portés à oublier ou à sous-estimer parfois un groupe d'employés que je considère des plus importants. Ce groupe, communément appelé « Cols blancs », comprend à la fois les employés civils, les fonctionnaires et tous ceux qui sont affectés à des tâches de bureau ou à des fonctions relatives aux télécommunications, à la gestion du personnel, à l'administration et à tout ce qui touche la logistique.

Il est utopique de croire qu'un policier puisse accomplir efficacement des fonctions spécialisées à caractère administratif ou de soutien sans posséder, au préalable, la compétence ou les connaissances correspondant aux exigences de ces fonctions.

Ainsi, la tendance à vouloir utiliser des policiers à toutes les « sauces », en dehors des opérations policières, est une pratique en voie de disparition. En effet, perpétuer cette approche de la gestion du personnel aurait pour effet d'utiliser des gens à des tâches qui ne nécessitent aucunement les exigences de recrutement et de formation spécialisée du policier. L'expérience a démontré que ces tâches peuvent être accomplies encore plus efficacement par des employés non policiers parce qu'ils sont, en général, mentalement mieux disposés à les remplir étant donné que le travail de bureau est leur premier choix.

En outre, conserver cette façon de procéder comporterait des effets néfastes, tant sur le plan administratif qu'opérationnel. Citons entre autres :

• la mauvaise utilisation des ressources par l'emploi de policiers à des tâches qui ne relèvent pas de leur compétence ;

• la difficulté d'introduire de nouveaux principes d'administration et de nouveaux modes de gestion au service de l'organisation policière ;

• la perpétuation d'un mythe laissant croire que seuls les policiers peuvent administrer efficacement la police.

Cependant, *un cadre devrait toujours avoir en tête que son efficacité se manifeste en fonction de l'efficacité de sa secrétaire et du personnel de soutien attaché à son secrétariat.* Lorsqu'un officier de direction projette une image d'efficacité, ne la doit-il pas en partie à ce personnel qui le tient constamment à jour, l'assiste à tout moment et l'aide à éviter parfois des erreurs maladroites et inopportunes ?

Pour les fins de cette réflexion, il faut prendre le terme de secrétaire dans le sens le plus générique du mot. En effet, malgré qu'il y ait très peu de personnes qui portent officiellement ce titre dans notre service à cause de la structure et de la convention collective, il y a toutefois une multitude de gens qui sont appelés à participer à une fonction de secrétariat, d'une manière ou d'une autre ; pensons un instant au commis, à la sténo-dactylo, à la sténo-secrétaire, au commis principal, ou encore à la secrétaire en titre.

Toutes ces personnes accomplissent directement ou indirectement cette fonction, à l'intérieur d'un secrétariat, selon leur niveau de responsabilités et leur possibilité d'initiative personnelle et elles sont appelées à collaborer étroitement avec le cadre supérieur dans la réalisation en sa mission.

En règle générale, une secrétaire est celle qui est appelée à coordonner le travail dans un bureau. Ainsi, la secrétaire de direction se doit d'être aussi efficace et capable dans la gestion du personnel et dans celle des documents qu'habile au clavier de sa machine. J'ajouterais qu'il n'y a rien comme une secrétaire compétente, entourée d'un personnel tout aussi efficace, pour faire gagner du temps à un cadre supérieur.

Rapide « examen de conscience ». Au cours de la lecture d'un document intitulé : « Comment travailler avec votre secrétaire », mon attention s'est arrêtée sur un questionnaire à l'intention des cadres supérieurs en rapport avec le travail de celle-ci.

Cette analyse du travail que devrait accomplir le personnel d'un secrétariat, et particulièrement toute secrétaire compétente et efficace ou soucieuse de le devenir, et cette méthode pour le gestionnaire désireux de gagner du temps pourraient servir d'inspiration au moment de faire un rapide « examen de conscience » sur plus de vingt points différents. Voici ces principaux points d'interrogation :

▪ Ma secrétaire a-t-elle un programme personnel d'amélioration ? Assiste-t-elle à des cours et à des conférences ou participe-t-elle à des programmes orientés vers le management ? Essaie-t-elle d'en apprendre davantage sur le Service, mon travail ou l'attitude des citoyens ?

▪ Sa diction est-elle convenable ? S'exprime-t-elle en me résumant des informations aussi bien verbalement que par écrit ? Donne-t-elle des instructions avec clarté et précision ? Connaît-elle ma position vis-à-vis de certaines politiques ? Est-ce qu'elle communique bien mes directives aux autres ?

▪ Travaille-t-elle jusqu'à ce que son travail soit terminé, quelle que soit l'heure ?

▪ Est-elle un « manager » dans le sens où elle peut confier son travail aux autres lorsque c'est nécessaire ? En quelques mots, peut-elle déléguer, superviser et prendre la responsabilité d'un travail qu'elle n'a pas terminé ? Peut-elle former ou contribuer à former d'autres membres de mon personnel ?

▪ peut-elle traiter à ma place certains projets et les questions de routine, quotidiennement et sans mon intervention ?

▪ Me rappelle-t-elle des dates importantes (anniversaires, fêtes religieuses, congés, etc.) ?

▪ Peut-elle effectuer des recherches pour moi et m'obtenir, par exemple, des renseignements utiles pour un rapport et même rédiger un brouillon de projet ?

▪ Ma secrétaire connaît-elle toute la gamme de mes responsabilités et de mes activités dans le Service ? Comprend-elle mes buts et mes ambitions personnelles et la façon dont ils s'intègrent aux objectifs du Service ?

▪ Puis-je quitter mon bureau pendant quelques jours ou même quelques semaines, et être certain que mes affaires professionnelles seront expédiées rapidement et sûrement en mon absence ?

▪ M'aide-t-elle à coordonner mes rendez-vous, à organiser mon emploi du temps, à respecter les délais, tout cela sans m'importuner ? Est-elle elle-même une personne bien organisée dans son travail ?

▪ Suit-elle mes projets dans leur exécution sans que j'aie à le lui rappeler ?

▪ Est-elle courtoise, prévenante, respectueuse et se préoccupe-t-elle de mes collaborateurs et de mes visiteurs ? Parlent-ils favorablement d'elle ?

▪ A-t-elle une imagination créatrice ? Me présente-t-elle des propositions originales ? Suggère-t-elle de nouvelles façons d'améliorer mon travail et le sien ? Suggère-t-elle de nouveaux systèmes ou de nouvelles méthodes de travail ?

▪ Traite-t-elle la paperasserie avec efficacité ? Peut-elle récupérer avec tact les documents et les projets mis de côté ou laissés trop longtemps sur mon bureau et qu'attendent d'autres personnes ? Arrive-t-elle à obtenir les informations que détiennent des tiers et que j'attends ?

▪ Ses qualités de secrétaire, telles que l'enregistrement du courrier, la sténo et la façon de répondre au téléphone, sont-elles au-delà de tout reproche ?

▪ Garde-t-elle son calme en période de tension ?

▪ Est-ce que j'ai en elle une confiance absolue ? Puis-je me reposer sur cette confiance pour toute information confidentielle, soit privée, soit professionnelle ?

▪ Lit-elle des articles qui touchent à mes affaires professionnelles afin de les porter à mon attention ?

▪ Est-elle une source intéressante d'information sur la société et sur le Service, m'apprend-elle des renseignements qu'il me serait difficile, embarrassant ou impossible d'obtenir moi-même ?

Personnel de soutien ou « anges du bureau ». Comme nous pouvons sûrement le constater, cette revue des activités possibles d'une secrétaire et du personnel de secrétariat ne correspond pas nécessairement à la description officielle des tâches. Mais ces quelques activités proposées font toute la différence entre un personnel qui préfère fonctionner comme un robot programmé sur ordinateur et un autre qui a choisi de se comporter en être intelligent, capable de jugement personnel et de décision sans que tout lui soit dicté ou commandé.

Il est entendu qu'il ne faut pas s'attendre à ce qu'une secrétaire et son équipe puissent être notées à cent pour cent sur toutes les questions de cet examen. À ce compte, ce personnel pourrait se faire surnommer « anges de bureau ». Cependant, l'objectif de cet exercice en vaut tout de même la peine si nous souhaitons nous améliorer et offrir un service plus efficace, plus courtois et toujours plus humain aux citoyens. Chacun à sa place et « les chèvres de Monsieur Séguin » seront bien gardées.

4. LES MOTS CLÉS

Évolution et dynamisme

Tout le monde admettra que la force d'un service de police repose avant tout sur la compétence et le dévouement de ses employés et que la force d'un employé repose sur sa capacité d'évolution.

Nous devons tous être conscients du fait que l'efficacité et la qualité des services que nous rendons aux citoyens sont intimement liés à la valeur et au dynamisme de tous.

La technologie a systématisé beaucoup d'opérations. Mais, dans un corps de police, il n'en demeure pas moins que la grande majorité des services que nous offrons à la population provient directement de ses ressources humaines et du contact face à face, personne à personne, que nous avons chaque jour avec les citoyens.

Avons-nous déjà réalisé pendant combien de mois un ordinateur demeure à la fine pointe du progrès ?

Avons-nous aussi remarqué le rythme avec lequel un fabricant de machines à écrire ou d'automobiles change ses modèles ?

Avons-nous noté en même temps que la technique évolue d'un modèle à l'autre, d'une génération à l'autre, mais que chaque modèle est « définitif » en lui-même ?

Avons-nous constaté que l'être humain, lui, a une capacité de s'adapter à plus de changements qu'on ne peut appliquer de perfectionnement à des dizaines de générations d'équipements techniques ?

En effet, une personne peut bien être au terme de ses 35 ans de service et être consciente d'apporter encore une contribution qui réponde parfaitement bien aux besoins de l'heure et de l'organisation, d'offrir un travail aussi bon qu'au début de sa carrière (et souvent supérieur à bien des jeunes). Ce résultat est possible à la condition que cette personne ne soit pas devenue un « modèle définitif » et qu'elle ne se soit pas laissée envahir par la routine et dépasser par les événements.

Dans le même ordre d'idées, la période de probation que vient de compléter un nouveau policier ou un fonctionnaire récemment arrivé ou promu ne doit pas être envisagée comme étant la ligne d'arrivée où il lui sera possible de se cantonner dans les mêmes activités jusqu'à ce que la retraite sonne et ce, en croyant ainsi respecter les termes de son contrat d'engagement.

À la fin de la période de probation, un nouvel employé ou un nouveau promu peut obtenir sa permanence après que le Service la lui accorde. Dès ce moment, l'employé et le Service acceptent mutuellement de s'associer. C'est le point de départ d'une plus grande solidarité. C'est le cas de le dire, l'employé et l'employeur « démarrent » ensemble.

Revenons au jour de notre admission au Service, à ce jour où l'employeur a, sans l'ombre d'un doute, reconnu que nous avions la compétence voulue pour exercer la fonction de policier ou d'autres fonctions précises que nous postulions ; il nous a alors préférés, après sélection, à d'autres candidats. À cette époque, le travail offert nous motivait beaucoup et nous n'avions que le désir de nous y engager à fond et exclusivement ; vous vous souvenez probablement encore de ce jour.

Mais aujourd'hui, sommes-nous toujours les plus compétents pour remplir nos fonctions ? Y apportons-nous autant de motivation ? Y trouvons-nous toujours la même satisfaction ?

Satisfaction personnelle et compétence. Il existe des employés qui disent parfois que leur rendement au travail et leur compétence n'ont pour objectif que de satisfaire leur supérieur et que, s'ils réussissent à sauver les apparences et à le contenter, tout sera parfait.

C'est là, à mon avis, une façon de mentir à soi-même et de se leurrer. Voilà tout au moins une recette idéale pour se sentir frustré et pour trouver que le temps au travail s'écoule lentement. Comme nous sommes tous fondamentalement sincères, je crois que personne n'est fier d'être un incompétent ou un paresseux. Dans le cas contraire, personne n'est porté à s'en vanter.

Notre conscience ne nous rappelle-t-elle pas constamment que nous avons des obligations morales vis-à-vis de notre employeur et plus concrètement vis-à-vis des citoyens ? Nous avons donc le devoir de leur fournir un travail correspondant au moins à la valeur des taxes qu'ils acquittent et qui, de nos jours, sont de plus en plus chères.

D'ailleurs, lorsque nous y réfléchissons bien, nous découvrons rapidement que le rendement au travail et la compétence sont deux conditions essentielles à notre propre satisfaction.

De plus, l'être humain a besoin d'avancer, de progresser dans la vie, d'élargir sa zone d'influence et ceci autant au plan professionnel que familial et social. À chacun pour soi de tirer ses conclusions et de prendre les résolutions qui conviennent le mieux à sa situation particulière.

Qui est responsable du développement ? Qui peut être le premier artisan de mon propre développement si ce n'est moi-même ? Personne n'est mieux placé que moi pour savoir ce qui est bon pour mon développement personnel.

Organisons-nous donc et ne laissons pas les autres « organiser » notre affaire. N'attendons pas que d'autres nous apportent sur un plateau d'argent les moyens de nous développer. Prenons-en dès maintenant l'initiative.

Veillons à exprimer nos besoins et à profiter au maximum de tout ce qui est mis à notre disposition pour que nous puissions progresser. Les détenteurs de diplômes en Sciences policières et autres formes de certificats sont des exemples concrets d'employés conscients de leurs responsabilités et de leur désir de se perfectionner, de s'améliorer et de progresser dans le Service et sur le plan personnel, dans la mesure du possible. Ce sont des personnes qui ont décidé depuis longtemps de prendre leurs propres affaires en main.

Par contre, il y aussi le supérieur qui a une responsabilité certaine. En effet, une de ses tâches comme supérieur est d'assurer le développement de sa section, de son groupe de travail ou de son unité administrative, de même que le développement de ses propres employés pris individuellement et en groupe.

C'est donc dire qu'il doit veiller à ce que chacun de ses subalternes ait la formation professionnelle nécessaire afin de bien remplir ses fonctions. Il doit également chercher à stimuler leur motivation et à les faire progresser dans leur carrière de même qu'il doit aussi préparer la relève de demain.

Naturellement, il peut arriver qu'un supérieur soit plus préoccupé des besoins de son unité que des besoins de son personnel. C'est à nous de lui démontrer que nos besoins personnels coïncident avec ceux de l'unité et que la satisfaction de ces besoins contribuera davantage à la bonne marche de l'équipe et de l'organisation.

44

Comment accélérer son développement personnel ? Mon développement personnel doit être une préoccupation constante et non une activité sporadique. En effet, nous serions sans doute portés à nous moquer de celui qui dirait prendre soin de sa santé en ne faisant du jogging autour du quartier qu'une seule fois par mois, par exemple.

Or, nous n'agissons pas mieux que lui si, pour notre développement personnel, nous nous contentons de suivre un petit cours par-ci, par-là, que nous assistons à la hâte à une session intensive d'un ou deux jours ou encore à une conférence que nous oublions immédiatement sous la pression de nos activités quotidiennes.

Notre développement est inséparable de notre façon d'être et d'agir. Les façons de l'atteindre sont nombreuses et nous avons avantage à les utiliser toutes. Mais comment y arriver ? Voilà la question ; tentons maintenant de trouver la réponse en repassant ensemble les étapes suivantes :

1. *Planifier son développement.* Pour planifier mon développement, je dois d'abord tenter de cerner mes goûts, mes intérêts et identifier mes forces aussi bien que mes faiblesses. Je dois me demander où je voudrais être dans trois ans ou dans cinq ans. N'attendons pas d'être dégoûtés de ce que nous faisons actuellement pour commencer à penser à ce que nous aimerions faire plus tard.

2. *Accomplir ses tâches le mieux possible.* Aussi longtemps que je serai médiocre ou que je manquerai de motivation dans ce que je fais actuellement, personne ne pensera à moi pour améliorer mon sort ou pour me recommander en vue d'une promotion. Chacun de nous devrait se faire un point d'honneur de se tenir à la fine pointe du progrès dans son domaine.

3. *Prendre de plus grandes responsabilités.* Pourquoi me limiter à la lettre à la description des tâches de mon emploi et me restreindre à fonctionner « selon le livre », à marcher par numéros, un peu comme un robot ? Collaborer à la formation de nouveaux employés, remplacer à l'occasion des absents, discuter avec son supérieur d'un changement de tâches afin de me familiariser avec tous les aspects d'un travail sont autant d'initiatives susceptibles d'agrandir le champ de ma compétence.

Si nous donnons l'impression que nous allons nous noyer dans un verre d'eau, tout le monde craindra d'ajouter quoi que ce soit à notre travail et il est probable que nous demeurerons longtemps là où nous sommes. Avec cette attitude, l'avancement et la satisfaction au travail seront alors pour les autres.

4. *Participer au développement de son unité de travail.* Si je m'associe davantage aux objectifs de la Direction et si je me montre intéressé à

l'efficacité de mon équipe, je pourrai dépasser le stade de la simple exécution et comprendre de plus en plus le pourquoi des décisions.

S'intéresser aux orientations du Service, participer au Conseil de direction, au niveau du district ou de la région, à la définition des objectifs, suggérer des méthodes de travail, interroger pour de saines remises en question sont d'excellentes occasions de formation et des contributions précises au développement de son unité de travail.

5. *Choisir son travail avec soin.* Naturellement, nous n'avons pas toujours le choix de l'emploi et, n'ayant pas d'autre alternative, nous devons donc y demeurer ; il faut d'abord vivre.

Toutefois, dans la mesure du possible, nous pouvons toujours essayer de nous trouver un travail qui corresponde davantage à nos aptitudes et à notre spécialité et qui représente un défi raisonnable.

Évitons la facilité qui consiste à rechercher un travail dont les exigences sont inférieures à nos possibilités. Si le travail que nous accomplissons actuellement est devenu affaire de routine et qu'il n'y a pas moyen de l'enrichir, nous devons remettre notre orientation en question. Il y va de notre intérêt et de celui du secteur auquel nous appartenons.

6. *Développer ses capacités intellectuelles.* La lecture, les cours, les séances de formation, les stages ne remplacent peut-être pas l'effort quotidien, mais l'alimentent, le stimulent et permettent surtout de développer nos capacités intellectuelles.

Tout évolue si rapidement qu'il faut parfaire continuellement ses connaissances. À chacun de choisir le moyen le plus approprié.

Dans notre société, n'oublions pas que le niveau de scolarité constitue un facteur déterminant dans la planification d'une carrière. Déjà, le diplôme d'études collégiales, avec option en techniques policières, est une condition essentielle à l'admission des nouveaux policiers et le temps n'est pas tellement loin où un diplôme universitaire ou tout au moins une équivalence deviendra une condition préalable d'emploi pour celui qui sera intéressé à remplir une fonction d'officier de direction ou une fonction de cadre civil.

Une vie bien remplie. Je n'insisterai pas assez pour rappeler que la force d'un service de police repose sur la compétence de ses employés et que cette compétence ne peut se développer que par l'expérience qui s'acquiert au cours des années. Par la formation aussi. Les diplômés en sciences policières et en d'autres domaines de formation professionnelle ou générale en ont pris conscience depuis fort longtemps.

Nous connaissons tous des personnes dont la vie est bien remplie et débordante d'honneurs mérités alors qu'il y en a d'autres qui connaissent une existence vide dont le néant ne pourra jamais être comblé, parce qu'elles se sont malheureusement résignées à leur sort. Il y a peut-être une certaine sérénité ou encore une satisfaction béate mais peu d'intérêt dans la vie d'un homme dont le principal but est d'éviter la réflexion, le travail et l'effort.

Si nous voulons que notre vie soit bien remplie et qu'elle ait une certaine envergure, nous devons continuer à apprendre et à nous perfectionner au travail. Cesser de nous instruire et d'améliorer notre compétence professionnelle au travail, c'est fixer nous-mêmes un terme à notre progrès personnel et limiter notre propre niveau de réussite. La découverte de nouvelles connaissances et de nouvelles expériences provoque toujours une joie immédiate en plus d'être la source d'un plaisir durable qui nous permet d'échapper ainsi à la médiocrité.

En termes de conclusion, je pourrais avancer ce conseil qui pourra paraître, à plus d'un, égoïste, mais qui, en vérité, s'avère réaliste: « Si je ne vois pas à mon affaire sur le plan de mon développement personnel, personne n'y verra ». En d'autres mots, mon développement personnel doit demeurer mon affaire et non uniquement l'affaire du Service et surtout pas l'affaire des autres.

Dès lors, le personnel, par son effort de perfectionnement, justifiera sans réserve que « la force d'un service de police repose sur la compétence de ses employés ».

Comment accélérer mon développement personnel ?

- En planifiant mon développement.
- En accomplissant mes tâches le mieux possible.
- En prenant des responsabilités plus grandes.
- En participant au développement de mon unité de travail.
- En choisissant mon travail avec soin.
- En développant mes capacités intellectuelles.

II

Le cœur et la raison

1. UNE SOCIÉTÉ EN MUTATION

Il n'y a pas tellement d'années, la société québécoise, plutôt rurale, disposait de moyens de transport rudimentaires et la famille vivait, de façon intime et intense, à l'intérieur d'un petit patelin. Le temps d'une journée se partageait exclusivement ou presque entre le gagne-pain et la famille.

Comme les gens, pour la plupart, n'étaient pas riches, ils vivaient avec le strict minimum ; les crimes, particulièrement ceux contre la propriété, étaient rares ; les citoyens, souvent peu instruits, ignoraient leurs droits fondamentaux. Mais, à cette époque, les relations entre citoyens et policiers étaient proches et, en règle générale, chaleureuses. La création de « sections de relations communautaires » aurait constitué alors un projet de rêveur étant donné que, dans le temps, le policier de quartier ou du village, plus souvent qu'autrement à pied, personnifiait la justice et l'ordre dans la place, en vivant lui-même dans ce milieu comme citoyen et en y travaillant comme policier.

Avec le développement des moyens de communication et de transport plus rapides, la police a amélioré au cours des années sa capacité d'intervention. Chez nous, la police est devenue un véritable « service à domicile ». C'est le poste de police qui se déplace alors que les pratiques policières en Europe exigent que les citoyens se rendent eux-mêmes au commissariat, la police n'accourant aux citoyens que pour des cas d'urgence graves sur la voie publique.

Mais ce genre de service à domicile pour tout et pour rien requiert que des ressources considérables soient mises à la disposition des policiers, si nous voulons que la réponse aux appels soit

49

constamment faite avec célérité et surtout avec courtoisie. L'objectif de vouloir fournir toujours plus de services dans un temps relativement court a pour effet d'entraîner une croissance constante des besoins de services policiers et la nécessité de fournir régulièrement aux policiers des ressources supplémentaires. Le public est devenu très exigeant et, par conséquent, le nombre d'appels reçus par la police croît de façon effarante. Cet état de fait m'amène à faire trois observations.

La première porte sur la nécessité de réexaminer les objectifs de la police en tenant compte de la réalité sociale et économique d'un système qui se partage entre le bien-être de la société et le bien-être de l'individu.

La deuxième est le fait que le taux de la criminalité, surtout celui touchant les vols et les cambriolages, augmente à un rythme plus rapide que l'accroissement de la population et que, d'un autre côté, le taux de solution, particulièrement pour les crimes contre la propriété, demeure stable ou diminue constamment, surtout dans les grands centres urbains où les gens se connaissent moins.

La troisième observation porte sur le coût des services de police qui progresse, malgré un effort de rationalisation et de contrôle. Les budgets des services policiers augmentent, en effet, plus rapidement, en comparaison des autres services municipaux.

Encore faut-il que la police puisse faire face à l'inflation criminelle aussi bien qu'à l'inflation économique. Les transformations économiques et techniques, l'urbanisation et la modification des mentalités criminelles augmentent considérablement et diversifient les objectifs de la délinquance. De leur côté, les forces de l'ordre ne peuvent accroître leurs effectifs dans des proportions correspondantes à ces changements sociaux, à cette inflation criminelle sans tenir compte de la capacité de payer des contribuables.

Ainsi donc, la décroissance des ressources policières et la croissance constante de la criminalité constituent la réalité avec laquelle doivent composer les dirigeants policiers, et, je dirais même, les dirigeants syndicaux.

Cette réalité met en évidence l'urgence de rationaliser l'administration des corps de police, de repenser les services aux citoyens et d'innover dans le domaine de la prévention du crime.

Au prix que paient les citoyens pour leur sécurité, nous devons au moins chercher à leur en donner le plus possible pour leur argent. Les années 80 nous offrent donc à tous un sérieux défi à relever, particulièrement aux dirigeants policiers et aux dirigeants syndicaux qui tiennent à être conscients du contexte socio-économique de la société québécoise.

Il est temps que les dirigeants syndicaux se mettent au diapason des dirigeants policiers et qu'ils encouragent leurs membres à travailler davantage, à augmenter leur rendement et leur efficacité afin de regagner leur crédibilité aux yeux du public et améliorer ainsi leur image si durement entachée par des batailles passées qui visaient plus souvent l'intérêt des dirigeants syndicaux ou de quelques individus que l'intérêt collectif.

Les années 80. La prochaine décennie laissera peu de place à l'improvisation dans le domaine de la gestion des ressources et des opérations policières.

La police, comme l'entreprise privée, devra mettre l'accent sur la performance, la productivité et l'utilisation rationnelle des ressources humaines et physiques.

Les administrateurs policiers devront apprendre à vivre à l'intérieur de contraintes budgétaires de plus en plus serrées et apprendre en même temps à répondre aux aspirations légitimes des employés, civils et policiers.

Les dirigeants syndicaux, de leur côté, devront devenir de plus en plus conscients du service à rendre à la population, de la capacité de payer du citoyen et de l'évolution générale de la société.

Les années 80 nous placeront tous, de façon plus ou moins aiguë, en présence de sources de pression que j'identifierai de la manière suivante:
- par la vie urbaine elle-même ;
- par le financement des services policiers ;
- par le syndicalisme policier.

Ces formes de pression auront des conséquences directes sur les fonctions policières, l'administration des services de police et le service aux citoyens.

Première source de pression : la vie urbaine. Dans les agglomérations urbaines, chaque année, des milliers de citoyens subissent directement les effets du crime. Des milliers de citoyens vivent dans la peur et la crainte après avoir été victimes d'un acte criminel. Cette situation affecte directement la qualité de vie dans les villes.

En effet, combien de citoyens s'enferment à clef, à double tour, dans leur résidence, ne sortent plus de leur domicile après la tombée du jour ou encore refusent d'aller dans les magasins du centre-ville par crainte d'être assaillis à leur retour ?

Toutes ces personnes sont autant de victimes de cette hantise du crime qui pourtant ne sont pas dénombrées par les données statistiques officielles.

La vie urbaine, caractérisée par une activité intense et fébrile et par la dense concentration de la population, a encouragé et encourage encore un déplacement centrifuge, la construction massive de projets domiciliaires vers les banlieues et un va-et-vient constant des travailleurs entre le centre-ville et les villes dortoirs. Mais la pénurie d'énergie qui nous frappe actuellement obligera plusieurs à changer leur lieu de résidence pour se rapprocher et à revenir le plus près possible du lieu de travail, à cause de la rareté du pétrole, du coût accru et toujours croissant des moyens de transport. Cette pénurie sera l'occasion d'un retour massif des banlieusards vers les métropoles.

À cette mobilité propre à la vie urbaine et contemporaine, il faut ajouter les changements profonds dans les mœurs des citoyens, dans les habitudes de vie des gens, en plus de l'acuité des conflits sociaux et de l'anonymat de ces grandes agglomérations qui apparaissent comme autant de nouvelles exigences pour la fonction policière.

Même le policier sur la patrouille, au cours de son travail quotidien, se sent directement affecté par cette conjoncture au moment d'appliquer la loi, de maintenir l'ordre et de protéger la vie des citoyens et leurs biens.

En même temps que les méthodes de travail du policier sont changées et que la technologie est mise à sa disposition, nous constatons d'autre part que la ligne de communication humaine entre le policier et le citoyen est interceptée et parfois brisée. L'automobile, malgré ses nombreux avantages, a enfermé le policier dans un « globe de verre et d'acier » et l'a éloigné physiquement du citoyen.

D'où la nécessité de revenir aux origines et d'accentuer, dans les années à venir, un rapprochement véritable entre citoyens et policiers pour arriver à travailler ensemble, pour découvrir les besoins et les aspirations mutuels et pour démontrer une volonté de faire un succès commun de l'implantation de programmes innovateurs dans le domaine de la prévention de la criminalité.

Deuxième source de pression : le financement des services de police. Le deuxième facteur, qui s'annonce très aigu dans les années à venir pour les administrateurs publics, est le financement des services de police. Rappelons qu'il y a, sur le territoire du Québec, près de 14 000 policiers pour assurer la paix et l'ordre.

En raison de différence et d'incidence sur les coûts des services policiers, des variables ont marqué les budgets, de même qu'une différence sensible est évidente entre les salaires versés aux policiers des grands centres et à ceux des municipalités de moindre importante. Pour donner un ordre de grandeur, il a été démontré qu'à la Communauté urbaine de Montréal la somme investie, par policier, dépassait, en chiffre arrondi 35 000$ contre 23 000$ pour un policier d'une municipalité régie par le code municipal.

Chaque membre de la Sûreté du Québec coûtait aux environs de 31 000$ en comparaison avec sa contrepartie ontarienne, évaluée à plus de 34 000$ par année, pour la même période.

Elle semble depuis longtemps révolue l'époque où la fonction policière était non payée et exercée en rotation par les habitants d'un quartier. Une bonne proportion des policiers au Québec ont terminé leur cours collégial, soit général, soit en technique policière, et la plupart ont fréquenté l'Institut de Police du Québec. Ce sont maintenant des policiers de carrière et la rémunération a, par conséquent, suivi cette évolution.

En outre, les policiers ont besoin d'équipement, de voitures, de systèmes de communication, de bureaux, etc. Ainsi, une étude qui remonte déjà à quelques années indiquait qu'une fois toutes les dépenses additionnées, le coût moyen, pour chaque citoyen du maintien d'un service de police, variait de 94,08$ pour la CUM à 23,03$ pour les municipalités régies par le Code municipal. Quant aux cités et villes du Québec, qui sont régies par la Loi des cités et villes, ce coût était de l'ordre de 40,61$. Étant plus nombreux, le coût était moins élevé per capita pour les Ontariens (16,07$) que pour les Québécois (21,03$) afin de maintenir une force policière provinciale.

La police est dont un service public onéreux en raison du coût des traitements et des bénéfices sociaux très avantageux, sans compter que l'amélioration de la technologie et des équipements devient aussi une préoccupation urgente et essentielle au service des policiers et des administrateurs.

Mais la capacité de payer des municipalités et des citoyens semble en train d'atteindre un niveau de saturation qui obligera les hommes politiques, de même que les administrateurs policiers, à innover des modes de gestion basés sur la rationalisation des choix budgétaires et à découvrir d'autres moyens de financement pour assurer efficacement la sécurité publique. Il est évident que cette conjoncture économique, ajoutée à la pénurie aiguë d'énergie n'est pas sans créer une pression additionnelle et constante sur les épaules des administrateurs policiers provenant à la fois des citoyens et des hommes publics qui leur réclament des comptes et des résultats concrets de leur gestion des biens publics et des sommes d'argent mises à leur disposition.

Troisième source de pression : le syndicalisme policier. Un troisième facteur de pression, que les administrateurs policiers devront subir avec plus de poids au cours des prochaines années est le syndicalisme policier. Depuis les dernières années, un leadership syndical s'est développé avec force à travers les luttes. Ce leadership est devenu, avec le temps, très actif sur tous les plans et surtout de plus en plus militant et intransigeant pour les directeurs de police et les élus des citoyens.

Le policier qui se sentait isolé de la société, il y a quelques années, réalise aujourd'hui qu'il a des droits, qu'il fait partie de la société à part entière et qu'il représente une force armée importante et essentielle. Il devient donc logique pour lui de suivre aussi l'évolution que nous ressentons partout dans le monde ouvrier. Il s'inspire d'ailleurs du mouvement général des travailleurs vers la syndicalisation des divers milieux de travail, y compris les institutions bancaires.

Mais la caractéristique principale des syndicats policiers du Québec, contrairement aux syndicats ouvriers ou encore aux syndicats policiers des autres provinces (et même à celui de la Sûreté du Québec), c'est le fait qu'ils regroupent dans une seule et même unité de négociation les cadres intermédiaires et les subalternes.

Ainsi, l'autorité intermédiaire, les capitaines, les lieutenants et les sergents appartiennent au même syndicat que les agents de police. En période de négociation ou de conflit de travail, comment leur commandement peut-il être vraiment respecté ? Ces officiers sont dans une situation difficile où leur loyauté devient ambivalente pour ne pas dire absente à l'endroit de la direction du Service. Il y a perte d'autorité de leur part à l'endroit des subalternes, à cause de cette interférence et de l'interception des communications officielles de la Direction du Service vers la base.

L'expérience nous a démontré que, durant les périodes de conflit, la discipline était tout à fait inexistante et certains officiers, loin d'être des modèles de discipline, oubliaient même jusqu'à leur serment d'office. Imaginez un instant la difficulté de replacer les choses en ordre dans un service de police après un tel chahut à la face du public.

Ce simple fait que la gérance intermédiaire soit intégrée dans une même unité ne peut que consolider la force du syndicat policier et son emprise sur la police pour finalement entraver l'efficacité des opérations policières et le service aux citoyens.

Avec une telle structure, il en faut peu pour provoquer ou pour déboucher sur une crise de l'autorité dans un service de police, en substituant le leadership de la Direction de la police aux mains des dirigeants syndicaux.

Les policiers ont comblé depuis belle lurette les besoins primaires et secondaires de l'échelle de Maslow en termes de salaires, de bénéfices sociaux et de conditions matérielles de travail enviables pour dépasser de loin les autres travailleurs. Ils sont en voie de traverser l'étape qui consiste à s'acquitter des tâches les plus susceptibles de leur procurer une plus grande satisfaction et une pleine réalisation de soi sans pour autant négliger leurs préoccupations d'obtenir encore davantage une plus grande participation dans la gestion des services policiers. Mais cette participation sera possible aussi longtemps qu'elle ne prendra pas la forme d'une ingérence dans les opérations policières dont le Directeur de police, seul, doit demeurer l'unique responsable et le seul maître de la situation. Voilà un défi majeur.

Relever ce défi est une chose possible et réalisable, mais à certaines conditions. D'abord dans la mesure où la Direction du service et les dirigeants syndicaux réussiront à se convaincre mutuellement que le service de police est un service avant d'être une fonction pour éviter ainsi des affrontements stériles et coûteux pour tout le monde. Le vrai policier, le policier professionnel, devrait se percevoir comme étant un protecteur du citoyen dans le sens le plus noble du terme, sans nécessairement devenir un « homme à tout faire » à qui n'importe quelle tâche pourrait être confiée.

En effet, le policier, dans une société civilisée, doit être perçu comme un agent dont le travail consiste à protéger les libertés tout en cherchant à les harmoniser pour que puisse exister un climat d'ordre, de tolérance et de paix. Le policier est avant tout un généraliste de la prévention, un gardien de la paix, une personne qui, par sa présence, inspire confiance et, par son action, décourage le criminel.

Ce défi qui vise à amener les dirigeants policiers et les leaders syndicaux à travailler ensemble en vue du bien commun sera sûrement possible dans les prochaines années dans un contexte d'acceptation et de reconnaissance réciproques à l'intérieur de responsabilités respectives.

Cette acceptation et cette reconnaissance réciproque deviennent extrêmement importantes dans le contexte économique de plus en plus serré où la qualité de vie des contribuables doit être maintenue, malgré la saturation du niveau de taxation et l'obligation des municipalités d'investir des sommes encore plus importantes aux chapitres de l'épuration des eaux, de l'environnement et du transport en commun.

Même si la solution miracle n'existe pas, il est possible d'en découvrir une qui soit raisonnable et acceptable pour tous. Au départ, la partie patronale devra modifier son approche ; d'autoritaire et de paternaliste qu'elle pouvait être, elle devra devenir de plus en plus participative. Tout est possible si un climat de confiance existe. Par conséquent, la partie patronale devra apporter une plus grande ouverture et une plus grande sympathie aux revendications légitimes et raisonnables de la partie syndicale.

De même, la partie syndicale devra cesser son attitude despotique à l'endroit de la Direction de la police, cesser de politiser sur la place publique les problèmes du Service tout simplement pour des fins électoralistes en vue d'obtenir davantage de votes lors des prochaines élections ou encore pour se gagner les faveurs du public, perdues au cours de luttes sauvages ou de ralentissements de travail précédents où les citoyens ont été les victimes.

Un rapprochement entre la Direction du Service et celle du syndicat est possible si le président du syndicat et son équipe cessent de détruire et de saper le leadership du Directeur de police aux yeux des policiers et des citoyens.

Il est entendu que la communication serait beaucoup plus cordiale, franche et harmonieuse si, par exemple, le président du syndicat ne profitait pas de chaque rencontre qu'il a avec le Directeur de police, en présence de son « estrade », pour tenter de l'humilier par des sarcasmes de mauvais goût ou pour lui donner un cours magistral sur la façon d'administrer le Service ou encore pour mettre en lumière certains échecs présumés, résultant souvent de la non-collaboration du syndicat à certaines réformes du Service.

Il n'y a rien d'impossible aux gens de bonne volonté, surtout si l'équipe de direction du syndicat cesse de renseigner les organes d'information sur des problèmes de régie interne, en obligeant par le fait même le Directeur de police à se justifier devant les citoyens à cause de cette pression exercée par la suite, par l'opinion publique et surtout par la diffusion d'informations erronées ou de semi-vérités véhiculées en public par les dirigeants syndicaux.

Le dialogue sera constant et la collaboration de la part de la Direction du Service sera sûrement assurée, si la partie syndicale met en pratique la formule du « donnant-donnant » au lieu de toujours créer l'impression d'avoir la main droite déjà pleine et de chercher à arracher encore davantage avec la main gauche sans jamais jeter du lest ou donner de répit à la Direction.

Le climat de confiance sera sans doute plus serein le jour où le syndicat arrêtera de dire que sa préoccupation est de « gruger les droits de gérance » mais qu'il parlera plutôt de protection de ses membres, de bien-être, de sécurité et de respect des droits des travailleurs, des droits des citoyens, d'éthique professionnelle et qu'il prendra soin d'expurger son organisation des éléments indésirables au lieu de prendre des moyens inouïs qui coûtent une fortune pour défendre des membres qui font le déshonneur du syndicat et du Service.

56

Entre humains, tout est réalisable dans un contexte de maturité et de respect mutuel du moins, si l'on est moindrement conscient des ressources disponibles.

Il est légitime de vouloir gagner des luttes, mais avant d'entreprendre des batailles farouches et de léser ceux qui doivent en acquitter la facture, il faudrait considérer les inconvénients que devront subir ceux qui paient toujours cette note par rapport aux avantages importants que nous possédons déjà.

Recherche d'efficacité. La majorité des études faites sur les activités policières ont démontré que les services de police étaient des agences de service dispensant une multitude de tâches dont souvent la compétence ne relevait pas du tout de la police.

Les policiers mandataires de l'ordre social ont deux fonctions principales à remplir : Service et Contrôle. Service en termes de prévention et d'assistance dans les cas d'urgence et Contrôle par l'application des lois et la répression d'activités criminelles et de désordres sociaux.

Les études faites dans le milieu québécois ont démontré que 20 pour cent du travail policier couvrait des activités à connotation criminelle et 80 pour cent était consacré à la patrouille libre, aux activités secondaires et aux appels d'assistance.

Mais l'accroissement considérable des coûts de sécurité publique met en lumière aujourd'hui la nécessité de remettre en question les fonctions traditionnellement accomplies par les policiers, et de rechercher des moyens pour assurer à la population une sécurité conforme à ses attentes au moindre coût.

Cette recherche d'efficacité à moindre coût devra nous amener vers une redéfinition des fonctions exercées par les policiers et vers des nouveaux modes d'organisation des fonctions inhérentes à la sécurité publique.

Voilà le défi pour la police dans les années 80.

2. DE LA VIOLENCE

Le Québec, comme la plupart des sociétés modernes, n'échappe pas à la recrudescence de la violence sous toutes ses formes.

En tant que policiers, lorsque le mot « violence » est mentionné, il nous vient de suite à l'esprit la kyrielle des crimes impliquant une violence criminelle, par exemple : les assauts sur la personne, les vols à main armée, les viols, les voies de fait, etc.

En fait, il est difficile d'élaborer une définition objective de la violence sans qu'il y manque des éléments importants. On ne peut sûrement se borner à dresser une liste d'actes déjà désignés dans la loi comme violents. Dans son sens le plus large, la violence n'est-ce pas tout simplement « faire usage de force abusive contre le droit, la loi, les personnes » ?

De façon plus élaborée, plusieurs auteurs suggèrent la définition suivante :

> « Usage de la force, que ce soit sous formes de menaces ouvertes ou de gestes concrets ayant pour résultats la destruction ou le dommage à des individus, des biens ou des réputations ainsi que l'acquisition illégale de certains biens. »

Au-delà de ces définitions, il est certain que la violence peut être manifestée par des paroles, des gestes et même des attitudes. Les criminologues nous parlent même de violence sociale ou morale. Une réaction immédiate au phénomène de la violence, c'est de chercher des explications. La société a peut-être délégué à des spécialistes la tâche de découvrir scientifiquement les causes de la violence et du crime, mais la population, en général, n'en continue pas moins à défendre ses propres théories et surtout à souffrir de l'état de choses actuel.

Aussi, dans l'esprit du public, c'est la violence physique qui est la forme la plus visible et peut-être la plus traumatisante. Le meurtre et le viol sont sûrement le paroxysme de la violence. Ces crimes, souvent accompagnés de sévices ou de mutilations, créent une image qui prédomine dans le grand public et qui est immédiatement évoquée par le mot « violence ».

Le chiffre noir. Disons aussi que tout acte de violence commis n'est pas toujours connu d'un tiers, porté à la connaissance d'un représentant des autorités, ni finalement sanctionné par la justice. En effet, comme toute infraction à la loi, un bon nombre de cas de violence se fond dans la masse des agissements constituant ce qu'on appelle communément « le chiffre noir » de la criminalité.

Cette délinquance se distingue des faits qui, sans être ignorés de la police ou des autorités judiciaires, ne donnent pas lieu à des arrestations ou à des poursuites pénales. Aux questions que l'on se pose relativement à la criminalité réelle et la criminalité enregistrée, il faut donc ajouter celle qui se réfère aux actes connus mais non réprimés.

Il y a évidemment les mécanismes par lesquels un acte de violence peut atteindre un certain degré de publicité et il faut établir une distinction en fonction du caractère plus ou moins privé présenté par les différents contextes de l'acte d'agression. En effet, les rapports humains varient d'un domaine à l'autre de la vie sociale, de même que la tendance des particuliers à porter à la connaissance des autorités compétentes les faits dont ils ont été victimes ou même témoins.

En fait, nul ne sait exactement comment une victime se décide à en informer une tierce personne et ainsi provoquer le déclenchement de la réaction de l'appareil judiciaire.

Les milieux propices à la violence. Bien qu'il soit extrêmement difficile d'identifier la violence criminelle à l'une des classes sociales de la société en particulier, il convient de souligner que les agresseurs qui ont le plus souvent maille à partir avec la justice proviennent des milieux défavorisés. Ils sont parfois chômeurs, adeptes de l'alcool, de la drogue ; ils occupent des emplois mal rémunérés, ne travaillent que de façon intermittente et, souvent aussi, sont membres de groupes reliés au crime organisé, à des clubs de motards, etc.

Outre la violence que l'on rencontre assez couramment dans le monde relié au crime organisé, il y a cette violence qu'on pourrait qualifier de « sociale » qu'on retrouve dans le monde du travail. La violence sociale est nécessairement liée à un processus d'évolution de la société et à des situations de vie quotidienne. Bien qu'elle revête un caractère clairement répréhensible, elle n'est pas toujours considérée comme criminelle. Elle s'exprime de façon directe, physique, souvent par les voies de fait et le vandalisme.

Les grèves et les rivalités intersyndicales constituent des événements sur lesquels se greffe la violence. C'est d'ailleurs en ces occasions que des travailleurs se rendent coupables de délits plus ou moins violents. La Commission de police du Québec a eu l'occasion, en 1978 et 1979, de compléter des enquêtes sur les activités de plusieurs groupes de motards dans bon nombre de régions du Québec. Dans un rapport intitulé « Les bandes de motards au Québec », l'Enquête sur le crime organisé fait état des actes criminels violents auxquels se sont adonnés ces groupes.

Ces enquêtes sur les bandes de motards ont donné lieu à un nombre considérable d'accusations pour des crimes impliquant de la violence et il est de notoriété publique qu'elles ont suscité une véritable accalmie dans les rangs de ces individus au cours des dernières années.

L'influence des médias. L'enfant québécois est choyé par la télévision, qui a sûrement une grande influence sur lui. On peut déplorer le fait qu'elle présente aux enfants une quantité impressionnante de scènes de violence. Même dans les émissions conçues spécialement pour eux, on relève de nombreuses scènes de violence et, de plus, nombre d'émissions « violentes », pour adultes, sont présentées à l'heure où les enfants sont encore debout. Dans cet ordre d'idées, la télévision peut inciter les enfants à poser des gestes antisociaux et même leur enseigner que la violence constitue parfois un comportement normal.

Un jeune policier de Police-Jeunesse me déclarait récemment que son épouse pouvait deviner, de sa cuisine, le type d'émission que ses enfants regardaient d'après leur comportement, car les scènes de violence les rendaient immédiatement agressifs et querelleurs.

La police et la violence. Traditionnellement, *les policiers sont des pacificateurs dans notre société*. Comme agents de la paix et représentants de la Loi, leur premier devoir est de maintenir l'ordre. À ce titre, ils doivent également protéger les citoyens et leurs biens, combattre le crime sous toutes ses formes et prévenir les infractions. Protéger les droits des citoyens et faire en sorte que la paix règne est l'une des tâches les plus importantes et celle qui requiert sans doute les effectifs les plus nombreux.

Pour être efficaces, les policiers doivent se recycler constamment, apprendre et développer de nouvelles méthodes de travail mieux adaptées à la vie moderne. Les conflits raciaux, les conflits ouvriers et même les simples disputes familiales requièrent de plus en plus de doigté et de compétence.

En soi, la police n'est pas une institution violente et surtout ne doit pas être perçue comme génératrice de violence. Évidemment, il y a des circonstances où le policier peut et doit recourir à la force pour opérer une arrestation ou rétablir l'ordre. Son comportement pourra alors être interprété comme « violent », dépendant des circonstances. Il faut souligner que les policiers sont soumis à un code de déontologie très sévère pour contrer tout usage abusif de la force.

Il faut bien le reconnaître, l'usage de la violence dans les conflits de la vie quotidienne est une pratique largement admise par la société et ceci, plus particulièrement, lorsque le préjudice est d'ordre moral ou psychologique, sans atteindre ses formes les plus radicales et les plus graves.

En ce qui concerne la police, elle peut améliorer son comportement auprès de la population :

• en inculquant davantage la notion de maîtrise de soi, principalement au niveau de la formation ;

• en intensifiant les relations communautaires qui constituent une façon de réduire la criminalité violente par des contacts plus étroits avec les citoyens ;

• en établissant des critères de sélection sévères dans le choix de nouveaux policiers et des futurs officiers appelés à occuper des postes de commande.

3. POLICE ET DÉMOCRATIE

La société, à l'intérieur de son système de défense sociale, a placé sur les épaules des policiers, entre autres responsabilités, celle de protéger le public contre la menace du crime sous ses formes variées, celle d'affronter les diverses situations criminelles et aussi celle de sauvegarder la sécurité personnelle des citoyens.

Ainsi, les citoyens peuvent compter, jusqu'à un certain point, sur la police pour avoir la possibilité de se promener librement dans la rue, pour vivre et se sentir en sécurité dans leur propre foyer et pour pouvoir réaliser dans les faits ce qu'ils veulent et au moment désiré.

Malgré ces lourdes responsabilités de combattre le crime et d'assurer la sécurité des gens, les policiers ne sont pas investis de pouvoirs illimités qui pourraient les aider à mieux prévenir les crimes ou les violations aux lois et règlements, à les réduire davantage ou encore à les faire disparaître complètement.

De même, la police est étrangère aux conditions sociales qui peuvent exister dans notre société et ne peut certainement pas les éliminer. Tout comme la police n'est pas à l'origine des changements sociaux que notre société connaît présentement, elle n'a pas non plus les moyens de contrôler cette évolution sociale. La police, comme tout citoyen, se doit d'évoluer à l'intérieur de ces changements sociaux.

Les policiers, qui ne sont pas des législateurs, ne créent pas les lois sur le maintien de l'ordre, de la paix et de la sécurité publique dans notre collectivité. Ce ne sont pas eux, non plus, qui disposent des accusés devant les tribunaux.

Toutes ces explications veulent définir et préciser le cadre dans lequel nous nous trouvons comme policiers et rappeler que la police n'est qu'un maillon de la longue chaîne que constitue le système de la justice criminelle. Tout comme le système de la justice criminelle n'est qu'un maillon de l'appareil étatique et les institutions gouvernementales, *un maillon de la société*.

Il n'est donc pas exagéré de dire que le crime est un phénomène social dont la prévention doit être la responsabilité non seulement de la police mais aussi de toutes les strates de la société.

Nous connaissons tous la mission traditionnelle de la police : prévention du crime et de la violation des lois, recherche des criminels et préparation de la preuve à l'égard des accusés traduits devant les tribunaux.

Cependant, ne sommes-nous pas conscients, en même temps, des difficultés pour le policier d'accomplir cette mission et d'appliquer les lois de notre pays ?

La société veut être protégée, mais jamais au sacrifice de ses libertés individuelles. Diverses lois risquent même de s'opposer à d'autres quand la société exige à juste titre la protection de ses droits propres et la sauvegarde des droits individuels.

Rappelons qu'au début des années 1960, il y eut un renversement marqué de l'attitude de la société dans le domaine des droits sociaux. Cette nouvelle prise de conscience sociale amena le public à exiger de plus en plus que la police et les autres organismes publics justifient leurs actes. La prolifération des bureaux de protecteur du citoyen et des commissions des droits de la personne à travers le Canada illustre ce fait.

Notre courte histoire ne nous démontre-t-elle pas de façon concrète que, durant les périodes de crise sociale, cette même société, par le biais de ses législateurs, n'hésite pas à prendre tous les moyens pour accroître les pouvoirs des représentants de l'ordre afin de retrouver la paix sociale ? Cette paix est-elle aussitôt rétablie qu'une espèce de sentiment collectif de remords fait surface pour réprouver les actes posés, en excluant souvent les circonstances et le contexte historique qui entouraient cette crise sociale.

La base de notre système démocratique repose sur cette ambivalence et je devrais plutôt dire sur cette alternance entre la protection de la société et la sauvegarde des droits individuels. Mais vous admettrez que cette situation rend difficile l'effort du policier de maintenir un *équilibre convenable* entre l'application efficace des lois et le respect des droits individuels.

La police est le bastion que la société s'est donné pour défendre ses institutions et protéger ses citoyens contre les agressions criminelles. Bien que cette société souhaite avoir une police efficace, elle impose en même temps des règles à la police elle-même et le travail policier est alors soumis, comme toutes les activités d'une société démocratique, à un double contrôle : celui de la loi et celui des tribunaux.

Aussi, le régime démocratique multiplie-t-il les précautions pour placer les libertés individuelles et collectives à l'abri des abus les plus divers, qu'ils proviennent de gens vivant en marge de la société ou de personnes exerçant officiellement l'autorité.

C'est aussi dans cet esprit que le législateur provincial a prévu des mesures de contrôle dans la Loi de la Communauté urbaine de Montréal en chargeant le Conseil de sécurité publique de déterminer les objectifs du service de police. Il a aussi chargé ce même organisme de recevoir les commentaires ou les représentations de toute personne à l'égard de la sécurité publique sur le territoire de la Communauté ou à l'égard de l'administration du service de police et de procéder aux consultations qu'il juge appropriées.

Comme le Livre blanc sur la Police le soulignait clairement, la police dans un état démocratique est au service de la société et a pour but d'assurer son évolution normale. Ce qui signifie que la police, dans une société démocratique, répond à ce besoin de protéger les différentes libertés individuelles et sociales et à la nécessité d'harmoniser ces libertés afin qu'un climat général d'ordre, de tolérance et de paix puisse naître et se développer.

Nous réalisons rapidement que l'action policière peut influencer grandement le milieu de vie d'une collectivité et nous constatons aussi, *face à l'action policière que les gens ont souvent deux attitudes parfois contradictoires :* autant ils souhaitent une protection officielle efficace de leur sécurité personnelle, autant ils repoussent toute forme d'interférence officielle susceptible de gêner leur liberté personnelle.

Il est clair, selon la façon pour les policiers de s'acquitter de leur devoir et selon l'état d'esprit des personnes en cause, que les policiers pourront être perçus tantôt comme des protecteurs et des amis et tantôt comme des oppresseurs et des ennemis.

Si le policier, en règle générale, a reçu une formation adéquate sur la façon de se comporter lors d'opérations policières de routine, comme la fouille de suspects, pour retrouver une arme, le transport de détenus vers le poste ou le quartier de détention, la rédaction de rapports, la prise d'empreintes et le témoignage devant le tribunal, nous ne pouvons en dire autant pour les situations où prédomine l'élément humain, particulièrement lors de situations de crise et de tension.

Nos programmes de formation et de recyclage devront à l'avenir être davantage axés sur des programmes de relations humaines adaptés aux interventions policières allant de la conciliation sur la scène d'un conflit familial en passant par l'arrestation d'un criminel arrêté en flagrant délit ou d'un conducteur en état d'ébriété, à la négociation avec un suspect détenant un otage et au contrôle de manifestations de masse.

D'ailleurs, l'évolution des lois récentes nous force, nous, les policiers, à évoluer dans cette direction. Les législateurs, de même que certaines commissions gouvernementales, comme la Commission de réforme du droit, nous obligent à repenser le rôle traditionnel de la police. Pensons un instant aux expériences pilotes de déjudiciarisation actuellement en cours, dans certains de nos districts, et encore à l'application de la Loi sur la protection de la jeunesse.

Ces mesures législatives constituent, à mon avis, une marque de confiance à l'endroit des policiers, de leur jugement et de leur aptitude à utiliser de façon rationnelle leur pouvoir discrétionnaire. En effet, ces lois offrent aux policiers toute une gamme de possibilités et de décisions à prendre entre l'arrestation et la mise en liberté, allant jusqu'à offrir l'alternative de diriger le sujet vers un organisme social et communautaire possédant les ressources les plus appropriées aux besoins de cet être humain.

Mais tant qu'il y aura de la violence dans notre société, la police sera appelée par cette même société à vivre avec et au milieu de celle-ci, et à prendre les moyens pour la contrôler, sinon l'éliminer complètement. Pour accomplir la tâche de maintenir la paix et l'ordre public, la société a donné aux policiers des pouvoirs de contrainte leur permettant d'employer même la force à l'égard d'un citoyen qui résisterait à son arrestation ou tenterait d'y échapper.

Le législateur rappelle toutefois que cette force, si elle est employée, ne doit cependant pas être abusive. Ainsi, le policier qui procède à une arrestation sans y être autorisé par la loi ou qui, étant autorisé, emploie la force d'une manière exagérée, ne bénéficie pas de la protection conférée par le Code criminel.

À cet égard, le policier qui emploie une force excessive pourrait être tenu criminellement responsable de tout excès. De plus, le policier qui abuse de son autorité et de l'emploi de la force est responsable sur le plan civil et passible de poursuites pour dommages et intérêts.

Nous recevons, bien sûr, des plaintes concernant des abus de pouvoir allant même jusqu'à la brutalité. Nous ne pouvons pas empêcher un citoyen de se plaindre, même sans raison, mais en tant que policiers fiers de ce titre, nous devons tendre à diminuer ces plaintes au minimum, sinon à les enrayer complètement.

Par contre, si je me réfère aux plaintes reçues depuis que je suis Directeur du Service, de même qu'aux plaintes déposées devant le Comité d'examen des plaintes, je peux affirmer que ce n'est pas un phénomène alarmant.

Si vous et moi nous ne nous expliquons pas très clairement et très franchement sur ce point, nous gagnerons peut-être la bataille dans la rue, mais au risque de paraître idéalistes, nous perdrons rapidement notre réputation chèrement gagnée.

Il est toujours facile, et cela est déplorable, de faire en public le procès de la police à partir de faits séparés de leur contexte et sans dire, en même temps, tout ce que la police a subi d'insultes ou de coups tout en gardant son calme. Pensons un instant aux échauffourées qui surviennent souvent sur la scène de grèves ou de manifestations entre policiers et piqueteurs ou entre policiers et manifestants.

Il n'est pas nécessaire d'être diplômé en psychologie pour comprendre qu'un policier en légitime défense doit prendre les moyens de se protéger et de maîtriser un suspect récalcitrant. De même, sur les lieux d'une manifestation, lorsque des policiers assaillis pendant un bon bout de temps reçoivent l'ordre de dégager la rue, leur action devient souvent une réaction à la tension nerveuse retenue depuis un bon moment et peut parfois même être violente.

Mais où nous devons être parfaitement d'accord, c'est au moment où le suspect est maîtrisé et au moment où le choc inévitable du contact avec les manifestants agressifs qu'il fallait repousser est passé, les représentants de l'ordre que nous sommes devons aussitôt reprendre toute notre maîtrise et notre sang-froid.

Frapper un suspect maîtrisé ou encore un manifestant tombé à terre n'a rien d'édifiant, de même que frapper des manifestants ou des suspects qui sont conduits après leur arrestation dans des locaux du Service pour interrogatoire.

Comme nous sommes au service d'une société démocratique, nous devons respecter les règles de droit fondamental mises de l'avant par cette même société dont nous faisons aussi partie comme citoyens. C'est dans cet esprit qu'il a été prévu, dans la Déclaration canadienne des droits de l'Homme, que toute personne a droit de consulter un avocat dans les plus brefs délais et que personne ne peut s'objecter à ce droit fondamental reconnu à tout individu.

Le législateur provincial du Québec a aussi inscrit dans la Charte des droits et libertés de la personne certains articles qui ont une incidence sur le travail policier et je cite particulièrement les suivants :

▪ Nul ne peut être privé de sa liberté ou de ses droits, sauf pour les motifs prévus par la loi et suivant la procédure prescrite.

▪ Toute personne arrêtée ou détenue doit être traitée avec humanité et avec le respect dû à la personne humaine.

▪ Toute personne arrêtée ou détenue a droit d'être promptement informée, dans une langue qu'elle comprend, des motifs de son arrestation ou de sa détention.

▪ Toute personne arrêtée ou détenue a droit, sans délai, d'en prévenir ses proches et de recourir aux services d'un avocat.

▪ Toute personne arrêtée ou détenue doit être promptement conduite devant le tribunal compétent.

▪ Nulle personne arrêtée ou détenue ne peut être privée, sans juste cause, du droit de recouvrer sa liberté sur engagement, avec ou sans dépôt ou caution, de comparaître devant le tribunal dans le délai fixé.

▪ Toute personne a droit à la reconnaissance et à l'exercice, en pleine égalité, des droits et libertés de la personne, sans distinction, exclusion ou préférence fondée sur la race, la couleur, le sexe, l'orientation sexuelle, l'état civil, la religion, les convictions politiques, la langue, l'origine ethnique ou nationale ou la condition sociale.

Toutes les fois qu'un acte de violence injustifié est posé ou qu'un abus de pouvoir est exercé contre un citoyen, celui-ci dans son for intérieur, si ce n'est pas en acte, souhaite le venger. Cette escalade n'a pas de limite.

L'éducation des policiers, l'amélioration des programmes de formation, le sens des responsabilités et l'exemple donné par les officiers supérieurs sont autant de facteurs qui pourront contribuer à diminuer, sinon à enrayer, le nombre de cas où les pouvoirs accordés à la police sont outrepassés lors d'arrestations, d'interrogatoires ou de tout autre événement.

Être policier n'est pas une profession comme les autres ; quand nous l'avons choisie, nous en avons accepté les dures exigences mais aussi la grandeur.

4. Une police communautaire, maillon du tissu social

Depuis une vingtaine d'années déjà, les jeunes gens remettent sans cesse en question les valeurs, les règles, les principes en lesquels leurs parents et la société en général croyaient fermement et qu'ils considéraient sûrs et inattaquables.

Au cours de la même période, nous avons aussi constaté et déploré une augmentation considérable de la criminalité et un accroissement de la violence.

La police, qui se trouve dans une société en constante effervescence, doit s'adapter aux changements sociaux sinon elle ne saura répondre aux aspirations des citoyens.

Traditionnellement, la police a dû assumer trois tâches principales : le gardiennage, l'application des lois et les relations communautaires. Certains corps policiers ont mis l'accent sur l'une ou l'autre de ces tâches, souvent au détriment des deux autres.

La police de type « gardien » fait preuve d'une certaine tolérance envers les infractions mineures au profit du maintien de l'ordre. La diminution de la criminalité ne constitue pas une priorité.

La police de type « juridique » met l'accent sur l'application des lois. Les arrestations sont nombreuses, tant chez les adultes que chez les jeunes. Les contraventions sont distribuées avec largesse... Les relations entre le policier et le citoyen sont plutôt froides.

La police de type « communautaire » se préoccupe davantage des besoins de la collectivité en matière d'ordre et de paix sociale. Le policier s'assurera, lorsqu'il sera appelé à intervenir, que ses relations avec les citoyens soient bonnes et courtoises.

De par la loi, un service de police :

a) est responsable du maintien de la paix, de l'ordre et de la sécurité publique ;

b) prévient les crimes ainsi que les infractions, en recherche les auteurs et les cite en justice ;

c) veille à l'application des lois en vigueur au Québec ainsi que des règlements, résolutions et ordonnances des municipalités.

66

Donc, de par ses responsabilités, un service de police influence, directement ou indirectement, la qualité de la vie.

Par ailleurs, nous ne pouvons ignorer les caractéristiques bien particulières de chaque municipalité que nous couvrons, que ce soit sur les plans géographique, démographique, économique ou physique. Nous devrons, par conséquent, sans négliger les types de police « gardien » et « juridique », développer le type de police « communautaire » pour satisfaire aux exigences de chacune des municipalités et leur donner les services qu'elles sont en droit de s'attendre à recevoir.

C'est dans cette optique de « relations communautaires » que la section Prévention du crime participe déjà à des conférences publiques et à des expositions pour inviter le public à se mieux protéger et pour inciter les entreprises à instaurer des programmes efficaces de prévention du crime.

La section d'Aide à la jeunesse, le programme « Identification » sont autant d'exemples des relations communautaires que nous souhaitons implanter de plus en plus.

Nos rapports avec les comités intéressés dans les libérations conditionnelles ou encore nos relations avec les comités de citoyens en sont d'autres.

Quel service de police la société veut-elle avoir ?

Il est indéniable qu'il doit y avoir rapprochement entre le policier et le citoyen.

Le citoyen veut que la police lui offre un service personnalisé. Le citoyen veut que le policier soit attentif aux besoins de la collectivité ; il veut qu'il soit objectif, mais aussi humain lors de ses multiples interventions. Le citoyen veut aussi que le policier soit dévoué au service de ceux qui lui ont confié le mandat de les protéger et de les assister en cas de besoin.

Le policier doit respecter ce mandat et doit donner à la communauté une pleine mesure du devoir. Cependant, il ne faut pas se leurrer. Pour qu'il atteigne les objectifs qui lui sont définis par la Loi, il doit, en retour, compter sur l'appui de la population.

5. Le policier et son image

Je considère que nous sommes tous, policiers et civils, des agents de relations publiques, aussi bien dans notre milieu familial et social immédiat qu'au travail. En effet, chaque fois que nous rencontrons des amis ou des étrangers et que nous sommes identifiés comme étant membres du service de police, nous devenons alors *des agents de relations publiques* pour notre service.

Posons-nous franchement la question : Qu'est-ce que cela donnerait d'investir des sommes importantes d'argent en publicité ou d'avoir une section de relations publiques très sophistiquée si, par exemple, un officier supérieur, un civil ou un policier ne croyait pas à l'importance des relations publiques ou si l'un d'eux était impoli, grossier ou incompétent au téléphone, ou encore manquait de courtoisie au moment de l'émission d'une contravention, abusait de son autorité en utilisant plus de force que nécessaire ou opérait une arrestation illégale à sa face même ?

Pour moi, les relations publiques s'expliquent davantage à partir de nos attitudes et de notre mentalité à l'endroit des citoyens qu'à partir d'une structure, d'une organisation ou d'une section chargée de ce travail. Les relations publiques doivent être quelque chose de dynamique, où il est question de bonnes relations, de considération et de respect, comme il est normal d'en accorder à tout citoyen en tant qu'être humain. C'est simplement la loi de la réciprocité.

En visitant périodiquement les postes de police et en visitant, lors de patrouilles, les divers districts sur le territoire, j'aime observer ce qui s'y passe et, tout comme les gestionnaires du secteur privé, je porte une attention particulière à la façon dont nos services sont dispensés au grand public. Je me préoccupe également de leur qualité. En effet, notre responsabilité ne consiste pas uniquement à maintenir la paix et l'ordre publics, mais également à développer chez le citoyen un sentiment de sécurité.

J'ai déjà remarqué que non seulement dans certains districts policiers, mais aussi dans certaines sections spécialisées, là où les relations avec les citoyens et les détenus étaient, en règle générale, excellentes, que le travail des policiers était perçu de façon efficace et professionnelle et que les résultats s'avéraient supérieurs.

Mon expérience à la direction m'a aussi démontré qu'il était impossible de développer un travail de police convenable et apprécié à sa juste valeur sans le support et l'appui des citoyens. Il ne faut pas perdre de vue que la majorité des gens est respectable et qu'elle se conforme aux lois.

Dans un pays démocratique comme le nôtre, nous ne devons pas l'oublier, *le respect des lois repose avant tout sur un acte libre et volontaire*. Nous devons donc gagner les citoyens à l'idée de se conformer volontairement aux lois. L'application des lois devient donc une question d'éducation, et l'éducation constitue un éternel recommencement. Comme parents et comme éducateurs, nous en savons d'ailleurs quelque chose.

La réputation d'un service de police se bâtit beaucoup plus sur la sécurité qu'il assure à ses citoyens et sur la prévention des infractions et de la criminalité sous ses diverses formes que sur le nombre d'arrestations et de condamnations d'inculpés devant les tribunaux. Dans la même veine, la réputation de ce service se bâtit également sur la qualité de son personnel. Aussi, le policier, pour gagner la confiance du public et amener les gens à se conformer aux multiples lois et règlements, doit avant tout être un citoyen sans reproche, digne dans sa tâche de policier et un exemple non seulement au travail mais dans sa vie privée.

C'est par cette voie que je souhaite pouvoir développer un service policier aux standards professionnels élevés. Personnellement, je reconnais un policier « professionnel » par son désir d'être utile aux citoyens et à la collectivité, c'est-à-dire par son attitude à rendre service et à être disponible.

Il ne faut pas se le cacher, l'application des lois nous amène la plupart du temps en face d'une certaine forme de résistance. Par le simple fait que nous vivons dans une société démocratique, le mot « liberté » est sur toutes les lèvres et il vient en opposition au mot « contrôle ». De là à interpréter une intervention policière comme étant une contrainte et une entrave à la liberté individuelle, il n'y a qu'un pas. Pour surmonter ou tout au moins amoindrir cette résistance, nous pourrions faire appel à quelques principes élémentaires empruntés au monde de l'éducation pour les adapter à notre situation. À titre d'exemple, arrêtons-nous aux énoncés suivants :

Éviter de provoquer inutilement le ressentiment. Même si le travail de la police ne fait pas toujours plaisir, une approche civilisée et courtoise empêchera de soulever inutilement l'animosité des gens. En réalité, les citoyens sont de plus en plus avisés et soucieux de leurs droits. Au moment d'une intervention policière, les personnes ne demandent pas la charité ; elles souhaitent tout simplement, comme vous et moi, être traitées humainement tel que l'exige, ni plus ni moins, notre devoir de policier.

Développer la bonne volonté et la bienveillance des citoyens. À ce sujet, je souhaiterais pouvoir vous soumettre ici des lettres d'appréciation que des personnes, ayant écopé d'une contravention ou même subi une arrestation, m'ont fait parvenir afin d'attirer mon attention sur la façon remarquable dont certains policiers se sont honorablement acquittés de leurs tâches. Avec une telle approche, le choc provoqué par l'intervention policière est moins brutal, la sentence moins difficile à subir, la récidive moins probable et la réhabilitation davantage assurée.

Informer et impliquer le public. L'application de la loi ne devrait pas devenir un « jeu de chat et de souris ». Toute application de nouvelle réglementation ou de réglementation peu connue devrait toujours être précédée d'une campagne d'information ou d'une période d'éducation. Le rôle du policier devient alors celui d'un éducateur au service du public.

Soigner sa présentation personnelle. Il m'apparaît futile de rappeler l'importance de l'apparence et de la façon de se présenter en public, non seulement pour le policier en uniforme mais aussi pour le personnel en civil. Même si l'habit ne fait pas le moine, il inspire tout au moins confiance. Le comportement de ses employés, la propreté personnelle, l'apparence, la tenue vestimentaire constituent, d'une certaine façon, la marque de commerce distinctive d'un service de police. C'est ce qui peut faire la différence entre un service où règnent la discipline, l'organisation et l'efficacité et un service où ces éléments seraient presque inexistants.

Lors de voyages à l'extérieur, vous comme moi, avons noté que *la police est toujours associée directement à la qualité de vie du milieu.* Étant des êtres humains, nous sommes parfois portés à juger sur-le-champ, à tort ou à raison, la ville où nous nous trouvons et aussi le service de police local, par les premiers contacts que nous avons au hasard, de façon directe ou indirecte, avec les policiers de l'endroit.

Si les premières impressions sont favorables, tant mieux ; si elles sont mauvaises, nous repartons alors vers une autre destination non seulement déçus, mais avec une impression négative de cette ville ou de ce pays. Les touristes que nous accueillons ne sont pas différents de nous. En tant que service de police, nous avons donc avantage à promouvoir le bon renom du Québec et de projeter l'image d'un pays accueillant, cosmopolite, réputé pour sa joie de vivre, son hospitalité et... sa sécurité.

Nous devons être conscients du fait que nous sommes un service public, un service de police dans une société démocratique, où la police est au service du citoyen. Celui qui, parmi nous, ne croit pas à ce principe, n'est sûrement pas à sa place et il devrait probablement s'orienter ailleurs, vers un pays de caractère totalitaire. La police ne doit pas être au service de la police, mais au service du citoyen, la raison d'être de notre existence comme organisation sociale.

Si nous étions dans l'entreprise privée, nos clients seraient les citoyens et les actionnaires seraient les payeurs de taxes. Rappelons-nous que lorsque le citoyen demande l'aide du policier en patrouille, qu'il se présente au poste ou communique par téléphone, il entreprend cette démarche parce qu'il la croit nécessaire et importante. Nous devrions la traiter dans le même sens. Nous serons toujours gagnants en réservant un accueil chaleureux et humain à un citoyen.

Rappelons-nous les fois où il nous est arrivé, malheureusement, d'être victimes d'un accident de la circulation ou d'un vol quelcon-

70

que. L'arrivée du policier sur les lieux était attendue. En tant que citoyens, nous aussi, nous souhaitions et nous nous attendions à une attitude sympathique et courtoise de la part de ce représentant de la loi. Le contraire nous aurait d'ailleurs révoltés ou indignés. Le citoyen avec qui nous faisons affaire, ne fait pas exception : c'est un humain, avec les mêmes attentes que les nôtres.

Le policier doit être d'autant plus attentif à l'image qu'il projette que son rôle est polyvalent, constant, souvent lié à des moments d'émotion intense et inoubliables pour le citoyen. Le policier doit, en effet, jouer une foule de rôles en demeurant toujours humain : il est tour à tour patrouilleur, afin d'assurer la sécurité publique ; enquêteur, pour découvrir les criminels ; infirmier, lors d'accouchements et d'accidents de la route ; psychologue et diplomate, lorsqu'il intervient dans de pénibles situations familiales ou lors de tentatives de suicide. Il doit faire partie du tissu familial, communautaire, métropolitain, national.

6. La logique du dynamisme

Il n'existe qu'un seul moyen de relever le défi des diverses mutations sociales qui se traduisent par des pressions accrues sur les services de police ; il n'existe qu'une seule réponse logique : le dynamisme.

Toute société et toute culture, si traditionnelles et conservatrices qu'elles soient, subissent constamment le changement. Il en va de même des grandes organisations. Un service de police comme le nôtre tombe dans cette catégorie et, par conséquent, ne peut être statique.

Un tour d'horizon, aux États-Unis comme au Canada, nous ferait vite constater que la majorité des services policiers vivent une mutation profonde.

Après avoir lu un article paru dans le magazine *U.S. News & World Report* (avril 1978) sous le titre « Police under fire, fighting back », j'en suis venu à la conclusion que les changements que nous subissons ne sont pas uniques à notre situation.

Depuis dix ans, rappellent les auteurs, les citoyens insistent davantage pour que le service au public soit toujours amélioré. Les gestes des policiers, les résultats qu'ils obtiennent tout comme le faible taux de solution des crimes sont vite décriés sur la place publique.

Depuis les années 60, le policier, dont le rôle principal était l'application des lois, s'est orienté progressivement vers *un rôle de médiateur* en vue du règlement de problèmes humains et sociaux.

Aujourd'hui et de plus en plus, nous remarquons que les médias et le public questionnent davantage l'efficacité des administrations policières et s'interrogent sur l'aptitude des administrateurs policiers à bien diriger leur service. Il n'y a pas tellement longtemps, l'augmentation de la criminalité de même que l'agitation sociale étaient les arguments classiques pour aider à gonfler les budgets de police. Aujourd'hui, les élus du peuple réagissent différemment à l'endroit de cette argumentation et exigent des réponses précises sur l'usage rationnel que l'on fait des fonds publics.

Dans cet ordre d'idées, une étude effectuée par la Rand Corporation auprès de 25 services policiers aux États-Unis a démontré que le travail poursuivi au niveau des enquêtes criminelles devait être complètement repensé. En effet, l'étude a précisé que le temps employé par les détectives était consacré en grande partie à reprendre des interventions, telles révisions de rapports, localisations de témoins, entrevues avec les victimes dans des causes où les probabilités de solution étaient presque nulles. Comme conclusion, entre autres, ce rapport a indiqué clairement que la moitié du travail des détectives pouvait être orienté vers des tâches plus utiles et plus productives.

La formation est aussi un élément entrant en ligne de compte dans le *changement organisationnel*. Maintenant, l'accent est mis sur la formation des recrues et le recyclage du personnel. Il n'existe aucune comparaison possible entre les programmes de formation qui avaient cours il y a une quinzaine d'années et ceux qu'on connaît aujourd'hui. Nous n'avons qu'à examiner le programme des cours et des activités de l'Institut de Police du Québec et juger la valeur de son corps professoral pour nous en rendre compte. Ce programme devient maintenant le couronnement de la formation amorcée dans les Cégeps en techniques policières.

Les programmes de formation policière ont évolué et les méthodes d'enseignement aussi. Alors que l'on insistait autrefois sur l'aspect physique du travail policier, les responsables de la formation appuient davantage maintenant sur l'analyse de la criminalité, la nécessité de la discrétion lors de l'arrestation d'un suspect, sur une meilleure connaissance des gens et sur la facilité de communiquer avec eux. L'expérience a démontré depuis longtemps que régler une chicane de famille était beaucoup plus difficile que de savoir tirer au revolver ou prélever des empreintes digitales. Des études multiples ont prouvé que 80 pour cent de notre travail était de nature sociale et que moins de 10 pour cent de notre temps était consacré à la poursuite de voleurs ou de criminels.

Pour être valable, l'enseignement doit adhérer le plus possible à la réalité. Aussi aura-t-on recours à la simulation en faisant jouer aux policiers différents rôles : suspects, victimes ou témoins dans des scènes de crime fictives aussi réelles que possible.

Le même article du *U.S. News & World Report* souligne que plusieurs services policiers ont modifié le travail du patrouilleur en enrichissant sa tâche.

Au lieu d'être simplement un « chauffeur de taxi » ou un simple « rédacteur de rapports », le patrouilleur joue un rôle actif dans le processus préliminaire de l'enquête. Une vérité existe : de par sa tâche même, tout policier, quel qu'il soit, doit être au départ un enquêteur.

Pour être efficace, le travail policier doit être un travail d'équipe et tous doivent être impliqués, patrouilleurs comme enquêteurs.

Un autre aspect de l'administration des services policiers est leur financement. Les divers services policiers, tant aux États-Unis qu'au Canada, doivent faire face, au cours des présentes années, à des restrictions budgétaires pressantes qui ne permettent plus aux administrateurs policiers de développer, au même rythme que par les années passées, la croissance des divers services dont ils ont charge et les obligent à une utilisation plus poussée des ressources disponibles, allant même jusqu'à les contraindre à modifier l'orientation et les priorités des services à dispenser aux citoyens.

Nous devons donc être conscients que cette transformation, provoquée à la fois par la conjoncture économique et par l'évolution de notre société, ne place aucun service de police à l'abri de ce mouvement.

III

Les grands thèmes

1. LA POLICE ET LES JEUNES

Entre le « Bonhomme-sept-heures» et le paternalisme

Il y a plusieurs années, l'Assemblée générale des Nations-Unies adoptait la Déclaration des droits de l'Enfant. Les représentants de tous les pays voulaient ainsi attirer l'attention du monde sur les besoins et les droits légitimes qu'ont tous les humains, particulièrement entre la naissance et l'âge adulte.

Afin de souligner cet anniversaire, les Nations-Unies décidaient de faire de l'année 1979 l'Année internationale de l'Enfant. Le but de cette décision était de réaffirmer de façon concrète que le bien-être des enfants et des jeunes se devait d'être la responsabilité de tous, dans le monde entier, et que ce bien-être se trouvait lié indissolublement à la paix et à la prospérité du monde de demain.

Au Québec, l'Année internationale de l'Enfant a débuté par la promulgation de la Loi 24 sur la protection de la jeunesse et, quelques années après, que nous en reste-t-il ? En effet, cette année historique, un peu oubliée du grand public, revêtait pour nous, policiers, une importance particulière, car notre devoir est de prolonger et de perpétuer l'esprit qu'a voulu lui donner l'Assemblée générale des Nations-Unies et de maintenir bien vivant le ferme propos de nous préoccuper non seulement des besoins particuliers de l'enfant et de son bien-être mais aussi de son développement intellectuel, psychologique et social. C'est pourquoi nous sommes tous invités à repenser nos relations avec les jeunes et à reconnaître que leur bien-être dépend de l'importance que nous accordons à leur sécurité et à leur développement social.

Le maintien dans leur milieu familial, le respect des droits que la société confère à l'enfant et l'effort que nous apportons à la solution des problèmes de la délinquance juvénile sont aussi des conditions propres à atteindre cet objectif.

Quand il s'agit de définir le rôle du policier envers le jeune, on se butte invariablement à l'opposition de deux écoles de pensée.

Selon certains, le jeune qui se rend coupable d'un délit devrait automatiquement être arrêté, conduit devant les tribunaux et incarcéré, ne s'agirait-il que d'une offense mineure ou d'un premier délit. D'autres, en revanche, souhaiteraient voir le rôle du policier se transformer en celui de travailleur social, attitude tout aussi discutable. Nous sommes donc confrontés à ces deux approches.

D'une part, une approche très judiciaire, rigoureuse et respectueuse des droits, mais qui risque d'être traumatisante, surtout quand elle n'est pas nécessaire.

D'autre part, une approche sociale, à prime abord plus humaine, mais qui comporte le danger de créer une certaine confusion dans l'esprit du jeune quant à l'identité et au rôle du policier comme agent de la paix, en plus d'entraîner la possibilité d'une forme d'arbitraire judiciaire qui peut limiter inutilement l'enfant dans l'exercice de ses droits.

En général, les policiers bien-pensants croient en la possibilité de réhabilitation de la plupart des jeunes arrêtés à la suite de délits, d'où l'intérêt que manifestent les services de police pour créer des sections de relations communautaires ou de Police-jeunesse, consacrées principalement à la prévention et au contrôle de la délinquance juvénile.

Il faut à l'occasion repenser nos méthodes de contact avec les jeunes dans l'esprit de la Loi de la protection de la jeunesse et considérer la prévention de la délinquance juvénile comme la responsabilité primordiale de notre fonction de policier.

En effet, la Loi de la protection de la jeunesse veut atteindre en premier lieu les nombreux enfants qui doivent chaque année passer devant le Tribunal de la jeunesse. Mais cette loi vise aussi un autre objectif, beaucoup plus large, qui est d'assurer des droits à tous les enfants, qu'ils aient ou non à passer devant le Tribunal de la jeunesse, et aussi celui de protéger le nombre grandissant d'enfants psychologiquement et socialement inadaptés.

Nous savons fort bien que les statistiques d'arrestations des jeunes ne traduisent, en fait, que la délinquance officielle, c'est-à-dire celle où des jeunes se font « attraper ». Ces chiffres devraient être suffisants pour démontrer éloquemment la nécessité d'une approche nouvelle des problèmes de la délinquance juvénile.

Cette approche doit être plus prudente et faire la part entre les cas où la gravité de la situation ne justifie pas une intervention judiciaire et les cas où elle pourrait, au contraire, être bénéfique au jeune.

L'esprit de la Loi de la protection de la jeunesse repose sur un certain nombre de postulats fondamentaux parmi lesquels la déjudiciarisation tient une place importante.

Cette loi, humaine et progressiste, repose sur le principe fondamental qu'il est possible d'amener une collaboration fructueuse des intervenants, qu'il s'agisse des policiers, des centres de services sociaux, des juges et des procureurs, des établissements du réseau des affaires sociales, des centres d'accueil, des CLSC, et des organismes du milieu.

Il est certain que cela suppose des ajustements de comportement, d'attitude et même de mentalité. C'est donc tout un défi que nous, policiers, avons à relever avec tous ces gens et ce, dans l'intérêt fondamental du jeune, que cette loi vise avant tout à aider.

Mais contrôler ou tenter de régler le problème de la délinquance juvénile ne devrait pas être la responsabilité exclusive des policiers affectés aux sections de relations communautaires ou de Police-jeunesse, nous en sommes bien conscients. Cette tâche est trop énorme et trop complexe. C'est pourquoi, nous devons compter sur notre personnel au complet : patrouilleurs, enquêteurs et autres spécialistes, pour faire un succès de notre entreprise dans ce domaine névralgique.

En effet, si dans un service il existe des sections de relations communautaires ou de Police-jeunesse, il est fort probable qu'un jeune aura son premier contact avec l'administration de la justice par l'intermédiaire du policier patrouilleur ; d'où l'importance d'une approche toujours convenable et appropriée de la part de nous tous à l'endroit du jeune.

Tous les policiers doivent être constamment conscients de l'importance de leurs interventions quotidiennes et fréquentes auprès de chaque jeune dès qu'ils viennent en contact avec lui, soit au cours d'une patrouille régulière, soit au moment d'une intervention policière particulière.

De même, il importe que des rapports harmonieux puissent exister entre les sections communautaires ou de Police-jeunesse et les autres sections du service.

En matière de délinquance juvénile, nous devons nous inspirer d'un seul et même principe d'action et d'une même conception du problème, tant pour les policiers des sections affectées plus spécifiquement à la surveillance des jeunes que pour les agents œuvrant au sein d'autres sphères d'activités policières.

Ainsi, nous devrions améliorer nos méthodes d'approche afin de mieux venir en aide au jeune ; repenser, si nécessaire, notre façon de questionner un enfant en difficulté ; augmenter nos connaissances sur les principaux points de la Loi et sur toute la philosophie humaine qui préside, pour ainsi dire, au fonctionnement du Tribunal de la jeunesse et au principe de la déjudiciarisation ; nous devrions enfin nous familiariser avec l'éventail des services auxiliaires appelés à agir comme intervenants dans l'application de la Loi de la protection de la jeunesse.

Dans une société qui se veut démocratique, nous devons être, en tant que policiers, le symbole d'une autorité ferme, mais à la fois juste et humaine. Si ce principe doit inspirer nos rapports avec les adultes, ce même principe devient essentiel lorsqu'il s'agit plus spécialement des jeunes.

L'attitude que nous pouvons adopter envers un jeune, au cours de nos activités, est d'une extrême importance. En effet, en tant que représentants de l'ordre, nous devons par notre comportement nous rendre dignes de l'autorité dont nous sommes investis par la loi, de manière à nous faire respecter de l'enfant tout en lui faisant accepter les exigences de la collectivité.

Au moment de l'arrestation d'un jeune ou de son séjour dans un poste de police, le comportement des policiers revêt une importance particulière et peut influencer le jeune contrevenant dans ses décisions ultérieures.

Une attitude négative ou vindicative de la part des policiers peut devenir pour ce jeune, par voie de conséquence, une semence de crainte, de haine et de révolte, alors qu'une attitude ferme, affable et compréhensive pourra éveiller chez lui un sentiment de confiance susceptible de l'encourager à vouloir se conformer à l'avenir aux règles de la société.

En outre, les policiers œuvrant auprès des jeunes dans les sections de Police-jeunesse ont des obligations encore plus grandes, étant donné qu'ils doivent toujours, aux yeux de leurs confrères des autres sections, servir de modèles dans tous leurs rapports avec les jeunes.

En effet, ces policiers spécialisés aux problèmes de la jeunesse devraient se faire remarquer particulièrement par leur conscience professionnelle, leur désir de se dévouer à la cause des jeunes, l'équilibre de leur personnalité, leur maturité, leur largeur de vue et une solide éducation.

S'il est vrai que certaines qualités peuvent tenir lieu d'instruction, la conscience professionnelle et la motivation à travailler auprès des jeunes sont en revanche irremplaçables.

Jamais nous n'insisterons assez pour dire qu'une attitude sérieuse et ferme, mais compréhensive de la part de nous tous, peut ramener dans le droit chemin le jeune qui ne veut pas finir un jour au pénitencier.

La réhabilitation du jeune délinquant, ne l'oublions pas, commence souvent au premier contact qu'il peut avoir avec l'un d'entre nous, policiers.

Rôle de la police. Comme policiers, nos fonctions nous amènent, plus souvent qu'à notre tour, à être témoins de la misère humaine et aussi à devenir des intervenants de « première ligne » face à des jeunes ayant commis une infraction à une loi, à un règlement ou à des jeunes en difficulté, abandonnés ou vivant dans un milieu familial non propice au développement physique, intellectuel ou émotif ou encore, victimes de conditions matérielles inadéquates, d'abus sexuels, de mauvais traitements physiques, de négligence ou d'exploitation.

Notre travail nous oblige à côtoyer quotidiennement des jeunes de tous les milieux et de toutes les conditions sociales et économiques.

Il y a nécessité, en tant que policiers, de développer une relation positive avec les jeunes, quels que soient leur condition ou leur statut, de profiter de toutes les occasions pour devenir des exemples en plus de projeter l'image d'un « éducateur » équilibré et respectable.

Ainsi, une rencontre forfuite avec un jeune peut être décisive pour celui-ci et sa famille alors que nous aurons oublié peut-être, dans les heures ou les jours qui suivent, cette courte rencontre.

L'expérience nous l'a parfois démontré, mais nous ne le réalisons pas toujours, que les paroles que nous prononçons en tant que policiers et la façon dont nous les prononçons demeurent souvent gravées dans la mémoire et risquent en plus d'être répétées à tout venant.

Le *premier contact*, même sans importance, qu'un jeune peut avoir avec l'un d'entre nous, policiers, peut même influencer dans l'avenir son attitude et son comportement envers quiconque pourra lui paraître un représentant de la loi.

Un enfant, lorsqu'il est tout jeune, n'est pas en mesure de faire la différence entre le policier en tant que citoyen et le policier en tant que représentant de la loi. Des auteurs en psychologie sont d'avis que les perceptions et les émotions éprouvées dans la jeunesse demeurent imprégnées longtemps dans l'esprit. Pensons-y...

L'exemple et la loi

Les enfants, en règle générale, s'intéressent aux policiers, à leur travail. Ils sont attirés par l'uniforme, par l'auto-patrouille et par tout rassemblement où se trouvent un ou des policiers. Les faits et gestes sont à la fois observés et critiqués et ce, en fonction de l'attitude adoptée par les policiers en service sur les lieux de l'incident. Tout ça pour dire qu'une rencontre fortuite avec un policier devient vite l'objet de conversations et de commentaires, non seulement avec les compagnons de jeux mais aussi avec les adultes, et surtout avec les parents.

Qu'arrive-t-il si un jeune s'adresse à un policier bourru ou mal éduqué ? J'espère qu'il n'en existe plus, ou encore qu'il a affaire à quelqu'un qui tente de camoufler ses faiblesses ou son incompétence par une attitude arrogante et insultante (en se permettant, par exemple, d'interpeller ce jeune par des quolibets ou des surnoms qui visent beaucoup plus à le diminuer ou à le ridiculiser qu'à créer une relation chaleureuse et sympathique). La réaction défavorable à l'endroit de ce policier ne tardera sûrement pas à être généralisée puis à rejaillir sur tous ses confrères.

Pour la plupart des jeunes, l'uniforme, l'insigne, le revolver et l'auto-patrouille symbolisent la « Loi ». L'homme qui porte cet uniforme et qui est en possession de cet équipement a donc des obligations morales très grandes, malgré qu'elles ne soient pas toujours inscrites dans un code de déontologie.

C'est pourquoi il doit toujours s'assurer que sa conduite, ses attitudes et ses paroles, surtout en présence des jeunes, ne viennent en aucun temps caricaturer d'aucune façon la « Loi » dont il est un représentant officiel.

Par exemple, si un policier blasphème, se permet des grossièretés, parle impoliment ou utilise la force inutilement ou brutalement en présence d'un enfant, que ce jeune soit impliqué dans cette affaire ou qu'il soit tout simplement témoin de la scène, il impressionnera de manière négative cet enfant, en plus de ne pas remplir de façon adéquate ses obligations.

Il peut arriver que ce jeune puisse bien être habitué à ce genre de conduite ou de mise-en-scène dans sa propre famille ou dans son milieu. Cependant, cet enfant s'attend sans l'ombre d'un doute à quelque chose de plus de la part d'un policier, c'est-à-dire qu'il soit un homme éduqué et équilibré, qu'il ait en tout temps ou presque le contrôle de lui-même, en plus d'afficher un comportement et une conduite dignes d'un agent de la paix respectueux des droits fondamentaux des citoyens.

La relation Police/Jeunesse. Nous avons la tâche de projeter l'image du policier vivant dans une société démocratique comme l'est la nôtre. Sans quoi, nous risquons de voir se perpétuer dans l'esprit des gens les modèles stéréotypés, malheureusement trop populaires, du genre « épais et obtus », que l'on aperçoit dans certains films ou programmes de télévision de qualité discutable.

Par contre, si le policier, au moment d'une rencontre avec un jeune, se montre ferme mais juste, courtois, franc, impartial et intéressé à l'enfant en tant qu'être humain, avec ou sans problème, on amorce sûrement un bon départ. Les possibilités d'établir de bonnes relations entre ce jeune et le policier sont plus qu'assurées, non seulement avec ce policier mais aussi avec tous les autres que le jeune sera appelé à côtoyer dans l'avenir.

En effet, la meilleure façon d'établir de bonnes relations publiques avec les citoyens ne doit-elle pas commencer avec les jeunes et les enfants, surtout ceux qui aiment et respectent déjà les policiers ? C'est presque une vérité de La Palice.

De nombreux parents tentent d'inculquer à leurs petits la confiance dans les policiers. Ils insistent en leur rappelant que les policiers sont avant tout des protecteurs. Évidemment, cette tâche leur sera grandement facilitée s'ils ont l'avantage de rencontrer par hasard, un policier sur la patrouille, humain et sympathique, et surtout si celui-ci prend particulièrement le temps de parler à l'enfant quelques instants.

Bref, nous ne devons jamais manquer l'occasion de donner la chance à un enfant de « voir de près un vrai policier », afin de lui faire réaliser par lui-même que c'est aussi un être humain comme son père ou son grand frère, qu'il aime les enfants, qu'il cherche à les aider et à les protéger et que finalement il est au service des citoyens et de la collectivité.

Il n'y a rien d'humiliant à s'arrêter un instant pour parler à des enfants ou encore à les saluer en patrouillant. Cette méthode, qui vise à développer une attitude d'amitié et de respect mutuel entre jeunes et policiers, a depuis longtemps fait ses preuves.

Advenant qu'un jeune pose une question à un policier et que celui-ci soit incertain ou ignore la réponse, il ne perdra pas pour autant son prestige en admettant simplement qu'il ne connaît pas la réponse et en le référant alors à quelqu'un plus susceptible de l'aider. Cela vaudra mieux que de l'ignorer ou de lui donner une réponse erronée. Lorsqu'un enfant recourt à l'assistance d'un policier, il devrait l'obtenir ou, tout au moins, devrait-on lui offrir les moyens pratiques d'atteindre son but.

Dans un service de police imposant, il est approprié d'avoir des sections spécialisées pour les jeunes. De telles sections deviennent des instruments importants pour améliorer les moyens de contrôle de la délinquance juvénile. Cette orientation ne doit toutefois pas se faire et se développer au détriment des autres sections et des policiers affectés aux enquêtes et à la patrouille en général.

En effet, penser confier la tâche exclusive qui consiste à contrôler la délinquance juvénile à une seule section spécialisée serait tout à fait irréaliste et pourrait même être interprété comme une insulte à l'endroit des autres policiers du service. Ceux-ci pourraient alors se considérer incompétents ou incapables de s'occuper de tout problème impliquant des jeunes. Cependant, tout policier au Service, dès qu'il vient en contact avec un jeune, devrait l'aborder dans le même esprit et la même conscience professionnelle que les policiers de la section « Police-Jeunesse ».

Que servirait à la direction d'un Service d'investir dans le domaine « Police-Jeunesse » énergie et personnel si, d'un autre côté, les patrouilleurs et les enquêteurs ne rencontrent pas les objectifs qui guident les policiers de cette section, soit le respect du jeune, non seulement comme être humain mais surtout comme un être humain en devenir.

Un service de « premiers soins »

Mon objectif premier est de rendre tous les policiers, patrouilleurs et enquêteurs, sensibles à la jeunesse, à ses besoins et, en particulier, aux jeunes en difficulté et à leurs problèmes. Cette prise de position ne veut pas dire que tous les policiers doivent devenir des spécialistes auprès des jeunes, non plus qu'ils doivent se considérer des travailleurs sociaux professionnels, des psychologues ou encore des psychiatres.

Être sensible à la jeunesse signifie pour moi que chaque policier est en mesure d'apporter un service de « premiers soins » et que des mesures lui sont immédiatement dispensées pour éviter que le cas ne s'aggrave, dans l'attente d'une décision relevant d'un autre niveau ou d'un traitement professionnel plus approprié.

Je pourrais dire que la Loi de la protection de la jeunesse nous a obligés à repenser nos méthodes de travail. Depuis nombre d'années, les policiers interprétaient déjà les principes de la Loi des jeunes délinquants selon l'esprit qui devait animer toute personne engagée dans ce domaine de la répression de la délinquance juvénile.

L'esprit de cette loi encore d'actualité voulait que le soin, la surveillance et la discipline d'un jeune délinquant puissent ressembler autant que possible à ceux prodigués par ses père et mère et que chaque délinquant puisse être traité non comme un criminel, mais comme un enfant mal dirigé, ayant besoin d'aide, d'encouragement et de secours.

Toutefois, la Loi de la protection de la jeunesse va beaucoup plus loin. En effet, en plus de vouloir atteindre les nombreux enfants qui doivent chaque année passer devant le Tribunal de la jeunesse, cette loi a voulu viser un autre objectif, plus vaste, qui est d'assurer des droits à tous les enfants, qu'ils aient ou non à passer devant le

Tribunal de la jeunesse et aussi celui de protéger le nombre grandissant d'enfants psychologiquement et socialement inadaptés.

La Loi de la protection de la jeunesse offre plusieurs alternatives et la déjudiciarisation tient une place importante. Cette nouvelle loi, plus humaine et certainement plus progressiste, rappelle qu'il est possible d'amener une collaboration fructueuse des intervenants en regroupant donc autour d'une même table des policiers avec des représentants du ministère de la Justice et des délégués du ministère des Affaires sociales.

Cette loi nous oblige à modifier notre comportement, en plus d'avoir à changer des habitudes, des attitudes et même des mentalités. Comme cette loi vise avant tout à aider le jeune, elle offre tout un défi à nous, policiers, et à tous les autres intervenants, qu'ils proviennent des centres de services sociaux, des établissements du réseau des affaires sociales, des centres d'accueil, des CLSC et des organismes du milieu.

L'esprit doit demeurer. Le policier, par la force des circonstances, devient la plupart du temps un agent et un intervenant de première ligne en présence de jeunes en difficulté. Il n'y a plus à s'en convaincre, l'attitude que nous adoptons envers les jeunes à l'intérieur de nos activités professionnelles, demeure d'une extrême importance et peut faire toute la différence entre le succès et l'insuccès de ce jeune en difficulté, dans la voie vers la réhabilitation.

À chaque policier travaillant en contact constant avec des jeunes en difficulté, je rappelle la nécessité d'être plus sensible aux besoins des jeunes et à leurs problèmes, sans pour autant se considérer comme un travailleur social professionnel, un psychologue ou encore un psychiatre, mais bien comme un agent apte à offrir un service de « premiers soins » dans l'attente d'une décision pouvant relever d'un autre niveau de compétence ou dans l'attente d'un traitement professionnel approprié.

Il faudrait garder à l'esprit l'optique que visait le législateur lorsque cette loi a été conçue en fonction des jeunes en difficulté, avec un environnement qui pouvait compromettre leurs chances de développement normal ou un environnement qui ne respectait pas leurs droits. Le but de cette loi est d'encourager des interventions appropriées pour empêcher que les éléments négatifs, issus de cette situation ou de cet environnement, puissent constituer des entraves au développement du jeune.

2. LE MALADE MENTAL ET LA PERSONNE HANDICAPÉE

L'importance du rôle social exercé par les policiers se traduit non seulement par le nombre de ses interventions en ce domaine, mais aussi et surtout à cause de la nature même de ces événements. Tous les jours, les services de police reçoivent des appels de détresse provenant de gens qui souffrent physiquement ou moralement.

Parmi ceux-là se retrouvent les malades mentaux, aux prises avec une société qui leur est presque entièrement étrangère.

Mon approche peut se traduire comme le cri du cœur des policiers appelés tous les jours à transiger avec des problèmes humains aigus ; un appel de travailleurs sociaux malgré eux (étant donné que 80 pour cent de notre travail est de nature sociale) ; une prise de position de professionnels de la santé, sans diplôme officiel de l'Université, au service de gens mal pris et des plus démunis dans notre société : les malades mentaux.

Afin de mieux répondre aux diverses situations de crise dont celles pouvant impliquer le malade mental, le futur policier est appelé à participer à des exercices de simulation en relations humaines, supervisés par des psychologues, lors de son stage de formation à l'Institut de police du Québec, à Nicolet. De plus, dès son admission le nouveau policier reçoit en cours d'emploi, une abondante documentation sous la forme de directives administratives, de documents d'information touchant les connaissances juridiques et les méthodes de travail.

Le policier, à cause de sa grande disponibilité et de sa présence constante dans le milieu de la collectivité, apparaît au commun des mortels comme le dépanneur par excellence. Le propriétaire d'une maison de pension se sent-il menacé par le comportement bizarre ou irrationnel d'un de ses chambreurs ? Il fait immédiatement appel à la police.

Par conséquent, le policier constitue le premier point de contact du malade mental avec le processus pénal. Lorsque la preuve est suffisante, la réaction policière traditionnelle consiste à porter une plainte. Inutile d'imaginer le drame que doit vivre ce malade mental par l'apparition de la police dans son monde déjà perturbé, au milieu de l'hostilité, de l'agressivité et de la culpabilité.

La majorité des policiers abonde dans le sens des professionnels de la santé mentale pour dire que cette manière de procéder ne devrait pas être la règle générale. Dans les circonstances appropriées, les policiers devraient orienter l'aliéné hors du processus pénal. Pourquoi les policiers agissent-ils si souvent dans le sens contraire ? La réponse est très simple : une mauvaise définition du pouvoir légal des policiers face au malade mental et le manque occasionnel de disponibilité des centres hospitaliers pour accueillir les cas psychiatriques.

Le pouvoir légal du policier face au malade mental. Le policier n'a pas le pouvoir légal de priver une personne de sa liberté sans avoir des motifs raisonnables et probables de le faire. Tout écart à cette règle peut rendre le policier passible de poursuite civile et même criminelle.

Sauf le cas où un agent de la paix peut exécuter une ordonnance pour examen psychiatrique ou pour envoi en cure fermée, la Loi de protection du malade mental ne prévoit pas de pouvoir permettant aux policiers de se saisir de force d'une personne dont l'état mental en fait un danger pour elle-même ou les autres, et de la conduire à l'hôpital.

Par contre, lorsque le policier décide de conduire telle personne dans un centre hospitalier, il le fait comme s'il était en face d'une personne blessée ou malade. Il doit donc présumer du consentement tacite du malade s'il est impossible de communiquer avec lui étant donné son état mental.

À cause du silence de la loi à ce sujet, s'il n'y a pas urgence ou si l'individu n'est pas engagé dans le processus judiciaire, nous encourageons le personnel à ne pas intervenir et à communiquer avec la famille ou avec une autre personne responsable qui pourra s'occuper du malade.

Pour éviter cet imbroglio, la loi devrait être claire de manière à guider le policier et à le protéger au point de vue légal à la suite de toute intervention auprès du malade présumément mental. Ainsi avant de priver un malade mental de sa liberté pour le diriger directement vers un centre hospitalier, il devrait, selon cette loi, être en mesure de faire la démonstration devant les autorités compétentes des « *motifs raisonnables et probables* » qui ont justifié un tel geste.

De plus, cette hospitalisation obligatoire devrait être entérinée par un comité mixte formé de représentants du monde médical et du milieu judiciaire pour contrecarrer toute possibilité de décision arbitraire de la part du policier.

Laissez-moi vous dire qu'avec une telle procédure, le policier se sentirait dans une situation beaucoup plus confortable pour agir et ce, sans entorse à la loi, à l'avantage du malade mental et du respect de ses droits fondamentaux.

Fait à souligner, parmi les patients qui demandent l'aide des agents de la paix, 8,3 pour cent sont habituellement des individus délirants qui recherchent une protection contre les agresseurs possibles. Il y a aussi des malades chroniques, d'anciens pensionnaires d'hôpitaux psychiatriques qui ne retrouvent plus leur domicile ou qui manquent temporairement d'argent pour se nourrir ou se loger et qui demandent d'être reconduits à l'institution plutôt que d'être dirigés au centre de détention.

La disponibilité des centres hospitaliers au malade mental. Les instructions transmises au personnel du Service de police de la Communauté urbaine de Montréal sont les suivantes:

Chaque fois qu'un policier est en présence d'une personne qui manifeste des troubles d'ordre mental susceptibles de mettre en danger la santé ou la sécurité de cette personne ou celles d'autrui, il conduit cette personne au centre hospitalier de la zone concernée et il en confie la garde au directeur des services professionnels ou à la personne responsable à l'urgence.

Malheureusement, il arrive trop fréquemment que les hôpitaux refusent d'accepter un malade mental sous toutes sortes de prétextes et ce, surtout sur les relèves du soir et de la nuit ainsi que durant les fins de semaine.

Imaginons un instant, une équipe de policiers qui réussit, avec difficulté, à faire monter un malade mental à bord de l'auto de patrouille à destination du centre hospitalier de la zone. Sur les lieux, s'il arrive que le patient soit refusé, le malade devra de nouveau être ramené avec plus ou moins de facilité à l'auto pour finalement aboutir au poste de police.

Il s'agit de vivre quelques voyages infructueux de ce genre pour décourager facilement certains policiers qui préféreront, par la suite, conduire le malade mental vers les cellules du poste de police de préférence au centre hospitalier.

Sans faire le procès de qui que ce soit, nous devons tout de même alerter les professionnels de la santé mentale et particulièrement les preneurs de décisions afin qu'ils réagissent face à cette situation anachronique.

En théorie, les centres hospitaliers ont l'obligation d'accepter les malades mentaux qui leur sont envoyés, mais faute d'espace, de ressources humaines et professionnelles disponibles, le refus est souvent de circonstance.

Parmi les patients conduits au centre de détention, 19 pour cent des sujets sont arrêtés à leur résidence. On constate alors que la Loi de la protection du malade mental n'est pas appliquée dans tous les cas.

En effet, les familles sont placées souvent dans des situations extrêmes et leur appel à la police s'effectue après avoir essuyé des refus d'assistance en s'adressant aux services sociaux et aux hôpitaux. Cela peut expliquer que les policiers effectuant des arrestations dans les résidences inscrivent au dossier des charges comme menaces, voies de faits, etc., pour lesquelles le prévenu doit comparaître.

Selon une étude, 16 pour cent des patients sont arrêtés pour avoir troublé la paix publique, 67 pour cent répondent à des infractions à des règlements municipaux pour totaliser 83 pour cent de l'ensemble des personnes conduites à des centres de détention pour des délits qualifiés de « mineurs ».

L'expérience a démontré que le policier effectuant l'arrestation a dépisté à bon escient, dans 54 pour cent des cas, le trouble psychique sévère nécessitant un traitement d'urgence. N'aurait-il pas mieux valu alors que ce malade mental soit conduit à l'urgence, au même titre que tout malade en situation d'urgence trouvé dans la rue ?

Nous sommes conscients que les cellules ne sont pas un endroit thérapeutique pour un malade psychiatrique, mais comme il n'y a pas d'autre endroit, les policiers héritent de ces cas malgré eux.

Le policier fréquemment mis en situation de protéger de si grands malades, devrait, à l'avenir, avoir la possibilité de se présenter aux urgences des centres hospitaliers et d'y être reçu par le corps médical afin qu'une aide thérapeutique immédiate soit prodiguée à l'individu identifié par lui comme malade mental.

Quand une personne se trouve incapable de fonctionner de façon adéquate dans son milieu immédiat, familial, social ou de travail et que son état critique aigu nécessite une intervention immédiate, pourquoi laisser au seul policier la responsabilité de s'occuper du malade mental qui dérange l'ordre établi ou qui perturbe son milieu ambiant ?

La décision de porter plainte contre un individu présumément atteint de déséquilibre mental constitue une lourde responsabilité et il conviendrait à cet égard de venir en aide à la police.

La discrétion du policier en matière d'inculpation et l'existence de lois lui permettant de confier un malade mental à un hôpital sans procéder à son arrestation ne suffisent pas à assurer le succès de la déjudiciarisation policière.

Il faut entraîner le policier à reconnaître et à régler le cas du délinquant mental, à connaître les ressources de la communauté qui sont accessibles et, dans les cas marginaux, à encourager les parties à trouver un terrain d'entente axé sur la communauté.

Il devrait également exister des procédures simples, expéditives, élaborées de concert avec les centres hospitaliers et les services psychiatriques locaux, qui viseraient à aider la police et les autres intéressés à obtenir les services médicaux nécessaires.

3. LA PRÉVENTION DU CRIME

Les statistiques criminelles ne donnent pas toute l'ampleur et la complexité du problème de la criminalité. Il y a d'abord le « chiffre noir » de la criminalité, cette zone dans laquelle est plongée la criminalité impunie, tout ce qui excède la criminalité « légale » ou la criminalité non repérée.

Cette zone échappe évidemment à la statistique. Certains en ont tiré la conclusion apparemment logique de mettre en doute la valeur scientifique de certaines statistiques criminelles à cause du caractère non représentatif de la population criminelle connue : « quand la police lance son filet, écrit notamment le professeur Leaute, ce ne sont pas les petits poissons, mais au contraire les plus gros qui échappent. »

Ce qui paraît inquiétant cependant, c'est que l'écart entre la criminalité réelle et la criminalité apparente devient de jour en jour plus important. Il en est de même de l'écart entre la criminalité apparente connue de l'autorité et la criminalité légale suivie d'une condamnation définitive. En ce qui concerne l'écart entre la criminalité apparente et la criminalité légale, nous disposons cependant de données numériques précises.

Devant ce phénomène de la délinquance cachée, deux questions me viennent à l'esprit :

1. Psychologiquement, la dénonciation est-elle toujours possible ?

2. Socialement, cette dénonciation est-elle toujours souhaitable ?

C'est pourquoi, chaque année, des milliers de citoyens subissent directement les effets du crime, des milliers de citoyens vivent de peur et de crainte après avoir été victimes d'un acte criminel. Cette situation affecte ainsi la qualité de la vie dans notre milieu.

Mais cette peur n'est pas le propre des citoyens vivant dans les grands centres urbains. En effet, de nombreuses personnes ayant déserté, il y a quelques années, les grandes villes pour aller vivre en paix dans les banlieues ou dans les petits villages réalisent maintenant que la criminalité s'est aussi développée de façon dramatique au cours des dernières années. Personne n'est plus complètement protégé et aucun endroit n'est entièrement exempté de cet envahissement de la criminalité.

En conséquence, combien de citoyens s'enferment à clef, à double tour, dans leur résidence et dans leur appartement ou ne sortent plus de leur domicile à la tombée du jour ou encore refusent d'aller dans les magasins du centre-ville par crainte d'être assaillis à leur retour ? Toutes ces personnes sont autant de victimes de cette hantise du crime qui pourtant ne sont pas comptabilisées et n'apparaissent jamais dans les données statistiques officielles publiées par les divers services policiers.

Police préventive et prévention du crime. Avant d'aborder plus à fond cet exposé, quelques questions s'imposent pour préciser ce que nous entendons par « police préventive », par « prévention du crime » et finalement nous demander ce qu'est un « crime ».

La « police préventive », pour les fins de cet exposé, est un ensemble de principes et de concepts relatifs à la prestation de services de police aux citoyens en vue de lutter contre le crime et d'assurer l'ordre public dans la collectivité.

La « prévention du crime » se définit généralement dans les milieux policiers comme « le fait de prévoir, de repérer et d'évaluer un risque criminel et de prendre des mesures pour le supprimer ou le réduire ». Il est évident que cette définition ne se limite pas à l'activité policière, ni même aux activités intéressant les services de police, mais elle englobe aussi toute activité dont le but est de prévoir et de repérer le risque criminel et de prendre des mesures pour le contrôler.

Qu'est-ce que nous entendons maintenant par un *crime* ? Un crime, selon sa définition juridique, est un comportement humain punissable en vertu d'une loi pénale. Effectivement, tel comportement est considéré comme un crime par tel législateur et non tel autre, sous l'influence de telles conceptions politiques.

Cependant, *le concept légal recouvre une réalité humaine et sociale qui, en tant que phénomène, est antérieure à la loi et, en principe, la motive.*

Au cours de cet exposé, nous ferons particulièrement référence aux crimes énumérés dans la déclaration uniforme de la criminalité, telle que publiée par Statistique Canada, à savoir le meurtre, le viol, le vol à main armée, les voies de fait grave, le cambriolage, le vol et le vol d'auto.

En bref, ce sont des crimes où les citoyens se sentent les plus concernés et les plus touchés, crimes qui ont un impact immédiat et marquant dans la collectivité. D'où la nécessité d'apporter toute notre attention par des mesures préventives.

Mais pour qu'il y ait crime, le délinquant en puissance doit être en présence de deux conditions : *le désir* et *l'occasion*. La prévention du crime comporte donc deux aspects : éliminer d'une part le désir et d'autre part, l'occasion.

Éliminer le désir nécessite un effort à long terme, dont les racines remontent au-delà des conditions économiques et sociales de notre société de consommation.

Il est évident que la police, comme institution démocratique, n'est pas habilitée et ne serait pas autorisée par la loi à changer la société, ni à modifier le mode de penser et le style de vie des citoyens.

La police, pas plus que le système global de la justice, n'est un instrument efficace pour accomplir cette tâche et faire disparaître ce désir de commettre un crime. En d'autres mots, un programme de prévention du crime peut affecter le comportement criminel d'un individu mais non la motivation criminelle.

Devant son impuissance, la police doit donc concentrer ses efforts à éliminer les occasions aux délinquants éventuels de commettre des crimes.

Ces efforts peuvent être interprétés par certains comme des mesures « réactives » et par d'autres comme des mesures « préventives », mesures qui n'ont comme objectif que de multiplier les obstacles pour empêcher des actes criminels d'être perpétrés.

Comme dirigeants de service de police, nous nous devons de prendre l'offensive ; ne sommes-nous pas des spécialistes de la sécurité publique ? D'où notre devoir d'être les instigateurs dans ce domaine et d'ouvrir la porte à la coopération en dispensant les informations et en encourageant la participation de tous les milieux de notre collectivité.

Évolution de la police et de la société. Trop souvent, les administrateurs de police, une fois rendus au sommet de la pyramide, ne font que ce qu'ils faisaient à d'autres niveaux de leur organisation. Ils ne s'attaquent pas à l'essentiel par la rationalisation des choix budgétaires et de leurs divers programmes pour atteindre de façon la plus rentable possible les objectifs de l'organisation.

Il est évident qu'il faut réexaminer les objectifs de la police en tenant compte de cette réalité sociale et économique d'un système qui se partage entre le bien-être de la société et le bien-être de l'individu.

Des événements récents doivent être interprétés comme des avertissements importants aux dirigeants des services de police lorsque nous nous arrêtons à la proposition 13, adoptée il y a quelques années en Californie.

En effet, par cette proposition, les contribuables refusent de laisser les dépenses gouvernementales continuer à monter en flèche. Ce message s'est rapidement répandu comme une traînée de poudre aux États-Unis.

Il ne fait aucun doute que cette proposition est aussi très sérieusement prise en considération par les hommes politiques au Canada et au Québec.

Une autre observation importante réside dans le fait que le taux de la criminalité, surtout celui touchant les vols et les cambriolages, augmente à un rythme plus rapide que l'accroissement de la population et que, d'un autre côté, le taux de solution, particulièrement pour les crimes contre la propriété, demeure stable ou diminue constamment.

Finalement, le coût des services de police progresse, malgré un effort de rationalisation et de contrôle et l'on constate que les budgets des services policiers augmentent plus rapidement en comparaison des autres services municipaux.

Encore faut-il que la police puisse faire face à l'inflation criminelle. Les transformations économiques et techniques, l'urbanisation et la modification des mentalités criminelles augmentent considérablement et diversifient les objectifs de la délinquance. De leur côté, les forces de l'ordre ne peuvent accroître leurs effectifs dans des proportions correspondantes à ces changements sociaux, à cette inflation criminelle sans tenir compte de la capacité de payer des contribuables.

Ainsi donc, la décroissance des ressources policières et la croissance constante de la criminalité constituent la réalité avec laquelle doivent composer les dirigeants des services de police. Cette réalité met en évidence l'urgence de rationaliser et de repenser nos services aux citoyens et d'être particulièrement innovateurs dans le domaine de la prévention du crime.

Un recul historique nous rappelle que la société québécoise, il n'y a pas tellement d'années, était plutôt rurale, que les moyens de transport étaient rudimentaires et que les gens demeuraient et vivaient la plus grande partie de leur vie dans leur village ; de même le temps d'une journée était partagée exclusivement ou presque entre gagner sa vie et élever sa famille.

Les personnes n'étaient pas riches et ne vivaient pas, pour la plupart, dans l'abondance. Les crimes, particulièrement ceux contre la propriété, étaient plus rares. Les gens, généralement peu instruits et ignorants de leurs droits, avaient l'habitude de faire appel à la police pour tout genre d'incidents susceptibles de leur causer des embarras. Les relations entre citoyens et policiers étaient alors proches et directes ; de même en était-il avec le policier du quartier ou du village, qui personnifiait d'une certaine façon la justice et l'ordre.

Avec le développement de moyens de communication et de transport plus rapides, la police a amélioré sa capacité d'intervention pour en faire, dans le contexte nord-américain et particulièrement chez nous, un « service à domicile », contrairement aux pratiques policières existantes en Europe où la police ne répond qu'à des urgences.

Le public est devenu très exigeant et le nombre d'appels reçus par les grands services de police croît de façon effarante.

Mais ce genre de service aux citoyens et cette attente que nous avons créée auprès du public exigent que des ressources considérables soient toujours mises à la disposition des policiers pour s'assurer que les demandes soient acheminées rapidement et qu'on y réponde avec célérité et courtoisie. Cette croissance des besoins de services policiers requiert donc de plus en plus de ressources supplémentaires si nous voulons réussir à offrir ces mêmes services en plus grand nombre et, si possible, plus rapidement.

Il nous faut donc examiner ce phénomène à la lumière de nos objectifs fondamentaux, de nos priorités et des solutions de rechange qui pourraient s'offrir. Au prix que les citoyens paient pour leur sécurité, il faudrait qu'ils en aient le plus possible pour leur argent. Il faut donc mettre de l'avant de nouveaux programmes de prévention et intensifier avec plus d'enthousiasme ceux que nous avons déjà tenté d'implanter par le passé.

Comment envisager la prévention du crime.

1. *Approche traditionnelle.* Par l'approche traditionnelle de la prévention du crime, nos recommandations se limitent habituellement au plan physique et se situent à l'intérieur de quatre « lignes de défense » que nous connaissons déjà ; ce sont :

▪ la barrière périmétrique par des clôtures, un système d'éclairage ;

▪ les entrées et les sorties par la protection des portes, des fenêtres et autres accès comme les puits de lumière, les entrées de service de l'électricité, du gaz naturel, des égouts, etc. ;

▪ la protection des biens au moyen de l'opération Volcan ou Protek, les inventaires des biens de valeur, etc. ;

▪ la protection des biens à l'intérieur au moyen de systèmes d'alarme, de coffres-forts, etc.

À la différence de la répression, qui s'applique selon des procédures très strictes, il n'existe, en matière de prévention, aucune vraie méthode, aucun plan rigide.

La prévention peut s'exercer à l'égard de certaines catégories d'infractions, à l'égard de certaines catégories d'individus ou à l'égard de la société globale.

Les exemples sont suffisamment nombreux dans l'activité des services de police pour démontrer que l'action préventive procède plus d'un état d'esprit que d'un particularisme des moyens.

Une politique de dialogue et d'information doit donc être développée avec tous les milieux en faveur d'une action socio-éducative.

Par la prévention, non seulement nous aidons le citoyen, mais le service de police est le premier servi, patrouilleurs et enquêteurs doivent en être les premiers convaincus.

Réalisons un seul instant le temps incalculable que nous pourrions épargner par l'éducation du citoyen à la prévention du crime, en nous évitant tout le processus entraîné suite à la constatation d'un seul acte criminel (à partir de la rédaction du rapport de constat jusqu'au témoignage devant les tribunaux, sans mettre de côté la recherche de témoins, d'indices et toutes les autres phases de l'enquête).

2. *Approche globale.* L'approche vers la prévention du crime doit être beaucoup plus globale et faire appel non seulement à toute la panoplie des moyens de protection dans le domaine de la « quincaillerie », mais recourir aussi aux ressources que je pourrais décrire en termes de planification sociale, de coordination et d'éducation.

Sous cette approche globale de la prévention du crime apparaissent quatre niveaux possibles portant sur :

▪ la sécurité physique de l'environnement urbain, des édifices à appartements, des résidences, des voies publiques, des parcs publics, des terminus, etc. ;

▪ la sécurité physique entourant les accès ;

▪ les programmes de planification et d'éducation à l'intention des victimes en puissance ;

▪ la coordination avec les ressources communautaires.

Premier niveau : sécurité de l'environnement urbain. La sécurité physique des édifices et des espaces de loisirs pourrait être améliorée par le réagencement des espaces, par les moyens de transport en commun, par l'utilisation des parcs municipaux et autres endroits accessibles au public.

Ainsi, dans certaines villes, les autorités municipales ont développé des programmes audacieux de revalorisation de zones industrielles, de revitalisation de rues commerciales et de renaissance de quartiers résidentiels et de parcs en centres commerciaux, en rues piétonnières et en parcs de divertissement, afin d'encourager les citoyens à fréquenter ces milieux sans crainte, le soir. Cette approche a surtout comme objectif de créer dans ces villes un milieu de vie à la fois dynamique et humain en impliquant au maximum les citoyens, les marchands et tout le voisinage.

Deuxième niveau : sécurité physique des accès. La sécurité physique des édifices commence par la protection des accès, portes et fenêtres, et l'amélioration de la qualité des systèmes de fermeture. Au même titre qu'il existe des règlements de la construction exigeant des normes minimales de protection contre les incendies, il devrait exister, dans les codes de la construction, des prescriptions qui exigeraient de la part des entrepreneurs l'obligation de protéger de façon adéquate les nouvelles constructions et les édifices en rénovation au moyen de serrures éprouvées et d'équipement de protection efficace, particulièrement dans les institutions bancaires.

Il est évident que les codes de sécurité constitueraient un pas vers la prévention du crime par des moyens physiques et mécaniques. Mais, pour que ces codes aient une valeur, ils devront être mis en force par un personnel compétent en la matière et apte à dispenser conseils et assistance. De plus, comme mesures incitatives, l'application de ces règles de prévention du crime devraient avoir une incidence directe sur les primes d'assurance.

Troisième niveau : planification et éducation. Le troisième niveau fait appel à la planification sociale et aux programmes d'éducation à l'intention des victimes en puissance. Cette approche encourage une implication de la communauté ou du milieu dans le contrôle du crime. Les exemples sont nombreux à travers le Québec, où des citoyens ont été initiés aux diverses procédures propres à la prévention du crime. Entre autres, pensons aux programmes de parents-secours, de protection du voisinage et de protection des personnes âgées, qui sont autant de programmes initiés par les autorités policières.

Le succès de ces programmes repose uniquement sur le volontariat et la collaboration des gens. Les personnes doivent bien comprendre le problème de la criminalité et accepter les solutions proposées. Non seulement la police doit s'impliquer dans ce mouvement d'éducation et de prévention mais aussi les autorités municipales et les organismes sociaux doivent suivre le mouvement dans la formation et l'éducation de ces volontaires. J'irais plus loin en insistant sur l'implication sociale des diverses commissions scolaires et des maisons d'enseignement à mettre de l'avant des cours sur la prévention du crime au niveau de l'éducation permanente.

Quatrième niveau : coordination. La prévention du crime sera davantage assurée grâce à une planification sociale et physique et à une coordination avec les autres services municipaux et les ressources communautaires du milieu. Ainsi les urbanistes, les administrateurs municipaux de concert avec les spécialistes en prévention du crime doivent joindre leurs efforts et considérer l'aspect sociologique de l'environnement en fonction des conditions de la criminalité. L'administration moderne de la police ne peut exister en vase clos sans tenir compte de l'environnement social et urbain et sans compter sur une participation et sur une contribution réciproques entre citoyens et policiers.

Un projet conjoint. La prévention du crime doit donc devenir un projet conjoint entre policiers, administrateurs municipaux et citoyens, en vue de l'identification des zones cibles et de la sensibilisation des citoyens aux diverses méthodes de prévention.

La police, sans cet appui du public et de l'administration municipale, est limitée dans le contrôle de la criminalité. D'autant plus que la menace constante de crise financière au niveau de plusieurs municipalités rend improbables l'engagement d'un plus grand nombre de policiers et l'achat massif d'équipement.

La planification, l'éducation et la coordination sont essentielles si nous voulons apporter des changements dans la mentalité des gens. Cependant, pour qu'un programme de prévention ait du succès, il faut non seulement compter sur l'appui et la compréhension des autorités municipales, mais il faut aussi que les dirigeants policiers soient ouverts à des programmes innovateurs susceptibles de rencontrer les besoins changeants de notre société contemporaine.

L'efficacité de la police préventive repose sur les trois postulats suivants : le rapprochement du policier avec la collectivité pour laquelle il travaille ; une meilleure coordination et une meilleure collaboration entre les composantes du système de justice pénale ; et finalement la nécessité pour les administrateurs policiers de modifier leur style de gestion afin de mieux utiliser les ressources humaines et policières.

Nous avons des policiers mieux sélectionnés, mieux formés, mieux équipés et mieux payés que jamais auparavant. Cependant, nous sommes loin de sortir vainqueurs de notre lutte contre le crime.

Comme administrateurs policiers, nous devons prendre conscience du fait que les techniques traditionnelles centrées presque exclusivement sur l'enquête et l'arrestation sont loin d'avoir démontré qu'elles pouvaient améliorer la qualité de la vie dans notre milieu.

La police préventive pourrait se résumer par cette pensée : « le critère de l'efficacité policière est l'absence de crimes et de troubles et non pas la manifestation de l'action policière qui viserait à réprimer ces crimes et ces troubles. »

IV

En service :
la vie quotidienne

I. LA PATROUILLE ET L'ENQUÊTE CRIMINELLE

Situation présente. Les opérations policières comprennent, par tradition, la patrouille et l'enquête criminelle. Historiquement, la patrouille est chargée de l'aspect préventif en maintenant une présence policière constante à l'intérieur d'un territoire défini. Lorsque les patrouilleurs n'ont pas réussi à empêcher l'exécution d'un crime ou à intercepter le criminel, le cas est alors référé aux enquêteurs pour identification et arrestation du suspect.

1. *La patrouille.* Le travail de patrouille, généralement confié à des policiers en uniforme, offre le plus grand nombre de contacts avec la population. Il y a 80 pour cent des effectifs policiers affectés à cette tâche, lesquels répondent à des appels de service dont la très grande majorité n'ont aucunement trait à une affaire criminelle proprement dite.

Une présence, un moyen d'observer et une surveillance, telle est la patrouille. Ainsi, le patrouilleur porte attention aux personnes, aux biens ou aux incidents de son secteur ; il suit le déplacement des personnes et les activités de la population.

L'action du patrouilleur se déroule principalement sur la voie publique et dans les endroits facilement accessibles. La criminalité dans les édifices publics, dans les édifices en hauteur et dans la ville souterraine des nouvelles agglomérations urbaines échappe pour une bonne partie au patrouilleur et son intervention dans ces endroits ne répond qu'à la suite d'une demande ou d'une exigence spécifique.

Quoique nous soyons tous convaincus que la patrouille constitue l'armature principale d'un corps de police, son importance et son rôle sont parfois méconnus.

Un grand nombre d'arrestations de criminels sont exécutées par le patrouilleur. On lui est redevable à bien des égards de la prévention du crime. Cependant, le patrouilleur méconnaît lui-même le rôle important qu'il joue à l'intérieur de l'organisation policière. Le manque de leadership de certains officiers fait que, dans un grand nombre de cas, on ne profite pas du moment des changements de relève pour indiquer aux patrouilleurs les objectifs qu'ils doivent atteindre et les tâches précises à accomplir.

Il s'ensuit que le patrouilleur, mal renseigné sur les objectifs, développe une attitude passive et se contente de parcourir son secteur au lieu d'agir comme un observateur vigilant chargé de la prévention de la criminalité. Il risque alors de tomber dans une attitude de réaction aux événements, comme le fait le chauffeur de taxi qui répond aux appels des clients. Il adopte donc une attitude routinière et désabusée dans son travail, d'autant plus qu'il est constamment bousculé par les appels qui lui parviennent. Il est à rappeler que le pire ennemi du policier n'est pas le criminel, mais la routine.

La communication fait souvent défaut entre le patrouilleur et l'enquêteur. Ainsi, le patrouilleur n'est pas toujours sollicité pour fournir des informations, pour apporter des suggestions pratiques susceptibles de contribuer au succès des enquêtes criminelles.

2. *Les enquêtes criminelles.* Dans les services de police municipale, les enquêtes criminelles sont effectuées par des sections d'enquêteurs. Selon l'importance du service policier, ces sections se subdivisent en sous-sections spécialisées dans la détection de crimes particuliers comme les activités frauduleuses, les homicides, les vols qualifiés, l'incendie criminel et les délits relevant des mœurs et drogues.

Comme il n'y a pas d'indices de priorités clairement établis selon la gravité et l'importance des enquêtes, les enquêteurs sont ensevelis sous le flot des nouvelles affaires, parviennent difficilement à répondre à la demande. Comme conséquence, malgré toute la bonne volonté du monde, le taux de détection des crimes demeure à un niveau peu élevé.

Les qualités que l'on exige d'un enquêteur sont nombreuses et il doit posséder à un rare degré des talents de psychologue et une vaste expérience pratique qui ne s'acquiert pas uniquement par la théorie. Pour que les enquêtes se terminent favorablement, il faut des contacts et des échanges constants entre patrouilleurs et enquêteurs et entre enquêteurs et les spécialistes de la police technique et scientifique et aussi avec les procureurs chargés de présenter la preuve devant les tribunaux.

C'est en 1975, lors de la publication du rapport de la Rand Corporation, que la fonction propre à l'enquête criminelle a été sérieusement remise en question. Cette étude, effectuée auprès de vingt-cinq services policiers aux États-Unis, a fait la démonstration que le travail poursuivi au niveau des enquêtes criminelles devait être complètement repensé. De cette enquête, commanditée par le U.S. Department of Justice, relevons quelques conclusions qui ne peuvent laisser indifférent aucun administrateur policier, par exemple :

▪ plus de la moitié des crimes majeurs ne reçoivent qu'une attention superficielle de la part des enquêteurs ;

▪ les enquêteurs consacrent une grande partie de leur temps à reprendre des interventions déjà faites par les patrouilleurs ;

▪ le temps employé par les enquêteurs consiste surtout à réviser des rapports, à compléter des dossiers et à tenter de rejoindre des victimes pour les interviewer dans des causes où les probabilités de solution sont à peu près nulles ;

▪ le facteur le plus déterminant pour résoudre un crime est l'information transmise par la victime au patrouilleur, qui se rend immédiatement sur les lieux d'un appel ;

▪ dans les cas résolus, alors que l'auteur n'avait pas été identifié au moment où le rapport de police a été rédigé, la solution est presque toujours le résultat d'une enquête policière de routine ;

▪ selon les auteurs de l'étude, la moitié du travail des détectives pourrait être orientée vers des tâches plus utiles et plus productives.

Le domaine des enquêtes criminelles représente un des secteurs les plus attachés à la tradition. Si les policiers paraissent anxieux face au changement, ce n'est pas qu'ils craignent de perdre leur statut ou leur liberté d'action. Leur résistance résulte plutôt de la difficulté d'accepter une redéfinition de leur rôle comme enquêteur.

C'est un domaine où les administrateurs doivent être patients, étant donné que les changements dans le domaine des enquêtes criminelles vont devoir s'opérer à un rythme plus lent que dans les autres départements d'un service de police. Ces changements pourront être réalisés à un rythme raisonnable, mais constant, sous la forme de partages des responsabilités et des enquêtes entre les enquêteurs des sections spécialisées et les enquêteurs œuvrant dans les districts, ou entre les enquêteurs et les patrouilleurs, ou par la décentralisation partielle ou totale des sections d'enquêtes spécialisées, par l'accroissement et l'enrichissement des tâches des patrouilleurs et par un support administratif et technique basé sur la technologie contemporaine.

3. *L'organisation policière*. Les premiers efforts de professionnalisme des services policiers remontent aux années 1940 et 1950, avec une structure organisationnelle inspirée des principes militaires. À la fin de la dernière guerre mondiale et de la guerre de Corée, la principale source de recrutement des corps de police provenait presque exclusivement de personnel qui avait servi dans les Forces armées. À cette époque la discipline avait tout son poids, de même que les directives et les contrôles internes.

L'application de la loi et le maintien de l'ordre *(Law and order)* étaient la règle de conduite. Les objectifs visés par les administrateurs policiers étaient peu orientés vers les besoins et les aspirations de la collectivité. Bref, à cette époque, on pouvait dire, en somme, que la police était au service de la police.

Cette attitude explique partiellement les difficultés qu'éprouvaient les policiers dans les années 1960, lors de la période intense d'agitation sociale que nous avons connue. Un fossé existait entre la génération contestataire et les policiers : Le Québec n'a pas eu ses « Jours de mai », mais certaines manifestations auraient pu prendre, à l'occasion, une tournure dangereuse si l'on avait eu à déplorer une action intempestive de la part d'un policier.

Acceptée à l'époque comme étant la forme d'organisation par excellence des services policiers, la structure paramilitaire est, depuis ces dernières années, remise en question. N'oublions pas que la police a connu des changements marqués au cours des quarante dernières années. À une époque, autour des années 1940, la majorité des policiers étaient de faction à pied sur les rues principales. Les années d'après-guerre nous ont amené des contingents de militaires dans les services.

Dorénavant, les services policiers qui se considèrent comme progressifs s'inspirent des systèmes « ouverts » d'administration qui réussissent si bien dans le secteur privé.

La structure paramilitaire à communication unilatérale, le manque de préparation ou encore l'absence de leadership de certains administrateurs policiers a eu comme conséquence d'entraîner l'émergence d'une nouvelle forme de leadership dans les organisations policières, soit le leadership syndical.

Ce leadership, comme vous le savez, est de plus en plus actif et présent depuis les quinze dernières années. Il n'y a pas à s'en surprendre. Le policier qui se sentait isolé de la société, il y a quelques années, a réalisé qu'il avait des droits et qu'il faisait partie à part entière de celle-ci. Il était donc logique qu'il suive, lui aussi, l'évolution que nous ressentions partout dans notre milieu. Il s'inspirait d'ailleurs du mouvement général des travailleurs vers la syndicalisation des divers milieux de travail, y compris les banques.

Maintenant que les premiers besoins de l'échelle de Maslow sont comblés en termes de salaire, de bénéfices sociaux et de conditions matérielles de travail, ils sont prêts à franchir l'étape suivante, qui consiste à accomplir des tâches qui leur donneront une plus grande satisfaction et une pleine réalisation de soi.

À partir de cette analyse de la situation présente, quelles sont les perspectives d'avenir des services policiers en rapport avec la patrouille, les enquêtes criminelles, les relations avec les citoyens et l'organisation policière en général ?

Perspectives d'avenir.

1. *Revalorisation de la patrouille.* Traditionnellement, les policiers sur la patrouille sont répartis dans des secteurs géographiques définis. La moitié de leur temps est consacrée à répondre aux appels de service des citoyens et l'autre moitié à exécuter des tâches administratives variées, à effectuer des vérifications de prévention. On pourrait dire que la première partie du temps est commandée et que la seconde est laissée à l'initiative du patrouilleur ou tout simplement au hasard des événements.

La possibilité de revaloriser la patrouille se situe au niveau de la partie du temps non commandée, laissée au hasard et à l'initiative du patrouilleur. En développant une patrouille préventive planifiée, en mettant des stratégies de patrouille basées sur la gestion du temps, le filtrage des appels pour des demandes de service non urgentes, et une plus grande implication avec les gens du milieu, voilà des domaines ouverts à l'exploration et à l'expérimentation susceptibles de revaloriser la patrouille.

2. *Réévaluation de l'enquête criminelle.* Les études entreprises au cours des dernières années, et particulièrement celles de la Rand Corporation, précisent que les principes de l'administration moderne devraient être appliqués à l'enquête criminelle, à partir des énoncés suivants :

- Une emphase accrue devra être apportée à la qualité de l'enquête initiale ou préliminaire sur la scène de crime. Reconnaître le rôle important du patrouilleur qui répond le premier à l'appel pour recueillir l'information nécessaire à la solution du crime.
- Une plus grande décentralisation du personnel des enquêtes criminelles sera nécessaire afin d'impliquer au maximum tout le personnel et rapprocher les enquêteurs spécialisés des patrouilleurs.
- Développer des indices de priorité pour arriver à choisir les enquêtes qui offriront le plus de chances de solution.
- Une supervision devra tenir compte du contrôle de la qualité du travail accompli par les enquêteurs.

Toutes ces propositions visent avant tout à rétablir l'équipe indispensable qui aurait dû toujours exister entre l'enquêteur et le patrouilleur.

Il faut convertir le rôle du patrouilleur, de simple rédacteur de constats qu'il était, en un rôle actif dans l'enquête initiale sur la scène d'un crime. Pour être efficace, le travail policier doit être un travail d'équipe et tous doivent être impliqués, patrouilleurs comme enquêteurs.

2. ÉCHEC AU CRIME

Dans la plupart des villes canadiennes, le taux de criminalité (particulièrement celui des vols et des cambriolages) a augmenté à un rythme plus rapide que l'accroissement de la population.

Quant au taux de solution, surtout pour les crimes contre la propriété, nous constatons qu'il a diminué dans plusieurs de nos districts policiers au cours des dernières années.

Bien que nous fassions de sérieux efforts en termes de rationalisation des coûts budgétaires, il n'en demeure pas moins que le coût de notre Service de police progresse constamment malgré nos démarches, au désespoir des dirigeants et surtout des contribuables. En tenant compte du taux d'inflation, les coûts policiers par arrestation, par crime et par heure-homme de patrouille augmentent constamment et parfois plus rapidement que les coûts imputables aux autres services municipaux.

Il faudra mettre de l'avant de nouveaux programmes de prévention et intensifier avec plus de conviction ceux que nous avons déjà implantés. Je pense, à ce chapitre, aux programmes suivants :

- programme de protection du voisinage ;
- programme de protection des enfants (Parents-Secours) ;
- programme d'identification des biens ;
- programme de vérification de sécurité des commerces et des banques ;
- programme de réduction des fausses alertes dans les entreprises commerciales et les institutions bancaires ;
- programme de visites de sécurité à domicile ;
- programme sur les systèmes de sécurité dans les écoles ;
- programme de protection contre les fraudes, pour les personnes âgées ;
- programme d'éducation du public sur les fraudes et la contrefaçon ;
- programme d'éducation sur la prévention des vols qualifiés ;
- programme de lutte contre les vols d'automobiles ;

- programme de lutte contre les vols de bicyclettes ;
- programme de lutte contre les vols à l'étalage.

Ces quelques programmes auront peu de succès s'ils demeurent uniquement à l'état de projet. La situation de la criminalité est telle qu'elle devrait nous faire réagir.

Pour réaliser ces programmes et atteindre tout le succès escompté, nous devrons compter sur la collaboration des citoyens pour qu'ils participent à ces programmes de prévention.

Quels sont les objectifs de ces programmes d'éducation et de relations communautaires sinon, en tout premier lieu, sensibiliser le public au rôle qu'il doit jouer dans l'application des lois, amener les gens à s'impliquer davantage dans la prévention du crime, en collaborant avec le policier et en lui fournissant appui moral et renseignements ?

Cette approche repose en effet sur l'hypothèse voulant que beaucoup de crimes ne seraient pas commis ou du moins que les coupables seraient plus facilement arrêtés, si les citoyens étaient réellement conscients des activités criminelles dans leur entourage et s'ils ressentaient une responsabilité sociale plus grande à cet égard.

Par la prévention, si nous aidons les citoyens à mieux se protéger, le service est le premier servi. Les enquêteurs aussi bien que les patrouilleurs ne devraient-ils pas être les premiers convaincus ? Réalisons un instant le temps incalculable que nous pourrions épargner en éduquant le citoyen pour prévenir le crime. Pensons au temps que nous sommes obligés de dépenser lorsqu'un crime est commis avec ce que cela entraîne, de la rédaction du rapport de constat jusqu'au témoignage devant les tribunaux, en passant par la recherche de témoins et d'indices et toutes les autres phases de l'enquête.

Étant en liaison constante avec les gens de leurs secteurs, les patrouilleurs et les enquêteurs sont, à mon avis, les meilleurs agents d'information et d'éducation ; d'ailleurs, c'est un service que les citoyens s'attendent à recevoir. Les policiers sont, en règle générale, perçus par la victime ou par le plaignant comme des personnes qualifiées et possédant une expertise dans le domaine de la prévention et de la sécurité.

Lors de leur tournée de patrouille, au cours d'une enquête ou encore dans le cadre de visites dans les foyers et dans les commerces, les policiers devraient profiter de l'occasion qui s'offre pour recommander des façons d'améliorer les techniques de protection des gens et pour discuter avec eux de diverses méthodes, simples et élémentaires, de protection contre les malfaiteurs, méthodes que le citoyen ordinaire n'imagine pas ou auxquelles il ne pense même pas.

Il est entendu, lorsque l'information exige des connaissances plus techniques et plus sophistiquées en matière de renforcement des mesures de protection, que le patrouilleur de même que l'enquêteur pourront toujours compter sur l'aide précieuse des représentants de la section de Prévention du crime.

Nous n'insisterons jamais assez pour rappeler qu'il faut, dans le secteur de la prévention, impliquer le maximum de personnes : citoyens, patrouilleurs, enquêteurs et personnel spécialisé en prévention du crime. Encore là, la prévention du crime doit devenir à la fois une affaire personnelle et, en même temps, l'affaire de tout le monde.

La gamme des interventions pour faire échec au crime pourrait se traduire par une ou plusieurs des étapes suivantes :

• sensibiliser les citoyens au problème de la criminalité dans leur entourage ;

• éduquer et encourager le public à adopter des mesures de protection de leur personne et de leur propriété ;

• impliquer des groupes sociaux et des associations, composés de jeunes et d'adultes ;

• proposer, s'il y a lieu, des recommandations en vue de l'adoption de lois ou d'amendements aux lois existantes susceptibles d'aider les citoyens à mieux se protéger et à améliorer aussi la sécurité et le bien-être publics.

L'expérience nous l'a déjà démontré : une campagne de prévention du crime appliquée de façon intensive sur une base régionale restreinte a souvent pour conséquence immédiate de provoquer un déplacement momentané de l'élément criminel vers des districts voisins. Mais nous avons aussi remarqué que cet effet de déplacement était moins évident lorsque le territoire couvert par un programme de prévention était plus vaste. C'est pourquoi, tout programme d'échec au crime doit être organisé, de façon coordonnée et conjointe, à la grandeur du territoire et devenir l'affaire de tous les districts en termes de prévention des cambriolages dans les domiciles, d'identification des biens de valeur et de sécurité personnelle des citoyens.

Pour être complet, l'échec au crime devrait couvrir les phases suivantes :

• les mesures de précaution en vue d'une meilleure protection personnelle ;

• la prévention des vols par effraction dans les domiciles ;

• la sécurité dans les commerces et les endroits d'affaires.

La première phase touche la protection de la personne et les mesures de précaution que tout individu devrait adopter de manière à diminuer les possibilités de devenir une victime facile : assaut ou voie de fait, viol, vol à main armée ou vol de sacs à main.

La prévention des vols par effraction dans les domiciles est une deuxième phase d'un programme d'échec au crime. Cette étape exige que nous expliquions aux citoyens les façons de rendre leur résidence moins accessible et moins invitante aux cambrioleurs et que nous proposions avec enthousiasme les avantages de l'Opération-Identification « Volcan ». En effet, l'identification des biens de valeur rend les objets moins intéressants pour les voleurs en puissance, en plus de devenir une menace pour le cambrioleur trouvé en possession de ces objets marqués.

Dans les districts où l'Opération-Identification a été réussie, en règle générale, les trois objectifs suivants ont pu être réalisés : la dissuasion grâce à l'identification des biens, une plus grande sécurité des citoyens et l'amélioration des relations communautaires. En outre, l'identification des biens devient un avantage supplémentaire susceptible d'aider la police et d'identifier plus facilement le propriétaire légitime lorsque des objets volés ou perdus sont retrouvés.

Une troisième phase porte sur la sécurité dans les commerces et les endroits d'affaires. *Dans le domaine des affaires, tout comme avec le public en général, l'importance de l'éducation est primordiale relativement à la sécurité et à la prévention de la criminalité* dans l'entreprise, la bijouterie, le supermarché, le centre d'informatique et ailleurs. Les hommes d'affaires et les commerçants doivent aussi se protéger et rendre leur établissement plus sûr pour éviter de devenir des cibles et des victimes faciles de cambriolages, de vols à main armée, de vandalisme, de vols à l'étalage, de chapardages et de vols de la part de leurs propres employés.

Dans le passé, là où l'opération de prévention a été réalisée avec succès, nous avons pu constater l'effort conjoint des officiers, des patrouilleurs et des enquêteurs à vouloir réellement jouer le jeu. Dans un district donné, même si vous avez le meilleur directeur, le plus efficace et le plus dévoué, je doute de ses chances de succès si le personnel ne lui apporte pas toute sa collaboration.

Les programmes de prévention du crime ne doivent pas être la préoccupation exclusive des cadres supérieurs. Elle devrait être surtout celle de tous les policiers, particulièrement celle des enquêteurs et des patrouilleurs qui sont constamment en contact avec les citoyens.

L'échec au crime sera d'autant plus concluant que nous redonnerons aux citoyens une part de cette responsabilité et que nous les impliquerons sérieusement dans ces programmes complets de prévention du crime et de renforcement des mesures de protection.

Il est important que les citoyens, non seulement soient en sécurité, mais se sentent en sécurité. Par voie de conséquence, la mise en œuvre de ces programmes de prévention du crime revalorisera la qualité de nos services de police et mettra en évidence le rôle social du policier aux yeux de la population.

3. POLICE ET SÉCURITÉ INDUSTRIELLE

Traditionnellement, la police a la responsabilité de protéger la vie et la propriété ; de maintenir l'ordre et la paix publique ; d'arrêter les criminels, de les traduire en justice et de recouvrer les biens criminellement obtenus. Les moyens utilisés pour atteindre ces objectifs peuvent varier d'un corps policier à un autre. Les méthodes de travail peuvent être différentes et les priorités ne pas être les mêmes. En effet, chaque corps policier doit tenir compte de multiples facteurs qui influencent ses choix administratifs et opérationnels. Ces facteurs s'expriment en termes de budget, d'effectif, de la formation des membres, des besoins exprimés par la population, de particularités régionales, etc. Toutefois, qu'il s'agisse d'un service de police de cinq mille, de cent, de dix hommes ou simplement d'un homme, la mission reste la même.

Points de convergence. Nous pouvons dire qu'un service de sécurité industrielle ressemble en plusieurs points à un service de police.

Tous deux ont la responsabilité de protéger la vie. Dans le cas d'un service de sécurité industrielle il pourrait s'agir d'une seule comme de plusieurs vies. Je pense aux gardes du corps, à ceux qui sont chargés de la protection d'usines ou de centres d'affaires toujours exposés à la négligence criminelle, au sabotage, voire même au terrorisme.

Tous deux ont la responsabilité de protéger la propriété. Qu'il s'agisse de grandes installations publiques, d'usines, de commerces, d'immeubles d'habitation, d'édifices publics, un service de sécurité industrielle assure une constante surveillance contre le sabotage, le vol, la fraude ou autres crimes. Il exerce alors un rôle de gardiennage, rôle qui pouvait antérieurement être confié à la police mais qui, de plus en plus, est rempli par les services de sécurité industrielle. Il est vrai de conclure, dans l'examen du parallèle, qu'un service de sécurité industrielle sera appelé à effectuer des arrestations moins souvent qu'un service de police, mais le cas se présente quand même quotidiennement, par exemple, lors de vols à l'étalage ou de vols commis par des employés.

Nous pourrions tirer les mêmes observations concernant les accusations portées devant les tribunaux et le recouvrement des biens criminellement obtenus. Ces domaines relèvent généralement du ressort de la police quoiqu'un service de sécurité industrielle ait un rôle primordial à jouer. En effet, la police compte régulièrement sur l'efficacité d'un service de sécurité industrielle pour effectuer des observations ; protéger la scène d'un crime ; sauvegarder des éléments de preuve ; traiter des suspects en conformité avec les règles entourant les procédures de Cour ; etc.

Points de divergence. Évidemment, un service de police et de sécurité ont aussi des différences.

Tous reconnaissent que la mission de la police est plus globale, plus générale.

Si les services de sécurité doivent protéger *d'une façon plus immédiate* la vie des travailleurs d'une usine, les employés d'un commerce, les résidents d'un immeuble, la police doit protéger *tous les citoyens* d'une province, d'une ville, d'une communauté et, par voie de conséquence, elle garde une part de responsabilités dans la surveillance de toutes les usines, de tous les commerces et de toutes les résidences sur le territoire. La police est appelée à faire observer des lois fédérales, provinciales et municipales. La gamme des articles de loi qu'elle doit faire respecter et des situations complexes auxquelles elle peut être exposée est infinitivement variée.

Depuis quelques années, les tâches assumées, selon la coutume, par la police font l'objet d'une réévaluation. Dans toute la mesure du possible, nous voulons nous retirer des champs d'activités que nous considérons comme étant auxiliaires à la fonction policière, soit en confiant ces tâches à du personnel civil, soit en les confiant à un service de sécurité industrielle. Considérant les coûts annuels de police au Canada, nous pouvons imaginer quels coûts astronomiques atteindraient les services policiers s'ils continuaient à assumer les tâches jugées accessoires en plus des tâches jugées essentielles. Deux conclusions se dégagent de ces constatations préliminaires.

D'une part, la police dispose de moyens fort limités pour atteindre ses objectifs. Elle doit donc, de toute nécessité, rechercher une collaboration très étroite avec les services de sécurité industrielle. D'autre part, un service de sécurité industrielle ne peut fonctionner de façon autonome. C'est en étroite coopération qu'il doit travailler avec la police pour assurer le succès de ses activités.

Je ne crois pas me tromper en disant que la police et les services de sécurité industrielle ont reconnu depuis longtemps ce besoin naturel de rapprochement et d'assistance mutuelle. En général, les relations entre les deux organismes sont excellentes. Nous en avons une preuve concrète dans le nombre imposant de policiers qu'on est venu recruter dans nos rangs en leur offrant de poursuivre leur carrière dans le domaine de la sécurité industrielle. S'il est vrai que nous avons regretté le départ de ces policiers, qui comptaient souvent parmi nos meilleurs éléments, nous nous sommes réjouis du fait que leur vaste expérience allait être largement mise à profit par les travailleurs, les commerçants, les industriels et ce, dans le meilleur intérêt de la collectivité.

En pratique, la police continue de patrouiller les environs des lieux commerciaux et industriels, même s'ils sont protégés par un service de sécurité. Elle assure l'ordre et la paix publique lors de grèves et de manifestations ; repère des criminels, des complices, des conspirateurs qui pourraient être mêlés à des activités criminelles dirigées contre une entreprise. La police enquête sur des crimes commis dans ces endroits, le plus souvent sur des vols, des fraudes, des incendies criminels ; questionne des témoins ; perquisitionne chez des personnes suspectes ; interroge des personnes détenues ; identifie les coupables ; publie des bulletins au sujet de personnes recherchées ou de marchandises rapportées volées ; porte des accusations devant les tribunaux ; prépare les causes à la Cour ; recouvre des biens criminellement obtenus, etc.

Un service de sécurité surveille là où la police ne peut toujours être présente et où elle n'a pas toujours accès ; informe la police de l'existence d'activités criminelles portées à sa connaissance, telles la prostitution, le jeu, les paris, le trafic de drogues, le prêt usuraire, le recel, etc. ; recherche les points vulnérables de l'entreprise où opèrent les malfaiteurs en vue de prévenir le vol, la fraude, l'incendie criminel ou autres formes de crimes ; sélectionne les mesures les plus appropriées pour faire échec à l'action du criminel contre l'entreprise, etc. Le personnel d'un service de sécurité agit en tout premier lieu lors d'événements particuliers tels un appel à la bombe, un enlèvement en vue d'extorquer une somme d'argent, une prise d'otages, une grève.

Tâche commune : la prévention du crime. Une des tâches les plus importantes qui incombent à la fois à la police et aux services de sécurité industrielle est la prévention du crime. C'est une préoccupation de chaque instant. Au service de police de la Communauté urbaine de Montréal existe, depuis plusieurs années, une Section de prévention du crime, dont les principales fonctions consistent à évaluer et anticiper les risques de criminalité ; à proposer des programmes favorables à la prévention et à la régression du crime ; à établir et maintenir une liaison constante avec les services de sécurité ; à conseiller la direction en matière de prévention du crime.

Dans un service de sécurité, la prévention du crime peut prendre plusieurs aspects. Les agents de sécurité auront tout intérêt à connaître les policiers qui patrouillent le secteur concerné ; à échanger des informations avec la police ; à informer la police de certains détails, tels un nouvel éclairage des lieux, un système d'alarme amélioré, un changement dans les heures d'ouverture, une modification apportée à la liste des noms de personnes avec qui communiquer en cas d'urgence. Chacune de ces mesures favorise une meilleure coordination entre les deux organismes et engendre une meilleure prévention. De nouvelles mesures seront continuellement examinées. Ainsi, un service de sécurité industrielle pourrait avantageusement garder un inventaire complet des numéros de série des objets qui pourraient être volés, promouvoir le paiement des salaires par chèque ; améliorer les moyens de transporter les valeurs ; encourager une réduction de liquidité dans le transport d'argent pour décourager le vol à main armée, assurer l'entreposage des ordures en des endroits et dans des contenants appropriés ; étudier les divers systèmes de protection techniques, etc.

Nous savons, malgré une collaboration très étroite entre la police et les services de sécurité industrielle et une vaste application de mesures préventives, que le criminel trouve souvent moyen de se faufiler entre des dispositifs de défense parfois insuffisants, à cause, entre autres, de contraintes imposées par le budget ou l'effectif. Il faut donc que les services de sécurité soient sensibilisés dans toute la mesure du possible aux différents aspects de la prévention du crime et qu'ils puissent faire face à toute situation qui pourrait se présenter.

Nécessité de se perfectionner. Nous encourageons les policiers à se perfectionner dans tous les domaines. Les nombreux cours au niveau collégial et universitaire, que plusieurs suivent, leur permettent de concevoir la criminalité d'une façon plus globale ; de mieux comprendre et d'évaluer d'une façon plus juste les problèmes humains qu'ils rencontrent continuellement. Plusieurs cours prévus aux programmes de sciences policières et de techniques policières permettent aux policiers d'acquérir une connaissance théorique sur plusieurs facettes de leur métier. Ces connaissances théoriques, tout au long de la carrière, seront renforcées par l'expérience pratique.

Des policiers suivent des cours à l'Institut de police de Nicolet, au Collège canadien de Police à Ottawa, ou ailleurs aux États-Unis afin de se spécialiser dans des tâches particulières telles l'identification, l'enquête sur le crime d'incendie, la fraude, le trafic de drogues, le jeu, les paris, l'homicide, la négociation lors de prises d'otages, l'analyse d'informations, etc. La connaissance acquise par ces policiers, dont plusieurs possèdent déjà une vaste expérience, leur permet d'intervenir ou d'agir avec autorité dans leur sphère d'activités respective. Ils peuvent, par la suite, transmettre l'information à leurs confrères ce qui va dans le meilleur intérêt de tous.

Appel à la bombe. Dans les limites d'une collaboration quotidienne dans plusieurs domaines, entre la police et les services de sécurité industrielle, il peut arriver que la ligne de démarcation dans les responsabilités des uns et des autres soit mal définie ou imprécise. Dès lors, on peut se demander : « Où donc se situent les bornes de l'intervention des services de sécurité industrielle dans le travail *d'enquête* et à quel moment la police est-elle justifiée d'intervenir ? » C'est là une question fort complexe et, à mon avis, chaque cas doit être évalué séparément. J'aimerais toutefois être plus explicite quant au rôle que la police et les services de sécurité industrielle pourraient jouer lors d'événements particuliers, qui revêtent un caractère de gravité, à cause de leurs implications sur la vie de personnes souvent innocentes. Je songe aux appels à la bombe, aux enlèvements en vue d'extorquer de l'argent et aux grèves.

Ce sont des domaines où la coordination, la planification et la connaissance de règles élémentaires de procédure sont de rigueur, autant dans le but de favoriser la prévention que la solution des crimes. Les appels à la bombe sont beaucoup plus fréquents qu'on serait généralement porté à le croire. L'expérience a démontré que la personne qui est à l'origine d'un appel à la bombe, ou qui en revendique la responsabilité veut, soit causer des soucis à la victime, démontrer la rigueur de ses intentions ou épargner la vie.

Le Service de police de la Communauté urbaine de Montréal a adopté comme politique de ne pas fouiller l'intérieur des immeubles lors d'appels semblables, parce qu'il juge que les personnes les plus habiles à le faire sont celles qui y travaillent, qui y habitent et qui connaissent chaque caractéristique de l'immeuble. Il ne faudrait pas perdre de vue la possibilité qu'a le criminel de multiplier les faux appels à la bombe dans le but précis d'éloigner les patrouilleurs d'un endroit particulier, lui permettant ainsi de perpétrer plus aisément un crime.

C'est pourquoi nous demandons, chaque fois que l'occasion se présente, aux services de sécurité industrielle de sensibiliser leur personnel à ce problème et de préparer, si possible, un plan détaillé d'action lors d'appels à la bombe alors que chaque gérant, contremaître ou responsable connaîtrait *à l'avance* sa responsabilité dans une fouille des lieux et son obligation d'aviser sans délai certaines personnes. Qu'un appel à la bombe soit fondé ou non, nous aimerions, chaque fois, en être informés. Il pourrait nous être possible, grâce à un système de « modus operandi », d'établir des relations entre divers appels, en utilisant les détails fournis par les personnes ayant reçu ces appels tels : la langue parlée, l'accent, le choix des mots, la tonalité de la voix, le sexe, etc. Évidemment, dès qu'un colis suspect est localisé, nous demandons aux personnes concernées d'avertir la police ; d'évacuer les lieux ; de ne pas manipuler le colis en attendant l'arrivée des policiers-artificiers qui se chargeront de l'identifier et de le neutraliser.

Affaire d'enlèvement. Un autre domaine particulièrement délicat est celui qui se rapporte aux affaires d'enlèvement en vue d'extorquer une somme d'argent. J'aimerais rappeler le rôle très important que sont appelés à jouer les services de sécurité industrielle lorsque des événements de ce genre se produisent.

Nous demandons d'abord aux services de sécurité de ne jamais entreprendre des démarches seuls et d'informer immédiatement la police. La réussite de l'opération policière dépend en grande partie de la rapidité de son intervention. Nous leur demandons aussi de recueillir certains renseignements sur les personnes susceptibles d'être enlevées et sur les membres de leurs familles. Ces renseignements peuvent être d'ordre médical ; ils peuvent faire état de relations personnelles, d'endroits habituellement fréquentés, etc. Nous leur demandons aussi de désigner spécifiquement des responsables qui auraient automatiquement une responsabilité officielle dans ce genre d'opération. Nous aimerions encore et, cette fois, de la part des entreprises, qu'elles voient à désigner des personnes qui, en l'absence des dirigeants officiels, seraient autorisées à verser une rançon, ou habilitées à effectuer les démarches nécessaires pour obtenir une somme suffisante d'argent qui pourrait être exigée rapidement par des criminels.

Scène de différend ouvrier. Je voudrais également vous entretenir de la question des grèves. Une grève peut être légale ou illégale. Le piquetage auquel elle donne habituellement lieu peut aussi être légal ou illégal. Une grève peut se dérouler sans violence comme elle peut engendrer des actes ou des manifestations de violence. Une grève provoque souvent des situations dont l'interprétation relève du droit civil tout autant que du droit criminel. Ce chevauchement peut résulter dans une certaine confusion sur le rôle de la police en pareilles circonstances.

La police doit rester dans la plus stricte neutralité, mais elle ne saurait se soustraire à son devoir de maintenir l'ordre et la paix sur les lieux d'une grève.

Un service de sécurité industrielle peut considérablement aider la police dans sa tâche. Par exemple, en s'assurant qu'il n'y a aucune brèche dans la clôture qui entoure généralement la propriété ; en plaçant des gardiens aux entrées et sorties *pour assurer une libre circulation des personnes et des marchandises ;* en plaçant matériel et équipement jugés dangereux en des endroits non vulnérables. Les problèmes les plus fréquemment rencontrés par la police sur une scène de grève demeurent reliés au piquetage. Fondamentalement, le but du piquetage est de communiquer de l'information ; de dénoncer des conditions de travail ; de persuader l'entreprise à donner suite aux revendications syndicales. Il est évident que le piqueteur n'a aucunement le droit d'imposer ou d'exercer des contrôles, ou encore de gêner le libre mouvement des personnes ou des véhicules qui entrent sur une propriété privée ou qui en sortent.

L'interdiction de piqueter relève du domaine civil. *La police ne peut arrêter un piqueteur pour la simple raison qu'il fait du piquetage, que cette personne soit employée par l'entreprise ou non.* Même si le piquetage était déclaré illégal par un tribunal, la police, constatant que le piquetage continue, ne pourrait agir à autre titre que celui de témoin, car les injonctions, autorisant ou interdisant le piquetage, s'adressent généralement au syndicat ou à l'employeur. Toutefois, la police interviendrait s'il y avait menaces, dommages, voies de fait, intimidation, obstruction à une libre circulation de personnes et de véhicules ou, attroupement illégal. La police devrait aussi assurer la protection de véhicules qui quitteraient les lieux d'une grève alors qu'ils seraient chargés d'explosifs ou autres matières dangereuses. Elle devrait intervenir encore si des personnes autorisées sollicitaient son assistance pour obliger des intrus à évacuer un immeuble qu'ils occuperaient.

Au cours de cet exposé, j'ai voulu mettre en relief les nuances qui distinguent le travail de la police de celui des services de sécurité. J'ai voulu mettre en lumière les nombreux rapprochements qu'on retrouve dans l'effort déployé. Nous avons surtout parlé de l'exécution. Il convient maintenant de parler des exécutants et de leur attitude vis-à-vis de leur travail.

Évolution de la police et de la sécurité industrielle. Les services de sécurité industrielle comme les services policiers ont subi, au cours des dernières années, de profondes modifications. D'un côté comme de l'autre, nous nous sommes montrés plus sélectifs dans le choix du personnel ; nous avons encouragé le perfectionnement et la spécialisation sous toutes ses formes ; nous avons adapté nos structures et nos effectifs de façon à répondre aux exigences nouvelles. L'introduction de cartes de crédit, la présence du terrorisme international, la guérilla urbaine, la modernisation des communications, l'avènement de l'ordinateur, la prolifération de centres commerciaux, en surface ou souterrains, la multiplication d'immeubles en hauteur ; voilà autant de facteurs qui ont pu jusqu'ici influencer la forme de nos structures et la distribution de nos effectifs et qui continuent de le faire.

Nous avons établi qu'à l'instar de la police, les services de sécurité sont appelés à intervenir dans des affaires à caractère criminel. Ces interventions doivent naturellement se dérouler dans le maintien d'un juste équilibre entre l'obligation de connaître les faits et le respect de libertés individuelles. Les lois qui garantissent ces droits doivent être rigoureusement respectées. Il est dont nécessaire que les règles de l'éthique professionnelle soient resserrées.

Le respect des droits de la personne. Cet équilibre peut se traduire dans une discrétion autour d'une information reçue ; dans le respect de la liberté d'un suspect de recourir aux services d'un avocat ; dans une attention de ne faire aucune promesse ou menace sous quelque forme que ce soit dans le but d'obtenir un aveu, etc. De part et d'autre, nous devons nous assurer que les plaintes des citoyens contre la conduite de policiers ou d'agents de sécurité feront sérieusement l'objet d'enquêtes, s'il y a lieu, que des sanctions appropriées seront prises. Par ailleurs, ceux qui font l'objet de félicitations pour leur bon travail doivent en être informés. Des mesures doivent être prévues pour reconnaître publiquement les actes méritoires.

Dans tous les corps policiers d'envergure, il existe une section qui enquête sur les plaintes des citoyens et sur les actes qui pourraient faire l'objet d'une appréciation ou d'une reconnaissance officielle par la Commission de Police du Québec. Les corporations professionnelles tels le Collège des médecins, le Barreau et la Chambre des notaires disposent aussi de bureaux d'enquêtes semblables.

Il est généralement reconnu que la professionnalisation d'une fonction commande, entre autres critères, que les membres soient soumis à un code de déontologie *et que l'observation de ce code soit contrôlée.* Il ne fait aucun doute que les services de sécurité industrielle trouveront un large profit, du côté professionnel, à promouvoir le respect d'un code semblable et à prendre les mesures nécessaires pour le faire respecter, car il serait dommage que tant d'efforts consentis au niveau de la sélection, de la formation, du perfectionnement et de la spécialisation du personnel ne soient pas soutenus par des règles professionnelles qui garantissent à la population le respect formel de ses droits à la personne le respect de ses libertés.

Défense et protection de la vie et de la propriété. Voilà un bref tour d'horizon des relations qui doivent exister entre la police et les services de sécurité industrielle ; des situations qui sont de nature à commander une coopération de la part des deux organismes.

À l'arrière-plan, nous décelons les grandes lignes d'un programme visant à humaniser la vie de ceux qui ont comme mission principale « la protection » sous ses multiples formes et dans ses multiples définitions. Aux influences matérielles nocives, telles qu'un niveau de bruit excessif, l'obscurité, la chaleur, le froid, le vent, la pluie, le policier comme l'agent de sécurité peut avoir à lutter contre un autre danger : celui de la monotonie ou de la routine. L'agent de sécurité est davantage exposé à cette forme de danger, parce que son emploi est plus sédentaire.

Il ne faut pas le cacher : le travail peut, à certains moments, devenir dangereux. Le souci de la sécurité des autres ne doit pas faire oublier les mesures élémentaires qui doivent assurer la sécurité du personnel policier et du personnel des services de sécurité. Les dangers peuvent être systématiquement éliminés à force d'initiative et de planification dans les détails.

Je dois souligner, par contre, certaines mesures qui sont communes tant à la police qu'aux services de sécurité pour assurer le succès dans l'exécution du travail. Tout comme pour les services de police, les services de sécurité devraient être dotés d'un outillage moderne. Je songe ici, d'une façon plus immédiate, aux moyens de communications qui pourront jouer un rôle primordial dans le déclenchement de l'alerte qui mettra en mouvement le mécanisme de défense et de protection.

4. LA SÉCURITÉ ROUTIÈRE

Le phénomène automobile a connu au Canada un essor sans précédent après la Seconde Guerre mondiale. Il en fut de même pour l'ensemble des pays industrialisés. D'abord conçue comme un moyen de transport, l'automobile est maintenant identifiée à la qualité de la vie. Nombre de familles comptent plus d'un véhicule et l'utilisation des voitures de promenade et des véhicules tout-terrain s'est adaptée à la configuration géographique de notre pays pour faire partie de notre mode de vie.

Le développement de la productivité, l'expansion des ressources techniques et humaines, l'amélioration du niveau de vie, l'accélération de l'urbanisation, l'exode vers les banlieues et la naissance de la civilisation des loisirs sont à l'origine de ce phénomène. L'automobile est un objet d'utilisation courante, une nécessité et un produit de consommation à la portée de tous.

L'ampleur de la situation. Devant l'évolution de l'automobile dans notre société, nous devons nous interroger sérieusement et nous demander si la sécurité routière a évolué au même rythme que le développement de l'automobile. Apportons-nous toute l'importance qu'il revient à la sécurité routière alors que nous sommes au volant d'un véhicule de promenade, comme citoyen, ou au volant d'un véhicule d'urgence, en tant que policier ?

Quel argument faudrait-il utiliser quand il est question de protéger, en premier lieu, sa propre vie ?

Quel argument faudrait-il de plus lorsque nous réalisons que chaque année, au Québec, plus de 1 700 personnes trouvent la mort dans des tragédies routières et 50 000 personnes subissent des blessures dans les quelque 175 000 accidents qui se produisent sur nos routes ?

Quel argument pourrait être plus frappant que la courbe de croissance du nombre des victimes de la route ? En effet, depuis 1955, 34 000 Québécois ont perdu la vie sur les routes du Québec et plus de 870 000 ont subi des blessures plus ou moins graves.

Quel argument pourrait mieux servir à démontrer que les accidents de la route, « maladie » de notre mode de vie, constituent une des grandes causes de mortalité qui se classe immédiatement après les maladies du cœur et le cancer, les plus importantes causes de décès ?

Les accidents de la route touchent particulièrement les jeunes de 15 à 35 ans et constituent la deuxième plus importante cause de mortalité prématurée.

Nous sommes conscients que les crimes contre la personne présentent souvent un aspect répugnant et même révoltant ; mais, d'un autre côté, pouvons-nous demeurer indifférents devant les blessures et les pertes de vie entraînées par des accidents routiers où la sécurité au volant a été la plupart du temps déficiente ?

Ramenons maintenant toute cette question au travail policier proprement dit. Nous sommes parfois portés à dramatiser, à juste titre, les cas de blessures ou de mortalité résultant de l'usage d'arme à feu. Mais une étude entreprise autour des années 1970 par un grand service municipal de police de la Californie a démontré que 5 pour cent des policiers blessés au cours de la période choisie l'avaient été par une arme à feu, comparativement à 95 pour cent dans des accidents de la circulation.

Il n'est pas question de minimiser les risques que comporte notre fonction lors d'interventions policières, spécialement lorsqu'il y a usage d'arme. Toutefois, il n'en demeure pas moins que la conduite d'un véhicule d'urgence peut entraîner des dangers évidents qui sont d'autant plus grands que le conducteur pèche par excès de confiance en lui-même ou qu'il a l'impression que « les accidents n'arrivent qu'aux autres ».

Que penser des blessures causées à nos policiers et aux citoyens, sans compter les tués, par suite d'accidents de la circulation où sont impliqués des véhicules du Service ? Plusieurs accidents surviennent lors de marches arrière, souvent dans les environs du poste, lorsque leurs conducteurs quittent le stationnement. Ces accidents n'arrivent-ils vraiment qu'aux autres ?

Comme policiers, responsables de la protection de la vie et de la propriété, pouvons-nous demeurer indifférents et ne pas nous interroger sur notre mission et notre responsabilité sociale ?

Cependant, avant de nous lancer dans de grandes campagnes de sécurité routière, ne devons-nous pas faire notre propre examen afin de scruter si nous-mêmes respectons toujours les règles élémentaires de prudence et de sécurité routière alors que nous sommes de service, au volant d'un véhicule d'urgence ?

En effet, avant d'enjoindre les citoyens à respecter les règles de sécurité prévues au Code de la route ou encore d'observer les principes de conduite défensive, assurons-nous donc de prêcher d'abord par notre exemple.

Causes des accidents routiers. Un accident de la circulation a rarement une cause unique, c'est un événement complexe qui peut découler de plusieurs facteurs. Certaines des causes nous sont plus apparentes, comme la faute de conduite résultant du dépassement sur une ligne double, du refus de priorité, de l'excès de vitesse, de l'état d'ébriété d'un conducteur, du mauvais état des véhicules ou encore des intempéries qui modifient l'état de la chaussée. Cependant, nous ignorons le plus souvent tous les autres facteurs que nous nous contentons de faire figurer sous l'étiquette des erreurs humaines.

Un accident d'automobile étant le résultat d'un enchaînement de circonstances, dont certaines ont des origines très lointaines, il est pratiquement impossible d'en analyser tous les facteurs. Toutefois, dans la majorité des cas, nous pouvons déceler avec un degré d'exactitude suffisant la cause immédiate d'un accident. Par exemple, l'ignorance ou la non-observation de règlements, des déficiences physiques, psychologiques ou techniques, des erreurs et des fautes délibérément commises.

Il est indispensable de bien connaître tous ces facteurs pour corriger les comportements fautifs et ainsi réduire le nombre d'accidents liés à ces facteurs.

Les principales causes des accidents d'automobile sont rattachées à l'être humain, au véhicule et à l'environnement.

La plupart des chercheurs classent ces facteurs selon qu'ils se produisent avant, pendant ou après l'accident. Les facteurs qui interfèrent avant l'accident sont considérés comme pouvant provoquer l'accident et ceux qui interviennent pendant et après l'accident sont classés comme pouvant l'aggraver.

Conduite de véhicule d'urgence. La section Formation routière du Service de police de la Communauté urbaine de Montréal a mis sur pied un cours de conduite d'urgence où les policiers peuvent bénéficier de cette forme d'enseignement. Les objectifs visés par cette méthode de formation sont au nombre de cinq et s'énumèrent comme suit :

- comprendre la mécanique et le fonctionnement d'un véhicule ;
- réaliser le danger de l'excès de vitesse ;
- voir, penser, agir par la conduite préventive ;
- connaître le potentiel et la limite d'un véhicule ;
- connaître le potentiel et les limites de sa personne.

Le policier appelé à conduire dans des conditions d'urgence particulières doit posséder des aptitudes supérieures à la moyenne des conducteurs de véhicules automobiles et être capable de prévenir des mouvements imprudents ou imprévisibles de la part d'autres automobilistes en conduisant défensivement pour éviter tout accident, même si l'autre conducteur est dans l'erreur. En d'autres mots, il doit penser et conduire de manière à prévoir les situations imprévues ou les erreurs de manœuvre des autres, par exemple, pour éviter un accident au moment où un citoyen freine brusquement parce qu'il a capté en retard le signal de s'immobiliser ou bien, parce qu'il a décidé de changer de direction à une intersection sans même avertir. Le policier doit se rappeler qu'au cours d'une poursuite il ne doit jamais mettre inutilement sa vie en péril, ni celle des autres personnes.

Le fait pour un policier de s'engager dans une poursuite d'urgence ne peut le préserver, ni le protéger contre les conséquences de conduite imprudente. Le conducteur d'un véhicule d'urgence impliqué dans une collision est sujet à des poursuites pour dommages et blessures causées, au même titre que tout autre citoyen.

Le policier au volant d'une auto-patrouille équipée de gyrophares sur le toit et d'une sirène n'est pas automatiquement assuré d'un droit de passage sur les autres usagers de la route. Il a été démontré que 95 pour cent des automobilistes et des piétons cèdent habituellement le droit de passage à l'approche d'un véhicule d'urgence. Mais il reste les autres 5 pour cent qui ne saisissent pas le signal donné, soit qu'ils ne l'ont pas vu ou ne l'ont pas entendu ou encore, s'ils l'ont vu ou entendu, ils ont décidé de l'ignorer ou d'y répondre incorrectement ou maladroitement.

Le fait de conduire un véhicule d'urgence clairement identifié peut conférer à un policier inexpérimenté un faux sentiment de sécurité et lui donner l'impression qu'il conduit à l'intérieur d'un « globe imaginaire » le protégeant de son environnement et des

117

autres automobilistes tout le temps où il est engagé dans cette poursuite active.

Conduire un véhicule d'urgence n'améliore pas dans la réalité ni la vue, ni le jugement ou les réflexes dans une situation subite et imprévue. Il en est de même pour les connaissances et les aptitudes de conducteur qui ne peuvent être développées que par une bonne formation, un apprentissage surveillé et l'expérience.

Théorie des cinq préceptes visuels. Un Américain nommé Harold L. Smith a élaboré une théorie préventive efficace portant sur les habitudes visuelles. Pilote de guerre, Harold L. Smith a reçu de nombreuses décorations et mentions d'honneur pour ses exploits aériens. Au cours de la dernière guerre mondiale, à lui seul, il a abattu plus d'avions ennemis que tous les autres membres de son escadrille réunis.

À la fin du conflit mondial, les gens se demandaient les raisons qui avaient bien permis à cet « as » de traverser cette période sans blessure sérieuse et sans dommage grave à son appareil, alors que de nombreux compagnons d'armes y avaient laissé leur vie. Harold L. Smith déclara qu'il ne se croyait pas meilleur pilote que ses compagnons mais qu'il avait appris « à voir tout le tour de sa tête ».

Embauché par la suite par la compagnie Ford Motors des États-Unis dans le domaine de la sécurité routière, Harold L. Smith développa et adapta sa théorie à la conduite automobile qu'il identifia comme étant la « Théorie des cinq préceptes visuels » qui consiste à :
- regarder haut et loin ;
- avoir une vue d'ensemble ;
- tenir les yeux en mouvement ;
- garder une porte de sortie ;
- s'assurer d'être vu.

Les instructeurs de la Section Formation routière de notre Service, ont suivi des cours sur la méthode Smith (méthode de formation simple mais révolutionnaire) et prodiguent maintenant leur enseignement à partir de cette « Théorie des cinq préceptes visuels ».

Exemples à donner. En terminant, j'aimerais rappeler que le policier au volant d'un véhicule identifié est davantage remarqué par le public. En conséquence, tout manquement aux règles élémentaires de la sécurité routière soulève souvent de la critique de la part des citoyens ou encore encourage certains automobilistes à s'inspirer de ces exemples fautifs.

Il est impérieux que nous soyons conscients de l'importance de la sécurité routière, non seulement vis-à-vis du public mais aussi dans notre propre Service. Pour y arriver, il faut amener les citoyens à être respectueux des règles élémentaires de sécurité, maintenir notre crédibilité auprès de la population par une attitude équitable et logique avec nous-mêmes et les citoyens, et établir de bonnes relations avec les gens que nous avons la responsabilité de protéger, parfois contre leur gré.

Au volant d'un véhicule du Service, nous devenons, chacun d'entre nous, des agents de relations publiques. D'où l'importance de demeurer prudents, courtois et respectueux des lois de la circulation. Il nous serait inutile d'investir dans le domaine des relations publiques et de la publicité si chaque policier au volant n'est pas un exemple tangible pour ses citoyens.

Mon expérience m'a démontré qu'il nous était impossible de développer un travail de police convenable et apprécié à sa juste valeur sans l'appui des citoyens. Il ne faut pas perdre de vue que les gens sont en majorité respectables et qu'ils se conforment aux lois.

Comme le respect des lois repose avant tout sur un acte libre et volontaire, l'application des lois devient alors une question d'éducation. Et, la meilleure forme d'éducation n'est-elle pas encore l'exemple ?

5. « OPÉRATION DIALOGUE » OU LE GLOBE D'ACIER ET DE VERRE

Symbole de l'expansion industrielle de notre époque, l'automobile, cet « utérus avec fenêtres sur le monde extérieur » *(Womb with a View)* selon les psychiatres, est actuellement mal en point pour des raisons économiques, mais elle est toujours omniprésente et, à tort ou à raison, l'homme moderne n'est pas près d'y renoncer — y compris le policier. L'ancienne symbiose citoyen-policier a souffert de l'envahissement de l'automobile. Mais il ne s'agit plus de nous livrer au passéisme. Comment, malgré l'auto, pouvons-nous donc améliorer le contact entre la police et la population ?

Pour le policier et le citoyen, *ce développement des moyens de transport a aussi apporté ses effets négatifs qui ont affecté nos relations avec le public.* Ainsi, le citoyen, habitué qu'il était de nous parler autrement que sur un appel, sans cérémonie et sans qu'il y ait toujours quelque chose de spécial, a vite constaté que nos relations, généralement cordiales, se transformaient en relations d'affaires manquant parfois de courtoisie et, souvent, de chaleur humaine.

De même, les rencontres constantes et personnelles, alors que nous avions un grand nombre de patrouilleurs à pied, sont subitement devenues sporadiques, distantes et impersonnelles et les communications avec les gens et les enfants dans la rue, les commerces et les quartiers, difficiles et laborieuses. Le policier s'est alors isolé dans son « globe d'acier et de verre » : en voiture de patrouille.

Distorsion entre la technologie et la réalité. La technologie mise de l'avant pour servir d'abord l'humanité nous a peut-être tous transformés en victimes. Pensons un instant à l'automobile et aux nombreux accidents de la circulation entraînant morts et blessures et aussi à ses implications face à la criminalité sous ses diverses formes, à partir du vol d'auto, de la conduite en état d'ivresse, des délits de fuite sans omettre les autres offenses au Code criminel et au Code de sécurité routière devenues multitude.

Nous vivons, par la force des choses et de notre profession, avec l'élément déprimant et négatif de la société. Les gens que nous côtoyons régulièrement au cours de notre travail ont souvent mauvaise réputation et sont presque toujours dans le trouble ou dans des situations difficiles et désagréables.

Il ne faudrait pas pour autant généraliser, même si les personnes rencontrées sont, pour la plupart, des malfaiteurs ou des individus en difficulté pour lesquels un contexte de tension prédomine et par qui la loi est souvent enfreinte. Le danger pour nous, policiers, serait de créer et surtout de maintenir un éloignement avec le public en ne nous reconnaissant pas nous-mêmes des citoyens comme tout le monde. En effet, cette attitude risquerait de laisser perpétuer à tort, dans l'esprit de certaines personnes mal renseignées, que les policiers ne sont pas intégrés au système démocratique dans lequel ils vivent, mais qu'ils donnent parfois l'impression de faire partie d'une armée d'occupation.

Rappelons-nous donc que le policier, au même titre que le citoyen, est membre de la société avec des droits et des devoirs. Comme nous, le citoyen est un être humain, jovial parfois, aimant la vie ; peut-être père de famille, sans doute avec des dettes et des problèmes comme plusieurs d'entre nous.

Même si notre objectivité peut être quelque peu faussée par le fait que notre « clientèle » est principalement formée de délinquants et de personnes vivant dans des situations troubles, nous devons retenir l'idée que les criminels et les délinquants ne représentent en réalité qu'un pourcentage restreint de la société démocratique dans laquelle nous vivons.

Vers un équilibre : la patrouille mixte. La patrouille motorisée demeure la première ligne d'action d'un service de police. Ramener un plus grand nombre de policiers sur la patrouille à pied serait désirable, mais sans doute irréalisable présentement, devant nos effectifs restreints et l'augmentation toujours croissante du nombre d'appels et de demandes d'assistance du public.

Mais pour atteindre un compromis réaliste, il serait grandement souhaitable que les policiers adoptent une forme de patrouille mixte, c'est-à-dire patrouiller un temps en auto et un autre temps à pied au cours d'un quart de travail. Ainsi, les policiers patrouillant à deux en auto pourraient prendre l'habitude, à tour de rôle, de sortir du véhicule, de marcher, parler et prendre contact avec les citoyens qu'ils rencontrent au cours de leur patrouille. Imaginez un instant le nombre de personnes rencontrées chaque jour, après quelques semaines et quelques mois !

Grâce à une liaison constante maintenue par le radio du véhicule ou par le poste de radio portatif (« walkie-talkie ») avec le poste du district il serait alors loisible, tout en circulant à pied dans le voisinage, de voir facilement ce qui se passe, de bavarder par exemple avec un résident en train de travailler sur sa pelouse ou encore de rencontrer un commerçant à sa place d'affaires ou au centre commercial et profiter de cette occasion pour mettre à jour, par exemple, les cartes de recensement si importantes pour un commerce en cas d'appel d'urgence ou d'effraction. Cette façon de travailler pourrait aussi se poursuivre en visitant un parc ou une cour d'école pour rencontrer des jeunes et dialoguer avec eux.

Il est entendu que cette « Opération-dialogue » avec les citoyens ne doit être en aucun temps un prétexte pour retarder la réponse à un appel d'urgence ou d'assistance provenant du Centre de télécommunications. D'où l'importance de toujours demeurer en disponibilité constante et en liaison étroite. Le Centre de télécommunications fait-il appel à cette équipe de policiers, il s'agira alors pour le chauffeur d'attirer l'attention du compagnon, soit en allumant les gyrophares sur le toit ou par un autre moyen de signalisation, afin de répondre au plus vite au besoin d'assistance réclamée.

De plus, cette modification au travail conventionnel fera prendre conscience au policier que la patrouille lui offre beaucoup plus de liberté qu'il ne le croyait par ces rencontres interpersonnelles en des circonstances autres que celles où il y a toujours du trouble, des problèmes et de la tension.

Les policiers qui ont déjà expérimenté cette patrouille mixte, orientée vers les relations avec les citoyens, ont constaté à leur grande satisfaction, que la majorité des gens étaient fondamentalement respectueux des lois et que la plupart d'entre eux étaient sympathiques à la police. Avant cette expérience, comme ils avaient presque toujours eu affaire à des malfaiteurs et à des marginaux, ils ont vite réalisé que ces personnes ne représentaient en réalité qu'un petit pourcentage de la population.

De son côté, le citoyen n'ayant pas l'habitude d'être abordé par un policier pour une raison spécifique, pourra paraître surpris à prime abord. Par contre, il démontrera vite sa satisfaction de pouvoir parler à la police en commençant par la température, pour passer rapidement aux moyens de se protéger contre les vols par effraction ou discuter de l'application de certains règlements de la circulation dans le quartier.

À mon avis, cette approche auprès des citoyens est une des meilleures méthodes, non seulement pour augmenter la crédibilité de la police auprès du citoyen, pour développer des sources possibles d'information dans le voisinage et sur des individus louches fréquentant le quartier, mais aussi pour développer des sympathisants à la chose policière et ainsi améliorer considérablement nos relations publiques et l'image de notre Service auprès de la population.

L'exemple doit venir d'en haut. Je me permets de pousser davantage ma suggestion en disant que le sergent sur la patrouille devrait, lui aussi, développer cette approche dans le cours de sa supervision en rencontrant des citoyens, des plaignants ou des personnes qui ont déjà été victimes d'actes criminels pour s'informer s'ils sont satisfaits du travail accompli par ses subalternes. De même, l'occasion serait toute choisie pour améliorer les communications et les relations communautaires auprès de groupes minoritaires ou défavorisés.

Si nous faisons exception du surcroît de travail, de la résistance ou de l'effort que peut entraîner cet exercice, il n'y aurait pas d'autres raisons qui devraient empêcher les lieutenants et les capitaines de rencontrer, eux aussi, les citoyens et les hommes d'affaires du district.

Cette forme de relations publiques, et à la fois de relations communautaires, n'a rien de révolutionnaire si ce n'est d'impliquer tous les policiers, principalement ceux-là même qui sont tout près des citoyens. Cette approche des plus simples ne vise qu'à améliorer nos relations publiques à tous les niveaux, à nous faciliter la tâche quotidienne, à obtenir de l'information criminelle et à permettre aux citoyens d'avoir une perception plus équitable et plus juste de notre travail au service de la communauté.

Je suis conscient du fait que le policier peut faire beaucoup pour restaurer la fierté et le contact personnel. Cette fierté et ce contact personnalisé étaient jadis la marque de commerce de la plupart des corps policiers sur le territoire de l'île de Montréal avant leur intégration.

Le succès de notre organisation ne sera possible que le jour où nous aurons réussi à rassurer les citoyens, à leur faire avoir confiance en la police et surtout à les convaincre qu'ils sont très bien protégés.

En outre, plus les policiers pourront s'identifier à la collectivité dans laquelle ils travaillent, plus la confiance du public à l'endroit des policiers se développera et plus les relations avec les citoyens deviendront étroites.

Mais, pour gagner cette confiance du public, il faut la mériter en étant à la hauteur de notre profession et en tentant les premiers un effort de rapprochement avec la population par qui nous sommes payés et pour qui nous devons travailler.

Plus nous serons respectables et vigilants à notre travail, plus les citoyens seront respectueux à l'égard de la police, et, par voie de conséquence à l'égard de la loi.

6. LA POURSUITE INFERNALE

La Commission de police du Québec a rendu public un rapport (dossier P 79-1581) rédigé conjointement par les Commissaires Denys Dionne et Aimé L. Raic, sur la conduite de policiers du service de police de la Communauté urbaine de Montréal, dans le cadre d'une poursuite à haute vitesse.

Avec la permission des auteurs, j'ai pensé m'inspirer de ce document pour adapter à nos besoins d'enseignement ce sujet délicat et à la fois important.

Cette réflexion pourra servir de guide pour les policiers, en plus d'être utilisée lors des réunions du personnel comme sujet de discussion. Les policiers plus conscients et plus convaincus de ces principes pourront, au moment de s'engager dans une poursuite à haute vitesse, juger plus facilement de la nécessité de l'entreprendre, de la continuer ou de l'abandonner plutôt que d'agir simplement sur l'impulsion du moment.

Il est évident que le devoir d'un agent de la paix est d'appréhender tout individu qui pourrait chercher à se soustraire à son arrestation. Toutefois, s'il décide d'entreprendre en automobile la poursuite d'un individu en fuite, il ne doit pas considérer semblable poursuite comme absolument nécessaire, mais doit plutôt se demander si les résultats anticipés en valent toujours le risque.

Certains auteurs ont démontré qu'environ 80 pour cent des poursuites ont débuté à la suite d'une infraction mineure. De même, l'expérience prouve que les accusations portées après ces poursuites l'ont été, la plupart du temps, pour des infractions au Code de sécurité routière, pour des accusations de vol d'auto ou encore pour utilisation d'un véhicule-moteur sans consentement.

Poursuivre ou non ? Le policier, dans son travail quotidien, est constamment placé devant des décisions très difficiles : l'urgence des événements, la sécurité publique, ses obligations professionnelles et son sens des responsabilités. Mais il a toujours l'entière discrétion de sa décision, dans le feu de l'action, de poursuivre ou de ne pas poursuivre, de même que celle de continuer ou de cesser une poursuite à haute vitesse.

Affirmer que les policiers ne devraient jamais entreprendre de poursuite à haute vitesse serait une directive contraire à l'ordre public. Car poursuivre et arrêter les auteurs d'un crime constitue l'une des responsabilités du policier. Cette obligation doit cependant être pondérée par les implications d'une autre de ses responsabilités encore plus importante, soit celle de protéger les citoyens innocents et d'assurer le respect de la loi, de la paix et de l'ordre public.

Diverses raisons peuvent motiver une poursuite, par exemple : vérifier les agissements particuliers d'un conducteur ou de ses occupants, effectuer un contrôle de routine ou encore émettre une contravention en vertu d'un article du Code de sécurité routière. Une poursuite peut aussi être entamée pour procéder à l'arrestation d'une personne soupçonnée d'avoir commis un acte criminel, d'une autre recherchée en vertu d'un mandat quelconque ou bien de celle soupçonnée d'être en possession d'effets pouvant la relier à un acte illégal : utilisation d'arme offensive ou véhicule volé.

Un policier qui prend la décision de poursuivre à haute vitesse un présumé malfaiteur et de persister jusqu'à ce qu'il réussisse à l'intercepter devrait tenir compte des éléments suivants :
- la nature et la gravité de l'infraction commise ;
- le danger de la poursuite pour les autres automobilistes et les piétons ;
- les conditions de la chaussée et de la température ;
- la visibilité, eu égard au temps du jour, à l'éclairage et aux éléments de la nature ;
- la possibilité d'assistance et d'intervention d'autres policiers en automobile ;
- la possibilité de barrage routier ou de l'interception éventuelle du fuyard en retenant les facteurs de risques.

Si le policier décide de poursuivre le suspect jusqu'à son arrestation, il doit, dans le cours de son action, faire un usage constant de son appareil radio et informer le service et ses collègues du plus grand nombre de renseignements possibles sur le déroulement de l'affaire : motifs de la poursuite, secteur où se déroule la poursuite, le nom des voies empruntées, la direction, la vitesse, l'affluence du trafic, les incidents de parcours, la description du véhicule poursuivi, le numéro de la plaque minéralogique et, si possible, la description ou l'identité du suspect.

Une question du jugement. Nous n'insisterons jamais assez sur le moment de cette décision, tout juste avant d'effectuer ou non la poursuite. En effet, la poursuite aussitôt débutée, le policier impliqué rencontre plus de difficultés et n'a que très peu de temps pour réévaluer sa décision ; en outre, sa motivation le poussera parfois à continuer la chasse. Il faut donc une présence d'esprit peu commune pour y réfléchir en si peu de temps et pour prendre une telle décision sous le poids du stress.

Il est à souligner que le danger s'accroît proportionnellement à l'implication personnelle du poursuivant, surtout qu'il est porté à mettre de côté des notions élémentaires de sécurité pour ne considérer que la capture du suspect. Une perte de jugement et une série d'actions irrationnelles entraînent invariablement des conséquences fâcheuses.

Il est aussi important de noter ce phénomène physiologique provoqué par une augmentation d'adrénaline dans le système circulatoire, qui altère de façon temporaire le temps de réaction (vitesse et distance), en plus de stimuler de façon exagérée la confiance personnelle.

Puisqu'il est impossible d'émettre des directives précises pour couvrir toutes les éventualités possibles, il doit laisser à chaque policier le choix de continuer ou d'arrêter la poursuite, selon sa discrétion, son jugement et en fonction de l'acte commis.

Le Code criminel (article 450) affirme que l'agent de la paix *peut* arrêter quelqu'un dans certaines circonstances et énumère les cas où cet agent *peut* arrêter une personne sans commettre une illégalité et sans risquer de se rendre coupable d'enlèvement ou de séquestration.

Mais si le *pouvoir* y est affirmé, le *devoir* n'y est pas exprimé. C'est entre le pouvoir et le devoir que se trouve l'exercice d'une discrétion qui ne doit être retenue qu'en fonction du jugement et de la conscience de l'agent de la paix. C'est donc dire, face à une telle décision, que le policier ne doit répondre que devant la loi, son jugement et sa conscience.

Une discipline personnelle s'impose tout au long d'une pareille opération. Le rôle des officiers superviseurs est également important du début à la fin de la poursuite. Seul, le policier qui amorce la poursuite doit s'entretenir avec le répartiteur d'appels au Centre de télécommunications ; les autres policiers devraient garder le silence sur les ondes et se placer en position selon les coordonnées transmises.

Durant la poursuite, il mettra en pratique les principes de la conduite défensive, en conduisant en fonction des autres automobilistes et en étant conscient des feux de circulation, des arrêts, etc. Pourchassé de très près, le suspect aura tendance à prendre des risques et à augmenter ainsi les possibilités d'accidents et de blessures graves.

Il arrive souvent que de nombreux véhicules de police participent à ces poursuites, ce qui multiplie d'autant les risques courus. Au maximum, deux véhicules de police devraient pourchasser le fuyard et les autres véhicules se limiter à tenter d'établir des barrages routiers, si nécessaire.

Il faut aussi restreindre, autant que possible, l'usage de la sirène au moment de l'émission de messages par radio afin de ne pas brouiller les ondes et rendre inaudibles les messages.

Il est bon de souligner l'importance, pour tout policier occupé à une poursuite et souvent placé dans une ambiance bruyante, d'éviter de crier dans son microphone, de parler trop près du microphone ou encore de hausser la voix plus que nécessaire.

Le policier doit réaliser, lors d'une poursuite à travers la circulation, que l'usage de la sirène et des gyrophares sur le toit n'est pas une garantie absolue de sécurité et de passage sans accident. Combien de conducteurs, par insouciance, par distraction ou pour des raisons inconnues, ne respectent pas ou ne portent pas attention à ces signaux d'urgence.

Durant la poursuite, l'utilisation des ondes radio sera réservée aux seules fins de l'opération dans la région concernée, ainsi que le canal général. Le répartiteur du Centre de télécommunications se doit de répéter à intervalle régulier les motifs de la poursuite, la description de l'auto impliquée ainsi que sa direction.

De plus, le préposé au Centre de télécommunications surveillera et prendra en note le déplacement de l'opération et prévoira l'entrée en scène des régions avoisinantes ou le déplacement vers le territoire d'autres corps policiers. Il précisera brièvement aux policiers de ces régions les coordonnées de l'opération. Il s'assurera aussi que l'immatriculation du véhicule poursuivi est vérifiée et que les informations sont retransmises aux policiers impliqués.

Il revient au policier en chasse d'évaluer régulièrement la gravité des circonstances, les dangers inhérents à son action et le sérieux de la cause première de la poursuite. Il pourra ainsi juger de la nécessité de continuer la poursuite ou de l'interrompre si les dangers encourus ne justifient pas l'arrestation immédiate du suspect.

D'ailleurs, il n'est pas défendu à un agent, et parfois c'est même souhaitable, de cesser la poursuite d'un suspect ; une telle décision prise au bon moment lui sauvera peut-être la vie ou lui évitera des blessures graves. En outre, il est toujours préférable de laisser un fuyard prendre le large que de blesser ou de tuer un piéton ou un automobiliste innocent.

Il peut arriver aussi que le premier policier ayant initié la poursuite ne soit plus celui qui, à un moment donné, pourrait l'interrompre, n'étant plus pour diverses raisons le premier et le principal poursuivant ; dans ce cas, l'officier au Centre de télécommunications pourrait, en considérant les motifs de la poursuite, en recommander si nécessaire l'abandon. Nous n'insisterons jamais assez sur le fait que la sécurité et le sens des responsabilités sont beaucoup plus importants que l'arrestation à tout prix d'un suspect. C'est une question de jugement entre savoir, dans un cas précis, si la collectivité est mieux servie par la poursuite et l'arrestation de ce suspect que par la cessation de cette poursuite qui risque de dégénérer en une situation très dangereuse.

Une approche professionnelle. Les poursuites à haute vitesse, trop souvent nécessaires, sont dangereuses pour les piétons, les autres automobilistes, les policiers et aussi pour le suspect qui fait l'objet de la chasse.

Le policier fait certainement preuve de son sens du devoir, de courage et de confiance en lui-même lorsqu'il prend la décision de poursuivre son sujet. Mais s'il décidait, en cours de route, de suspendre la poursuite pour des motifs raisonnables, il ferait tout autant preuve de jugement.

Si un policier entreprend la poursuite d'un individu soupçonné d'un acte criminel grave, il n'est pas dans la même situation que celui qui poursuivrait quelqu'un pour une infraction mineure à une loi statutaire, au Code de la route ou à un règlement de circulation municipal de la circulation.

Lorsqu'une chasse prend une allure, une durée et des proportions qui placent tout le monde dans une situation de grave danger, le policier devrait se rappeler le motif pour lequel cette poursuite en automobile a d'abord été entreprise.

Décider d'abandonner la poursuite d'un contrevenant à un règlement de la circulation qui peut toujours être arrêté à un autre moment ou par un autre moyen, c'est faire preuve d'un meilleur jugement que de lui courir après, avec tous les risques majeurs que cela comporte pour le policier, le suspect et les autres citoyens sur le parcours de la poursuite.

S'accorder un moment de réflexion en mettant de côté son orgueil et son amour-propre, afin de soupeser la situation, et arriver à la meilleure décision, voilà une décision qui exige sûrement de la maturité, du sang-froid, de l'expérience et une profonde connaissance de ses responsabilités et qui pourrait être, pour le policier, la démonstration de sa propre compétence.

Il est juste de répéter que cette décision appartient au policier lui-même impliqué dans l'affaire et, dans la mesure où il s'agira d'un cas où la loi l'autorise à arrêter un individu, il devra s'en remettre à son jugement personnel et à sa conscience.

Il lui faut se rappeler que les personnes en autorité et les citoyens qui semblent exiger de lui la poursuite et l'arrestation de l'auteur d'un crime, seront probablement les premiers à le blâmer si un accident survenait à cette occasion.

Quelles que soient les idées entretenues par plusieurs policiers sur le sujet, rarement seront-ils excusés, même s'ils sont théoriquement protégés par la loi, d'avoir utilisé sans nécessité des méthodes périlleuses, surtout s'il en découle des morts, des blessés ou des dommages matériels importants.

La force employée peut parfois avoir des conséquences entièrement disproportionnées avec l'infraction commise et demeurer quand même justifiable devant la loi. De même, il se présentera des situations où la coercition est aussi défendable, mais les situations doivent être réduites au strict minimum.

Rédiger une directive défendant totalement les poursuites à haute vitesse serait une invitation ouverte à la fuite. Par contre, entreprendre des poursuites sans égard aux conséquences serait aussi un encouragement à l'exagération. Entre les deux positions, il doit y avoir un juste milieu.

Je sais que les policiers qui se savent des professionnels comprennent déjà ce message. Ils partagent cette réflexion qui n'a d'autre but que de protéger à la fois policiers et citoyens et ce, sans négliger pour autant nos devoirs et notre serment de policier, au service de la collectivité.

7. L'ALCOOL AU VOLANT

Dans le domaine de la sécurité routière, il est nécessaire que nous nous préoccupions de la bonne condition de notre véhicule ; mais ne faut-il pas s'attarder aussi à l'état de santé du conducteur ?

Le monde actuel, trépidant et de plus en plus motorisé, subit l'influence de trois facteurs étroitement liés l'un à l'autre : *la fatigue, l'alcool* et *la vitesse*. Ces trois facteurs ont pour conséquence la progression inquiétante du nombre et de la gravité des accidents de la route.

Les statistiques nous apprennent que 90 pour cent des accidents ont pour cause des défaillances humaines. Mais, sous cet euphémisme, se cache en réalité la responsabilité du conducteur : plus de 50 pour cent des accidents mortels sont dus à l'alcool et 80 pour cent des accidents lui sont imputables d'une façon directe ou indirecte.

Devant l'importance que prend l'alcool dans les accidents de la route, il est évident qu'il faut, à tous les niveaux d'autorité, une volonté encore plus déterminée de s'attaquer courageusement à ce grave problème pour instaurer de nouvelles mœurs et pour faire comprendre à chacun ses responsabilités. Bien que l'alcool n'ait en soi rien de répréhensible, dans la mesure où il n'y a pas d'abus, il demeure cependant tout à fait incompatible avec la conduite d'un véhicule-automobile.

Effets physiologiques de l'alcool. Il y a un certain fondement, semble-t-il, dans la croyance populaire voulant que l'alcool pris avant un repas excite l'appétit. Pris en petites quantités, il paraît favoriser une sécrétion plus abondante des sucs gastriques, sécrétion qui aiguise l'appétit. Par contre, si l'alcool est consommé en quantité considérable, il réduit de beaucoup et même empêche, au contraire, l'action des ferments digestifs.

L'alcool n'a que peu d'effets directs sur la circulation sanguine, bien qu'il produise un changement dans la distribution du sang, en causant la dilatation des vaisseaux périphériques. La respiration n'en est que peu, sinon pas du tout affectée. Contrairement à ce que l'on croit généralement, l'alcool n'élève pas la température du corps, en même temps qu'il dilate des vaisseaux sanguins de la peau. C'est pourquoi, avant de s'exposer à la fatigue ou au froid, prendre des boissons alcooliques est à déconseiller sous le fallacieux prétexte d'éviter les effets de cette fatigue ou du froid.

Effets psychologiques de l'alcool. Quelques constatations sur les effets psychologiques de l'alcool méritent une attention particulière. Il a été démontré, à la suite d'expériences, que des tâches faciles comme l'addition d'une colonne de chiffres, la lecture d'une série de syllabes détachées, s'exécutent moins rapidement et moins exactement, après avoir pris ne serait-ce qu'une quantité modérée d'alcool.

Un orateur invité à un banquet, après avoir consommé un peu de vin, se voit débarrassé momentanément de son manque d'assurance et de sa gêne et se trouve porté à parler avec abondance, attitude qu'il n'afficherait pas dans des conditions ordinaires.

De même, la capacité de travail musculaire s'accroît sous l'influence de l'alcool ; mais l'augmentation d'efficacité du début est contrebalancée assez rapidement par une accumulation rapide de fatigue.

De plus, l'alcool déprime le système nerveux et son action ressemble à celle des anesthésiques. La réaction apparente de « stimulation » du début de l'intoxication est, en réalité, l'effet d'une dépression des centres nerveux supérieurs et d'une abolition des inhibitions, ces « freins sociaux » qui empêchent, en temps normal, l'être humain de donner libre cours à ses réactions et de poser des actes irréfléchis.

Le jugement et le raisonnement d'une personne qui boit sont amoindris avant même que n'apparaisse l'incoordination musculaire. C'est pourquoi un conducteur, dont le sang n'accuserait qu'une faible concentration d'alcool et qui ne présenterait pas de signes cliniques évidents, serait, tout comme un ivrogne notoire, un danger pour les usagers de la route à cause de cet affaiblissement de ses facultés supérieures et du ralentissement de ses réflexes. Contrairement à l'opinion générale, le plus grand responsable des accidents mortels est le buveur dit *social*... parce qu'il a tendance à surestimer ses capacités et parfois à se mettre au défi.

États pathologiques simulant l'intoxication alcoolique. Si, pour un médecin, il est difficile d'exclure les conditions pathologiques propres à simuler ou à exagérer les symptômes de l'intoxication alcoolique, il l'est davantage pour les policiers. En face d'un individu soupçonné d'être en état d'ivresse ou d'avoir des facultés affaiblies, la prudence s'impose pour ne pas engendrer de graves conséquences ou ne pas provoquer un déni de justice.

Pour mieux démontrer des situations ou des conditions susceptibles de simuler ou d'exagérer une intoxication alcoolique, nous avons emprunté au monde médical quelques cas. Citons-les à titre d'exemple :

- blessures sévères à la tête ;
- désordres du métabolisme : hypoglycémie, précoma diabétique, urémie, hyperthyroïde, etc. ;
- conditions neurologiques associées à la dysarthrie, l'ataxie, le tremblement, l'apathie, la sclérose disséminée, les tumeurs intracrâniennes, la maladie de Parkinson, l'épilepsie, etc. ;
- effet de gaz ou de vapeur d'un produit industriel volatile : essence, naphte, solvants de vernis, laques, diluants, peintures, encres, colles, etc. ;
- effet de médicament : insuline, barbiturique, tranquillisant, sédatif, antihistaminique, morphine et dérivés, certains analgésiques, etc. ;
- exposition à l'oxyde de carbone ;
- désordres psychologiques et préexistants : hypomanie, parésie, etc. ;
- forte température ;
- maladies vasculaires cérébrales.

Par conséquent, il serait dangereux de se baser uniquement sur l'apparence d'un individu, sur ses réactions et sur le seul fait que son haleine dégage une odeur d'alcool. Attention : il peut arriver que l'odeur perçue puisse être totalement due à l'alcool, mais elle pourrait être également due à l'acétone, à un solvant organique ou encore à un mélange de deux ou de trois produits différents qui s'éliminent de la même façon par les voies respiratoires.

Il est évident qu'un dosage de l'alcool éthylique dans un milieu biologique approprié (sang, haleine ou urine) peut seul établir avec précision l'état d'une personne sous l'influence de l'alcool. Cette précaution, grâce à ce moyen technique, vise à nous empêcher de commettre des erreurs graves, tant au point de vue de la justice que du justiciable.

Notre responsabilité de policier face à un détenu soupçonné de facultés affaiblies demeure donc entière, bien que des causes d'intoxication alcoolique soient choses courantes et parfois routinières dans notre travail de tous les jours. En d'autres termes, rappelons, au risque de nous répéter, que sous l'apparence d'un individu ivre peut se trouver en réalité un être victime d'une commotion cérébrale, d'une crise cardiaque, d'une crise d'épilepsie, qui souffre d'un précoma diabétique ou encore se trouve sous l'effet d'une mauvaise réaction à des médicaments.

Une surveillance étroite doit toujours être exercée, particulièrement pour un détenu dont le taux d'alcoolémie serait élevé afin de lui apporter les soins nécessaires en cas d'un « délirium tremens » ou encore pour le protéger contre toute tentative de suicide.

De plus, un policier ayant la garde d'une personne inconsciente ou d'une personne dont l'état ou le comportement ne semble pas normal, doit prendre toutes les mesures, pour mander d'urgence un médecin sur les lieux ou pour la faire transporter immédiatement à l'hôpital.

Présumer hâtivement qu'une personne est inconsciente, conclure trop rapidement qu'elle est sous l'effet de l'alcool ou bien qu'elle « cuve son vin » dans sa cellule, peut facilement se révéler une erreur de jugement qui pourrait devenir un drame aux conséquences irréversibles.

Responsabilité sociale. Il faut reconnaître que les gouvernements et les services policiers font des efforts pour améliorer la sécurité routière. On construit des routes plus sûres, des émissions télévisées renseignent les gens sur les lois de la circulation et prêchent la prudence. Les policiers sont davantage sensibles à la sécurité routière et les divers services de police sont dotés d'équipements électroniques de contrôle plus sophistiqués. Les automobiles sont plus sûres et possèdent des dispositifs qui visent à prévenir les accidents : feux clignotants, phares à double intensité, pneus à adhérence supérieure, etc. ou à réduire leur gravité : ceinture de sécurité, tableau de bord rembourré.

Mais, devant le nombre croissant d'accidents mortels, il faut se demander si ces mesures sont suffisantes. Toutes sont louables, mais ne peuvent être efficaces sans une application rigoureuse des lois de la circulation, surtout celles interdisant l'abus de l'alcool aux automobilistes.

La preuve est faite : l'alcool diminue les réflexes, altère les perceptions et fait perdre le sens des responsabilités. Lorsque nous faisons l'analyse des causes d'accidents, nous ne pouvons que constater l'augmentation des risques de la conduite lorsque les facultés sont affaiblies. Les effets sont troublants.

Des études menées à ce sujet, aux États-Unis, ont conclu qu'un conducteur ayant 80 milligrammes d'alcool éthylique par 100 millilitres de sang (0,08 gr %) aurait, selon le calcul des probabilités relatives, quatre fois plus de possibilités de causer un accident que le conducteur sobre. À 150 mgrs % (0,15 gr %), le facteur « risque » est de 25. Une alcoolémie inférieure à 80 mgrs % n'indique pas nécessairement qu'un conducteur soit sobre. Tout dépend de ses habitudes. Il ne faut pas oublier qu'à 50 mgrs %, environ 50 pour cent des gens auraient les facultés affaiblies (jugement, raisonnement, champ de vision latéral et en profondeur, etc.). Le conducteur le plus dangereux n'est pas inévitablement celui qui est en état d'ivresse avancée, mais celui dont les facultés sont simplement affaiblies et qui se trouve sous l'impression que les incidences de la route s'éliminent au fur et à mesure de son passage ; c'est celui qui pense que la route lui appartient et qui, très souvent, paraît sobre à l'œil non averti.

Les experts sont tous unanimes à reconnaître que, chez un nombre élevé de conducteurs impliqués dans des accidents mortels, on décèle un taux d'alcool significatif.

Le rôle fonctionnel attendu de l'alcool comme de la voiture est l'évasion, la libération d'une situation, objectivement parfois, mais subjectivement toujours contraignante. Les grands mécanismes d'action de l'alcool et de la voiture se traduisent par l'impulsivité, l'agressivité contre soi ou contre autrui et la compensation dans l'illusion. C'est notamment dans ce sens que la rencontre des éléments, « éthylisme » et « volant » constitue un état dangereux maximum.

Depuis longtemps, les éditorialistes et les hommes publics préconisent une plus grande sévérité en matière de sécurité routière. Les bulletins de nouvelles font constamment état de nombreuses victimes de la route. Si certains accidents sont imputables à des défaillances humaines, l'expérience démontre que la plupart sont dus à l'usage abusif de l'alcool. Sans aller jusqu'à l'état d'ébriété, une dose réduite d'alcool modifie très sensiblement les réflexes de certains automobilistes.

La législation imposant aux automobilistes de subir dans certaines conditions des tests d'alcool vise précisément à combattre ce fléau en même temps qu'à éviter des injustices. Mais, pour certains, cette législation peut apparaître comme une contrainte arbitraire à leur liberté personnelle.

Cependant, les citoyens doivent aussi considérer que l'abus de l'alcool au volant est l'évidence d'une irresponsabilité sociale.

Un conducteur qui, volontairement, assume le risque de provoquer un accident grave devient, par conséquent, un danger public et des moyens doivent être pris pour l'en empêcher. C'est ainsi que le souci du bien commun autorise le législateur à imposer des mesures sévères de défense sociale, comme le test de l'haleine.

Les libertés de l'individu sont légitimes et respectables, mais elles doivent parfois céder la place aux impératifs de sécurité collective. C'est le cas de cette mesure législative qui n'a qu'un seul objectif : inciter les conducteurs à la modération, à la fois pour leur propre sécurité, celle des autres usagers de la route et, en définitive, pour celle de la collectivité.

8. L'ARME DE SERVICE : UN MOYEN DE DÉFENSE

Toute intervention policière est susceptible de créer des situations où il y a possibilité d'erreurs humaines ; l'important est d'en être conscient afin de les réduire à leur strict minimum. L'usage de l'arme de service comme moyen de défense arrive sûrement au premier plan parmi les nombreuses situations. L'expérience démontre cependant que les policiers utilisent, en général, l'arme de service par stricte nécessité et de façon appropriée. Mais la preuve a aussi été faite qu'en l'absence de directive précise un certain nombre, et c'est heureusement une minorité, a dans le passé fait usage de cette arme de façon excessive ou, encore, dans des situations inappropriées.

Dans le cadre de notre mission, la politique du Service exige, dans tous les cas, un emploi minimum de la force. *L'usage de l'arme de service est donc autorisé uniquement en cas de légitime défense ou lorsqu'une vie humaine est en danger et que tous les autres moyens ont été épuisés ou se sont avérés inadéquats.*

Lors d'une arrestation, le policier doit d'abord donner au suspect la chance de se soumettre sans résistance. Il est possible et admis qu'à l'occasion d'une poursuite ou d'une arrestation un policier puisse causer des blessures et même la mort d'une personne, cela pourra se justifier à la condition qu'il lui aura été impossible d'empêcher ou de réprimer ce qui devait l'être par des moyens moins violents. Ainsi, un policier ayant fait feu contre une personne pourrait être blâmé d'usage excessif de la force si les circonstances particulières laissaient croire qu'il aurait pu procéder autrement par des moyens raisonnables.

Une directive du S.P.C.U.M. réglementant l'usage de l'arme de service s'appuie sur le principe suivant : si la vie du policier ou de quiconque n'est pas menacée, il est interdit de tirer sur un suspect. Comme corollaire à ce principe, il est permis de faire usage de l'arme de service lorsqu'une vie humaine est en danger immédiat et, dans ce cas, les secondes sont précieuses et il n'y a pas de place pour un coup d'avertissement.

L'objectif premier de cette directive est d'indiquer une ligne de conduite au policier, de le faire réfléchir sérieusement sur les conséquences du geste à poser et de le conditionner mentalement comme il se doit, avant de penser à utiliser son arme. Par voie de conséquence, elle vise à réduire les possibilités d'usage inutile, irréfléchi et excessif de l'arme de service en vue d'assurer une meilleure protection de la vie et de la propriété.

Réactions au changement. Depuis la publication de cette directive sur l'usage de l'arme de service, j'ai constaté que le personnel, en général, a très bien réagi et qu'il l'a acceptée d'emblée. Certains ont, bien sûr, affiché au départ quelques réticences et ils ont même porté des jugements sévères en prétendant que cette directive pouvait les empêcher de travailler, qu'elle devenait une entrave à l'action policière ou, encore, qu'elle pouvait mettre leur vie en danger devant l'hésitation toujours possible d'utiliser l'arme de service de peur d'enfreindre les règlements.

Toutefois, le temps et les hommes faisant bien les choses, les officiers ont pris leurs responsabilités et ont fait face aux premières réactions de façon directe et positive, sans prendre panique. Ils ont d'abord accepté que ces réactions puissent être tout à fait normales pour un être humain, surtout s'il ignore les motifs qui ont pu amener la publication d'une telle directive, et surtout s'il n'a pas pris le temps nécessaire d'analyser, tant sur le plan légal que sur le plan de l'éthique professionnelle, les implications que comporte un geste d'une aussi grande gravité : l'usage de l'arme de service.

Un autre sujet brûlant, précédemment évoqué, portait aussi sur le coup de feu en signe d'avertissement. Les officiers, en s'inspirant de méthodes actives d'enseignement, ont amené les policiers à comprendre qu'il était préférable de ne pas tirer de coup d'avertissement et à réfléchir sur les conséquences de ce geste, qui sous-entend le danger d'épuiser leur réserve de munitions disponibles dans le barillet et dans la cartouchière.

Dans le sens de cette préoccupation, essayons un instant de répondre à ces quelques questions :

▪ Qu'arrive-t-il des balles tirées au hasard, en l'air ou en direction d'un fuyard comme coup d'avertissement ?

▪ Qu'arrive-t-il au policier pris subitement au dépourvu alors que le barillet de son revolver et, encore pire, que sa cartouchière devient vide alors qu'une, deux ou trois balles ont déjà été utilisées en signe d'avertissement ?

En face d'un criminel dangereux, récalcitrant, chaque seconde compte et chaque balle a une valeur imprévisible et inestimable. Comment ne pas réaliser que ces coups d'avertissement pourraient devenir subitement une question de vie ou de mort ? Le policier doit constamment faire preuve de son sens du devoir, de courage et de confiance en lui-même en faisant face à des situations hasardeuses et difficiles, selon que le suspect est en fuite parce qu'il a pris panique ou selon que le criminel est embusqué parce qu'il veut éviter la capture.

Chaque événement et chaque circonstance varient d'une fois à l'autre. Il est impossible de penser à une directive pour chaque cas. Par conséquent, il revient toujours au policier impliqué d'évaluer lui-même la gravité, les circonstances, les dangers inhérents à son action et l'importance du crime commis ou sur le point d'être commis. Poursuivre et arrêter les criminels constituent l'une de nos responsabilités. Cette obligation doit cependant être pondérée par les implications d'une autre de nos responsabilités encore plus importante, soit celle de protéger les citoyens innocents et d'assurer en même temps le respect de la loi, de la paix et de l'ordre public.

L'usage de l'arme de service, une décision grave. L'usage de l'arme de service demeure l'une des décisions les plus graves et les plus importantes qu'un policier est appelé à prendre. C'est pourquoi, elle doit être un sujet de constante préoccupation pour chacun d'entre nous et plus particulièrement pour les dirigeants d'un corps policier.

Lorsqu'une personne arrêtée ou un fuyard menace la sécurité du policier, ce sont des règles particulières qui s'appliquent. Le policier, comme tout citoyen, a le droit de protéger sa vie et son intégrité physique. Dans une attaque illégale, il a le droit de prendre tous les moyens nécessaires pour se défendre.

Ainsi, lorsque la personne soupçonnée utilise elle-même une arme meurtrière contre le policier, la violence avec laquelle ce dernier se protège sera appréciée de façon bien différente et bien plus large. Il apparaît certain qu'il serait malvenu, dans ce cas-là, de recommander au policier de servir un coup d'avertissement.

Le policier appelé à utiliser son arme doit « tirer pour arrêter » *(Shoot to Stop)*, de préférence à « tirer pour tuer » *(Shoot to Kill)*. Cette façon de penser ou cette attitude implique que l'objectif du policier n'est pas de tuer l'individu, mais bien de l'empêcher de continuer à poursuivre l'acte criminel.

Tirer en direction d'une personne peut subitement devenir, selon les suites de cette décision, *un procès expéditif* où, en l'espace de quelques minutes et même de quelques secondes, une personne sera jugée sur-le-champ, trouvée coupable, condamnée à des blessures graves et, c'est possible, à la peine capitale.

Le droit du policier d'agir ainsi ne sera jamais mis en doute s'il accomplit son devoir de façon à protéger sa vie ou celle d'une autre personne et si des actions de la personne poursuivie présentent un danger réel pour la collectivité. Le Code criminel autorise d'ailleurs un policier à utiliser la force, pouvant entraîner même la mort, si la chose est nécessaire, en tenant compte des circonstances, bien entendu.

L'étude de la jurisprudence sur ce sujet a déjà soulevé plusieurs questions où une réponse affirmative doit être recherchée dans la conduite du policier, mis à part les cas de légitime défense, pour déterminer s'il a bien agi. Ces questions sont les suivantes :

• L'arrestation, la poursuite ou l'intervention du policier était-elle légalement justifiée ?

• Le suspect manifestait-il une conduite ou prenait-il la fuite de manière à justifier l'emploi de la force ?

• La force employée, y compris l'usage de l'arme à feu, équivalait-elle à la force nécessaire pour réprimer le comportement du suspect ou empêcher sa fuite ?

• Est-ce que l'arrestation, la poursuite ou l'intervention du policier aurait pu s'exercer en employant des moyens raisonnables, d'une façon moins violente ?

• Dans l'exercice de ses fonctions, le policier a-t-il ou n'a-t-il pas fait preuve de négligence, d'insouciance ou encore a-t-il abusé de ses pouvoirs ?

Comme on a pu le voir tout au long de ce livre, le travail policier est dangereux et complexe ; il nécessite une grande latitude et une discrétion exceptionnelle dans la prise de décision. La conduite de chacun doit donc, par conséquent, s'inspirer du code de déontologie et de directives qui peuvent peut-être paraître au profane beaucoup plus sévères que pour les personnes œuvrant dans d'autres professions.

9. LES MANIFESTATIONS : ORDRE ET LIBERTÉ

Vivre dans une société démocratique offre à chaque citoyen le droit d'exprimer ses opinions et même de contester les institutions établies, pour autant, bien entendu, qu'il demeure à l'intérieur des cadres de la légalité.

Les policiers, en observateurs impartiaux, ont à respecter un juste équilibre entre la liberté et l'ordre et ce, malgré qu'ils puissent être en certaines circonstances, en complet désaccord avec les idéologies et les revendications mises de l'avant.

User de jugement et de patience et faire montre d'une grande maturité psychologique sont assurément les meilleurs atouts pour qu'une manifestation se déroule et se maintienne dans le bon ordre et sans violence.

Mais une intervention de la part de la police est toujours possible lorsque des agissements deviennent une menace à la vie, une cause de dommages à la propriété ou bien une incitation à troubler davantage la paix publique de façon désordonnée.

Les manœuvres de maîtrise de foules exigent des policiers un entraînement sérieux pour atteindre cette efficacité nécessaire au succès de ce genre d'opération et aussi pour réaliser cette unité d'action qui permet de répondre aux divers commandements à la fois avec rapidité et coordination.

L'expérience a démontré que les agents de la paix impressionnent, à coup sûr, les manifestants lorsque leur comportement laisse voir qu'ils font partie d'un groupe discipliné et bien entraîné. Par exemple, combien de fois avons-nous été témoins d'un groupe de policiers en rangs serrés, bien équipés, ordonnés et déterminés, s'avancer vers des manifestants et voir plusieurs de ces personnes subitement fuir les lieux pour éviter un affrontement.

En plus de la formation de base, le recyclage du personnel sur les principes et sur la pratique de la maîtrise de foules est une condition préalable pour amener les policiers à conserver constamment, sur la scène d'un rassemblement populaire, ce contrôle parfait d'eux-mêmes.

Une règle fondamentale, lors d'un service d'ordre, consiste à éviter de se laisser prendre dans ce cercle vicieux de la « provocation-répression ».

En d'autres mots, il faut aux représentants de l'ordre un sang-froid absolu pour ne pas répondre à la moindre provocation et pour ne pas réagir par une répression démesurée. Sans quoi, le cercle vicieux « provocation-répression-provocation » continue pour atteindre une escalade par voie de conséquence.

Comme la contestation est un sous-produit de notre société démocratique, le policier le réalise, en prend son parti et s'y conditionne. Par contre, notre société exige aussi de chaque citoyen qu'il renonce à la force comme moyen de se faire justice et d'obtenir un changement social ; elle lui accorde en retour le droit à la dissidence.

Responsabilités du public. Si le public a des droits, il a aussi en contrepartie des devoirs dont il doit s'acquitter pour qu'une manifestation populaire demeure dans la légalité et dans les limites du raisonnable. Le maintien de l'ordre dans les défilés n'est en effet possible qu'à la condition que les organisateurs remplissent leurs responsabilités publiques.

À cette fin, il est essentiel, avant un défilé, de prévoir une rencontre entre la police et les responsables de l'événement. Cette rencontre a comme principal but de connaître et d'identifier clairement les organisateurs, de préciser les conditions de l'obtention du permis de défilé ou de parade, comme cela existe à Montréal, d'obtenir des garanties très précises sur les intentions des organisateurs et les motifs de la marche, d'assurer les forces de l'ordre que ces personnes ne servent pas de prête-nom ou de prétexte à des délits criminels et, finalement, de leur expliquer les raisons ou les circonstances susceptibles d'entraîner la révocation ou la fin de la manifestation.

Les règles pour l'émission de ce permis ne sont pas les mêmes pour toute réunion sur le domaine public, quelle que soit son importance. Elles sont beaucoup plus strictes pour les défilés de nuit que pour ceux de jour ; pour les réunions de masse comptant des milliers de personnes que pour une cinquantaine de manifestants devant un consulat.

À titre d'information, les conditions les plus courantes pour l'émission d'un permis de défilé sont les suivantes :
- l'organisateur principal de la marche doit être clairement identifié et le permis émis à son nom. Dans le cas de réunions importantes, il doit aussi fournir le nom de ses collaborateurs immédiats.
- L'organisateur principal doit préciser sur sa demande de permis :
  - Le but du défilé.
  - Le point de rassemblement.
  - L'horaire détaillé, c'est-à-dire l'heure du début et de la fin de la marche, ainsi que l'heure approximative de l'arrivée du défilé à des points de contrôle.
  - Les détails du trajet.

• Un plan détaillé du contrôle de la foule à chaque étape du défilé, en insistant sur le contrôle au moment particulièrement dangereux de la dispersion. Fait à remarquer, la plupart des comportements illégaux lors des manifestations se présentent habituellement au moment de la dispersion. La responsabilité des organisateurs de défilés s'étend jusqu'à cette dernière phase. Il est sans doute sage d'exiger, pour les défilés, que les marcheurs se dispersent en un lieu éloigné du but de la manifestation.

• Le nom des responsables du service d'ordre, en nombre suffisant pour assurer une surveillance étroite des manifestants. Une règle non écrite veut, par exemple, qu'il y ait un responsable avec marque d'identité par 25 participants, selon le groupe et l'importance du défilé.

• Le nombre approximatif de manifestants attendus et les mesures prévues dans l'éventualité d'un nombre supérieur.

• La démarche de permis est présentée au Directeur du service de police, ou à son délégué, suffisamment à l'avance pour lui accorder le temps nécessaire pour faire préparer un service d'ordre approprié.

L'expérience a démontré que cette rencontre préalable à l'obtention de ce permis, non seulement resserre davantage le contrôle des rassemblements de masse, mais permet principalement de s'allier l'appui et la confiance des responsables de la manifestation en plus de la collaboration de la population en général.

En effet, avec cette pratique, les gens perçoivent différemment le rôle de la police en réalisant que les policiers, au lieu de tenter d'abolir ou de restreindre le droit aux citoyens de manifester, désirent surtout maintenir l'ordre public tout en respectant en même temps les droits des individus.

En outre, le fait de rendre les organisateurs conscients de leurs responsabilités civiles et publiques au moment de la manifestation facilite aux policiers la tâche de sauvegarder l'ordre public, étant en meilleure position s'il s'avère nécessaire de se déployer et de contrôler les gestes illégaux de quelques individus qui échapperaient subitement à la vigilance des organisateurs.

Responsabilités de la police. Les incidents violents qui mettent parfois aux prises forces de l'ordre et manifestants démontrent bien le rôle important et délicat qu'est appelé à jouer le policier. Plongé dans un monde en constante évolution, il doit tour à tour se muer en travailleur social, infirmier, psychologue ou judoka. La répression des émeutes et des mouvements collectifs et violents d'agitation, de protestation et de contestation est une autre tâche complexe et ardue qui s'ajoute à l'éventail de ses responsabilités déjà nombreuses.

Bien qu'un équipement adéquat soit nécessaire pour accomplir ce travail, l'effort devrait surtout porter sur l'entraînement psychologique et mental du policier et sur la psychologie des foules et du comportement de masses. En effet, faute de préparation, il y a risque pour un policier de se sentir, devant une foule hostile, subitement cerné et peut-être de réagir, en l'absence d'un commandement effectif, par des moyens inappropriés ou par une force exagérée.

Lorsque plusieurs personnes se rencontrent à un même endroit, que ce soit pour un événement social sans importance, une assemblée de contestation, une épreuve sportive, un différend ouvrier, une parade ou encore une manifestation pacifique, la possibilité de friction est toujours présente.

Sur les lieux de manifestations populaires, la police doit d'abord maintenir l'ordre et la paix publique et prévenir la possibilité d'actes criminels.

Sa responsabilité est de se sentir prête à toute éventualité dans le but d'intervenir au moment opportun afin de rétablir l'ordre, protéger la vie et la propriété et surtout prévenir qu'un désordre mineur ne dégénère en émeute.

Devant la tournure des événements, il peut arriver, à un moment de la manifestation, que l'officier supérieur, responsable sur les lieux, juge le temps venu d'ordonner la dispersion des manifestants parce qu'à son avis l'assemblée, le défilé ou l'attroupement met ou a déjà mis en danger la sécurité, la paix et l'ordre public.

Dans ce cas, cet officier supérieur doit se rappeler que la maîtrise de foules n'est efficace que dans la mesure où il dispose d'un personnel suffisant. En règle générale : il n'est pas recommandable de tenter une manœuvre d'envergure et de prononcer l'avis formel de dispersion sans être assuré d'un personnel adéquat.

Lorsque ces conditions sont remplies, il pourra procéder à la dispersion de la foule. Des policiers placés à la périphérie de la zone critique, tout en agissant avec fermeté mais sans rudesse, verront à faire circuler les personnes vers les voies de dégagement et empêcheront ces gens de se former en attroupements dans les environs immédiats.

Éducation et formation du personnel. Prévenir et éviter la violence demeure sans contredit la principale préoccupation des forces de l'ordre, mais une tâche toujours complexe et exigeante.

Comme les manifestants se laissent souvent conduire beaucoup plus par les émotions que par la raison, il est difficile pour les agents de la paix de prévoir, dans ces conditions, le comportement de ces personnes.

Mais il est reconnu que les policiers les plus efficaces sont habituellement ceux qui sont doués d'un bon jugement et d'une grande maturité, qui possèdent en plus des notions sur la psychologie du comportement des masses et qui disposent d'un service efficace de renseignements.

De plus, à l'entraînement de la maîtrise de foules, il faut ajouter la formation du personnel sur les règlements municipaux et sur les articles du Code criminel relatifs aux pouvoirs des agents de la paix, aux attroupements illégaux et aux émeutes. Finalement, la préparation de plans d'action suffisamment souples est une autre méthode pour utiliser avec efficacité et de façon plus rationnelle le personnel et l'équipement disponibles pour toute éventualité.

Tout le monde sait qu'il n'y a pas de substitut à la formation du personnel et, pour être valable, cet entraînement devrait être continu. Le personnel appelé à remplir ces tâches importantes et délicates devrait être renseigné et recyclé selon les méthodes de travail les plus récentes dans ce domaine, de manière à demeurer constamment à la hauteur de la situation pour protéger la vie et la propriété et pour prévenir les manifestations de violence collective.

V

Étapes et bilan

I. UN TRAVAIL D'ÉQUIPE

Au cours des dernières années, les services de police ont connu de nombreux changements, principalement caractérisés par une décentralisation des structures et par une délégation de la prise de décision.

Toutefois, cette décentralisation et cette délégation exigeaient, en contrepartie, un accroissement des contrôles pour s'assurer que les plans et les politiques qui avaient été élaborés étaient compris et suivis par tous.

Pour atteindre un tel but, un directeur de police doit compter sur l'assistance d'un personnel compétent et sur une communication continue avec le policier dans la rue. De plus, les changements qui sont apportés au fonctionnement de l'organisation doivent s'inspirer des principes qu'applique le secteur privé.

Ces principes, adaptés à nos besoins, en vue d'atteindre une plus grande efficacité dans les opérations policières et une plus grande économie dans l'administration de notre Service, s'énoncent comme suit :

▪ Toutes les tâches qui ont une similitude ou une relation entre elles quant au but, au procédé, à la méthode ou à la clientèle doivent être regroupées dans une ou plusieurs unités sous le contrôle d'une seule personne.

▪ Des unités spécialisées doivent répondre à des besoins réels. La création de sections spécialisées ne doit pas se traduire par une réduction des contrôles ou encore par un désintéressement chez les policiers en général.

▪ Une ligne de démarcation doit exister dans le partage des responsabilités pour identifier la responsabilité de chacun et éviter la duplication dans l'exécution d'un devoir ou la négligence dans l'accomplissement de la tâche donnée.

▪ Des canaux de communications doivent permettre la circulation de l'information de haut en bas, de bas en haut, à travers l'autorité déléguée.

▪ L'autorité déléguée doit être proportionnelle à la responsabilité dévolue. Il est important que chacun sache à qui il doit faire rapport pour rendre compte et, à son tour, connaître celui qui relève de son autorité. Il y aura toujours des exceptions à cette règle pour les cas d'urgence et les situations particulières.

▪ Aucun membre du Service ne devrait être subordonné à plus d'un supérieur dans une fonction définie. Le principe de l'unité de commandement exige donc que chaque individu, chaque unité et chaque situation soient sous le contrôle immédiat d'une seule et même personne pour éviter les frictions qu'entraîne inévitablement la duplication de direction et de supervision.

▪ L'étendue du contrôle est un autre principe à retenir. Un supérieur ne peut diriger qu'un nombre limité de personnes en même temps. Ce principe repose sur les limitations humaines de temps, pour s'occuper de son équipe, d'énergie pour la diriger et d'attention pour la contrôler.

▪ Toute décision concernant un travail de routine doit être laissée au bas de la hiérarchie de commandement et les problèmes sortant de l'ordinaire rapportés vers le haut de celle-ci.

▪ Une supervision doit exister sur chaque membre de l'organisation de même que sur chaque fonction ou activité.

C'est à partir de ces principes organisationnels que nous avons pu, dès le début, regrouper et classifier les tâches et les fonctions du service de police de la Communauté urbaine de Montréal sous deux directorats importants : la direction des Services opérationnels et la direction des Services administratifs.

La direction des Services opérationnels. Les fonctions de la direction des Services opérationnels sont la raison d'être de notre service de police parce que cette direction a comme responsabilité la protection des personnes et de la propriété, l'application des lois et la dispensation de services policiers au public. Les tâches nécessaires à l'accomplissement de ces obligations sont, entre autres : la patrouille, le contrôle de la circulation, l'enquête criminelle, le contrôle sur les mœurs et les drogues et le contrôle de la délinquance juvénile.

À l'intérieur de cette fonction opérationnelle, la patrouille apparaît comme la tâche primordiale que certains auteurs comparent à la colonne vertébrale de l'organisation policière. Comme les patrouilleurs en uniforme dispensent un service constant, 24 heures par jour et 365 jours par année, qu'ils sont les premiers à couvrir les scènes de crime, à répondre à toute plainte, à effectuer l'enquête initiale et à s'acquitter de vérifications sporadiques comme mesure préventive, ces policiers deviennent indispensables à l'organisation et ils sont liés directement à l'existence du service de police, à son efficacité et à sa réputation.

Les autres sections opérationnelles, dont les responsabilités sont diverses, font aussi partie des services opérationnels, mais elles doivent plutôt être considérées comme des unités offrant un service complémentaire à la patrouille.

Ces unités spécialisées dont le personnel possède, en règle générale, des habiletés particulières et une formation appropriée doivent leur existence à l'apparition de besoins spécifiques ou à l'ampleur du volume de travail qui dépasse la capacité de la patrouille à répondre de façon satisfaisante soit à l'enquête criminelle, qui demande des recherches plus approfondies, ou soit à certaines formes de troubles sociaux ou de manifestations de masse qui deviennent de plus en plus fréquentes. Ces unités sont assignées à des tâches précises, toujours avec l'objectif principal de venir en aide à la patrouille régulière. J'insiste pour rappeler que ces unités n'existent pas pour elles-mêmes, mais bien pour la patrouille.

La direction des Services administratifs. « Protection et service au public » doit être notre mot d'ordre en tant que service de police. Toutefois, pour que les services opérationnels puissent se réaliser pleinement et efficacement, d'autres fonctions doivent aussi être accomplies à l'arrière-scène.

Les opérations policières seraient parfois en difficulté sans l'apport de la direction des Services administratifs. Pensons un instant aux ressources financières, aux ressources humaines et aux ressources physiques.

Ces services, administrés de façon compétente, deviennent des auxiliaires précieux pour les policiers dans le feu de l'action et dans la réalisation des objectifs de notre Service.

Le policier, au cours d'une opération, ne peut pas toujours évaluer l'appui qu'il reçoit des Services administratifs ni le nombre de collaborateurs discrets et inconnus qui ont rendu possible, par exemple, le démantèlement d'un réseau de prostitution, de voleurs d'autos ou de fraudeurs.

Il est évident qu'un service de l'importance du SPCUM doit compter sur l'expertise d'une équipe de professionnels et de collaborateurs qui travaillent étroitement avec les policiers engagés dans l'action. Ces professionnels sont particulièrement utiles dans des domaines qui leur sont propres, comme l'analyse budgétaire, la technologie des communications, la radiophonie et la téléphonie, la recherche et la planification, le développement des ressources humaines et l'assistance légale pour ne citer que ces sphères d'activités.

Cet investissement d'énergie et d'argent a comme seul but d'améliorer le Service, en commençant au niveau de la patrouille.

Notre objectif doit viser en tout premier lieu la revalorisation de la fonction du patrouilleur. Pour y arriver, il faut enrichir sa tâche, lui donner plus d'autorité et plus de responsabilité, lui permettre une marge d'initiative plus grande dans son travail quotidien, l'habituer à travailler étroitement à l'intérieur d'équipes multidisciplinaires (« Team Policing ») formées de policiers de spécialités diverses, placer à sa disposition tout le « renseignement » accessible sur les criminels à surveiller et à rechercher, lui permettre de compléter des enquêtes criminelles.

Comme le rappelait le Livre blanc sur la police, la patrouille constitue, en fait, l'armature principale d'un corps de police. La patrouille est essentiellement une présence, un moyen d'observer et une surveillance. Portant attention aux personnes, aux biens ou aux incidents de son secteur, le patrouilleur constitue en quelque sorte les yeux et les oreilles de la police. Le patrouilleur suit les mouvements de personnes ainsi que les activités de la population ; il devrait être normalement le policier le mieux informé des événements qui surviennent dans le secteur qui lui est assigné. De plus en plus, les enquêteurs chevronnés devront reconnaître dans le patrouilleur la meilleure source d'information.

Nous avons besoin les uns des autres. Le patrouilleur ne demande qu'à être utile à l'enquêteur et vice versa. Le patrouilleur, s'il est sollicité pour fournir des indications, pourra apporter des suggestions pratiques et contribuer en somme aux enquêtes que mènent les enquêteurs. La barrière imaginaire entre les patrouilleurs et les enquêteurs devrait être chose du passé.

Tout ce que je souhaite c'est que chacun se sente responsable à son niveau, au même titre que le Directeur peut l'être à son poste. Il faut que le niveau de décision soit abaissé le plus bas possible et que chacun se sente responsable de l'efficacité du service qu'il assure aux citoyens.

2. L'ORGANISATION EN MUTATION

L'être humain, de par sa nature, a tendance à évoluer. De ce fait, ses attitudes et son comportement ont un impact sur la structure dans laquelle il travaille. Les besoins d'un employé ne sont jamais définitivement fixés. Dans l'exercice de ses fonctions il souhaite, entre autres :

- avoir un plus grand contrôle de son travail ;
- avoir plus d'initiative ;
- réaliser une certaine adaptation ;
- exprimer en même temps une indépendance vis-à-vis de l'organisation et des autres membres ;
- être respecté et respecter les autres ;
- exécuter un travail nécessitant un degré de créativité.

La qualité des hommes, leur compétence, leur personnalité assureront le succès ou l'échec de toute organisation.

La structure constitue le cadre dans lequel se déroule le développement organisationnel. Une bonne structure est indispensable à l'efficacité de la gestion et particulièrement pour définir un cadre aux responsabilités, aux relations internes et aux activités de tous les membres.

L'organisation elle-même, de même que la structure ne peuvent être statiques parce qu'elles doivent se développer dans le temps, de manière à mieux répondre aux besoins du Service.

Il peut exister dans les corps policiers plusieurs genres d'organigrammes administratifs, mais les types les plus fréquents sont ceux que l'on appelle couramment l'organigramme « horizontal » et l'organigramme « vertical ».

Le premier type implique un nombre restreint de niveaux administratifs où plusieurs personnes répondent directement à un seul supérieur.

D'autre part, le type de l'organigramme « vertical » est constitué par un plus grand nombre de niveaux administratifs. Plusieurs identifient ce type comme étant une « pyramide » administrative, c'est-à-dire une structure simple où le partage des tâches se fait facilement. C'est ce qu'on appelle « la structure à supervision directe ».

Évolution de l'organisation. Il n'est pas rare de retrouver dans un service de police en plein essor le phénomène de l'expansion horizontale. En effet, si la direction veut conserver un contrôle de chaque instant sur la marche du service, elle multiplie horizontalement les fonctions subalternes.

Cette politique, qui est commune à une multitude d'organismes, peut répondre sans doute aux besoins, pendant un certain temps. Mais, à plus ou moins long terme, l'effet contraire à celui prévu se fait sentir par une perte de contrôle plus ou moins généralisée à cause du nombre trop élevé de personnes pouvant se rapporter à un seul supérieur.

De plus, dans une organisation horizontale, toute entreprise qui a atteint une certaine envergure fait face à une quantité de pro-

147

blèmes quotidiens qui aboutissent invariablement dans les mains de la direction. Résultats : plusieurs problèmes mineurs accaparent les dirigeants et limitent le temps qu'ils devraient consacrer à la planification, à la conception et à l'établissement de politiques ou à la mise en marche de nouvelles étapes d'expansion.

La direction, dans une organisation qui serait strictement horizontale, est souvent confrontée avec des problèmes qui devraient normalement relever des spécialistes.

Une façon de remédier aux désavantages d'une organisation horizontale est d'ajouter un niveau administratif au moyen de cadres intermédiaires dans la ligne d'autorité ou de créer, selon les besoins et les objectifs de l'entreprise, des postes de conseillers appelés « staff ». Ainsi, les dirigeants se trouvent libérés d'une grande partie du travail de routine et de surveillance, dans le premier cas, et du travail d'analyse et de traitement de l'information, dans le deuxième cas, ce qui apporte à l'organisation des connaissances spécialisées dans des domaines spécifiques.

Indices d'une mauvaise structure. Comment le dirigeant d'un service de police peut-il déceler le besoin de modification des structures ?

L'analyse des relations inter-services, de la prise de décision ou des circuits d'information peut fournir des indications valables. Le besoin d'apporter des modifications est évident, par exemple, si certains de ces phénomènes apparaissent de façon précise :
- des employés hautement spécialisés consacrent leur temps à des travaux routiniers ;
- la répartition des tâches s'accompagne de chevauchements et de duplications inutiles ;
- des sections exécutent des tâches qui devraient être centralisées ;
- des procédures complexes et parfois désuètes sont appliquées à des tâches secondaires ;
- des travaux superflus sont exécutés ;
- un certain nombre de contrôles et de vérifications ne sont pas appliqués efficacement.

La direction d'un service de police devra toujours être aux aguets pour apporter les correctifs nécessaires à la structure et ce, au moment voulu.

Processus de structuration. L'établissement ou le changement d'une structure administrative ne peut se faire sans suivre minutieusement un plan de travail mûrement réfléchi.

148

Il faut d'abord préparer un questionnaire ayant pour but d'obtenir toutes les données nécessaires pour inventorier les ressources humaines disponibles.

L'étape subséquente consiste alors à interviewer le personnel dans le but de compléter les renseignements obtenus et de connaître davantage les tâches qu'il exécute, le niveau où chacun se situe dans l'entreprise, ses qualifications et ses aspirations.

Ces deux premières étapes permettent d'identifier certains problèmes, d'analyser les possibilités de regroupement d'activités et de définir plus spécifiquement les objectifs de chacune des unités majeures de l'entreprise.

Avec ces données en main, il est possible ensuite de planifier la structure future de l'organisation et d'y placer les responsables.

Les décisions touchant les changements qu'il faut apporter à ce stade sont capitales parce qu'elles concernent les hommes en place. Il s'agit de déterminer les critères qui permettront d'évaluer le potentiel des hommes susceptibles de remplir le mieux possible, dans un avenir plus ou moins rapproché, les postes de cette nouvelle structure.

L'organigramme requis dans l'immédiat et qui prépare l'instauration de la future structure est établi et les définitions des postes sont rédigées. Le choix des hommes qui occuperont ces postes est fait. Si nécessaire, une politique de remplacement pourra être élaborée.

Tout en planifiant cette structure, on doit garder à l'esprit les principes fondamentaux de délégation, d'unité d'autorité et de contrôle.

Importance d'une structure adéquate. Quelles que soient les causes qui nécessitent les changements dans une organisation, il faut toujours une justification précise. On doit d'abord déterminer l'origine des difficultés et définir dans quelle mesure elles peuvent découler de fautes d'organisation et non d'autres causes.

La décision de procéder à des modifications doit, cependant, rester essentiellement fondée sur l'apparition d'insuffisance de structures due, par exemple, à la croissance ou à des changements importants intervenus à l'intérieur de l'organisation.

Il peut s'avérer aussi que les objectifs n'apparaissent plus clairement à de nombreux cadres, soit parce qu'ils ont été modifiés au cours des années, soit parce que la croissance de l'organisme a tant éloigné les cadres subalternes entre le sommet et la base qu'ils ne savent plus très bien de qui ils dépendent. Finalement, si les buts généraux demeurent clairs pour chacun, plusieurs cadres s'interrogent sur leurs objectifs particuliers ou sur l'étendue de leur compétence et de leur pouvoir.

Une fois la décision de réorganisation prise, il faut fixer les objectifs avec clarté. Les objectifs recherchés pourraient être entre autres, les suivants :

- réduire les dépenses ;
- rapprocher la décision du lieu de l'action ;
- établir de meilleurs moyens de coordination ;
- préciser ou accroître les responsabilités de certains cadres ;
- faciliter les communications ;
- éviter le « court-circuitage » ;
- faciliter le contrôle ;
- diminuer le nombre de niveaux hiérarchiques.

Répartition rationnelle. Une fois les zones à problèmes définies et les objectifs de réorganisation fixés, il importe d'établir par la suite les procédés de réorganisation. Dans ce domaine, il n'y a pas de recette toute faite. Il y a autant de cheminements que de problèmes individuels. Dès que tous sont d'accord sur les principes de base, il faut concevoir un schéma d'organisation qui réponde aux besoins spécifiques et qui mette à la disposition des personnes en place les structures pour assurer une répartition rationnelle des responsabilités.

3. LES ANNÉES PASSENT...

Je me souviens d'hier en pensant à demain.

Lors de ma nomination au poste de Directeur du Service de police de la Communauté urbaine de Montréal, en 1977, j'héritais d'un service qui avait été affligé, au cours de ses six premières années d'existence, de querelles intestines ; de conflits de juridiction avec le Conseil de sécurité publique ; d'absence de leadership ; de malaises au niveau des horaires de travail ; de restrictions budgétaires en dépit d'une inflation galopante ; d'une intégration théorique, c'est-à-dire sur papier et non dans les faits.

Depuis ma nomination, le temps a passé et cette période m'a paru à la fois très courte et très longue.

Très courte lorsque je regarde la longue liste des réalisations que nous avons accomplies ; très longue à certains moments étant donné la responsabilité de la charge, la tension constante, les inévitables conflits, inhérents à la fonction elle-même.

Je crois bien qu'il est normal que de telles pressions doivent être le lot non seulement d'un directeur de police, mais aussi de toute personne appelée à occuper des responsabilités de cette envergure.

Selon Monsieur I. Barnard, dans *The Functions of the Executive*, il semblerait que le président ou le directeur général, pour réussir dans sa tâche, doit être apte à supporter, et à supporter seul, une intense tension nerveuse sans se laisser abattre par les changements brutaux et les renversements imprévus de la conjoncture et il doit aussi apprendre à dominer cette tension, à la canaliser ou à la dériver.

J'ai rapidement réalisé qu'une tâche semblable était impossible pour un seul homme et je ne peux que remercier de tout cœur mes collaborateurs, à tous les échelons, pour l'appui et le support qu'ils m'ont apportés chacun à leur façon, selon leur talent, leurs moyens et avec toute la bonne volonté du monde.

Ces remerciements, je les adresse aux employés civils, si souvent ignorés, aux policiers, patrouilleurs et enquêteurs, qui ont fait confiance à la direction du Service malgré les bouleversements, les perturbations et les incompréhensions à bien saisir tous les changements préconisés ; aux officiers qui se sont efforcés à comprendre les principes sous-jacents aux changements organisationnels et qui ont supporté l'administration du Service malgré leur loyauté parfois ambivalente entre la Fraternité des Policiers et le service de police de la C.U.M.

Cette reconnaissance est aussi dirigée à l'endroit de mes collaborateurs de la direction, cadres civils et policiers, pour la détermination dont ils ont fait montre afin de concrétiser une fois pour toutes le Plan d'allocation des ressources humaines et physiques et aussi la volonté ferme qu'ils ont mise de l'avant en prenant tous les moyens pour faire marcher cet important service qu'est le Service de Police de la C.U.M.

De même, sans l'assistance du Président et des membres du Conseil de Sécurité publique, il m'aurait été difficile de réaliser en un temps aussi court les réformes concrétisées jusqu'à ce jour. J'apprécie particulièrement l'attitude objective que les membres de ce même Conseil ont apportée à l'endroit de la Direction du Service en prenant bien garde de ne pas s'immiscer dans les affaires touchant les opérations policières. J'insiste pour le souligner.

Avant septembre 1977. Je me souviens d'une remarque que mon prédécesseur faisait devant le groupe de travail sur les fonctions policières au Québec, où il décrivait la situation du Directeur du Service de police de la C.U.M. dans les termes suivants : « Le poisson, qu'il soit rouge ou doré, peut mourir si l'eau est polluée. Remettre un autre poisson dans la même eau et dans le même bocal n'est pas un gage de vie. »

Quelle satisfaction que d'avoir réussi jusqu'à ce jour à faire mentir cette prophétie ! Cette survie ne peut être possible sans un équilibre de force avec les divers intervenants, que ce soit le Conseil de sécurité publique, les élus des citoyens à tous les niveaux, la Fraternité des policiers de la C.U.M., les autres syndicats et les divers groupes de pression. La police, pour demeurer libre, doit constamment lutter contre toute ingérence politique, économique ou idéologique.

Lors de ma nomination, le défi était de taille. Plusieurs problèmes gisaient sur la planche : la motivation du personnel était à son plus bas niveau ; le plan d'allocation des ressources humaines et physiques restait à concrétiser ; deux structures parallèles d'administration existaient au service : l'une pour les postes de police de Montréal et une autre pour les postes de banlieues, en plus d'une administration distincte pour la Gendarmerie et la Sûreté qui conservaient à la fois les traditions de Montréal d'avant 1971 et les caractéristiques particulières des banlieues.

D'ailleurs, nous récoltons encore aujourd'hui les conséquences de cette confusion et de cet imbroglio. De nombreux griefs déposés en sont le résultat. Certains griefs, dont plusieurs ont été réglés par arbitrage auraient été déposés en fonction d'une structure administrative qui existait avant 1977 et même avant 1972, mais qui n'a plus sa raison d'être aujourd'hui.

Comme résultat, nous donnons suite aux décisions arbitrales, mais il n'en demeure pas moins que nous sommes obligés de nommer des « gérants » dans des « succursales » qui sont maintenant fermées. Heureusement qu'un service de police ne peut déclarer faillite !

Un autre problème touchait la motivation. Deux études effectuées au cours des années antérieures démontraient l'insatisfaction au travail des policiers ainsi que leur manque de motivation.

Monsieur Pierre Dubois, psychologue industriel, écrivait en 1972 que les policiers étaient satisfaits de l'exécution des tâches policières, mais qu'ils étaient particulièrement frustrés du peu de considération qu'ils recevaient du Service et du peu de possibilités de réalisation de soi. L'auteur ajoutait qu'il était impossible dans ces circonstances que les policiers soient heureux et motivés à leur travail si l'on se référait aux avancés de Herzberg. Ce sont des facteurs organisationnels qui limitent la réalisation de soi des policiers, précisait-il.

Une autre étude, celle-là complétée par Me Jacques Dagenais, indiquait que l'insatisfaction des policiers se situait au niveau de la promotion, de l'affectation du personnel, de la discipline, de la reconnaissance et de la carrière. On identifiait aussi une trop grande centralisation du pouvoir et un trop grand cloisonnement entre la Sûreté (tâche d'enquête) et la Gendarmerie (la patrouille). En somme, une très grande faiblesse au niveau des facteurs motivationnels était notée.

Je ne prétends pas que nous ayons réglé aujourd'hui tous les problèmes de motivation, loin de là, mais il est bon de noter que parmi les solutions recommandées par Monsieur Dubois et par Me Dagenais, nous retrouvons un élément sur lequel nous nous sommes attardés particulièrement, celui de développer l'enrichissement de la tâche du patrouilleur et de l'enquêteur.

Comme dernière constatation faite à mon arrivée, il s'agit de l'intégration des forces policières sur le territoire de la C.U.M., qui existait au point de vue des textes de loi et sur papier, alors que dans les faits, tout était à réaliser selon le Plan d'allocation des ressources humaines et physiques. Excusez-moi la comparaison, mais nous étions dans la situation de quelqu'un qui décide de réaménager un édifice tout en demeurant à l'intérieur. La situation a quelque chose d'inconfortable. Vous en savez quelque chose si vous l'avez déjà vécu vous-même dans votre propre maison.

En bref, le système de police de la C.U.M. constituait encore, en 1977, un héritage du passé, inspiré du Service de police de Montréal réorganisé dans les années 1960, reposant non seulement sur des textes de lois, mais aussi sur des coutumes et des pratiques enracinées dans les habitudes des policiers des banlieues et de la métropole.

Objectifs à réaliser. Devant cette situation de confusion qui durait depuis près de six ans, ajoutée aux querelles intestines de l'état-major, aux conflits de juridiction entre le Conseil de sécurité publique et le service de police de la CUM, à la carence de leadership, aux négociations en cours touchant non seulement le fonds de pension mais aussi un nouvel horaire de travail, en plus du gel dans l'engagement de policiers et des restrictions budgétaires dans une période d'inflation galopante, bref, face à cette conjoncture, nous nous devions d'établir des objectifs clairs, simples et précis et de passer rapidement à l'action.

Les principaux objectifs, dont la plupart sont déjà réalisés ou sur le point de l'être, je les énumérais dans mon allocution, lors de mon assermentation comme directeur dans les termes suivants :

• bâtir une seule organisation, un seul corps policier, c'est-à-dire un nouveau service de police ;

• développer une seule philosophie policière sur le territoire de la CUM ;

• abolir la cloison traditionnelle entre la Gendarmerie (les patrouilleurs) et la Sûreté (les enquêteurs) ;

• abaisser le niveau de décision le plus bas possible ;

• constituer des équipes de travail homogènes et multidisciplinaires.

Je souhaitais que dans le nouveau système (et c'est en train de se concrétiser) le patrouilleur puisse se voir octroyer une tâche plus valorisante et qu'il soit plus impliqué au niveau de l'enquête criminelle au point d'effectuer l'enquête lors d'un flagrant délit et même recommander la fermeture de certains dossiers.

Je souhaitais aussi que l'enquêteur au niveau des districts fasse partie intégrante d'une équipe multidisciplinaire et qu'il ait vraiment conscience d'être un véritable policier et non plus simplement une sorte « d'expert en sinistres ». Ainsi, ce jumelage, patrouilleurs et enquêteurs, formant équipe sur une même relève, permettrait une plus grande communication entre enquêteurs et policiers en uniforme sur la patrouille, pour une plus grande efficacité du service aux citoyens.

Quant aux enquêtes dépassant le cadre de responsabilités des patrouilleurs et des enquêteurs-relève, elles devaient être transmises aux enquêteurs affectés au niveau du district pour leur permettre de se consacrer davantage à des concentrations criminelles plutôt qu'à des événements pris séparément.

Une autre de mes préoccupations concernait les crimes demandant une plus grande spécialisation, une analyse du modus operandi et une coordination. Ces crimes, à mon avis, devaient être confiés à des enquêteurs de sections spécialisées afin qu'ils puissent enquêter le plus efficacement possible sur les homicides, les vols à main armée, les incendies criminels, les réseaux d'autos volées, les activités frauduleuses ainsi que certains autres crimes majeurs relatifs au crime organisé.

Selon mon opinion, ces changements de méthodes de travail ne visaient pas à réinventer la roue et encore moins à causer une révolution au Service. Mon projet était tout simplement de revaloriser la tâche de tout le monde, aussi bien celle du patrouilleur, de l'enquêteur de district que celle de l'enquêteur des sections spécialisées.

Principes sous-jacents aux changements. Les changements qui ont été apportés au cours des dernières années au service de police de la CUM s'inspirent de principes sur lesquels ont insisté principalement la Commission de police du Québec et le Groupe de travail sur les fonctions policières au Québec.

Dans un rapport intitulé « Décisions, ordonnances et recommandations relatives au Plan d'allocation des ressources humaines et physiques du service de police de la CUM », la Commission commentait le plan d'allocation dans les termes suivants :

« L'élément capital du plan consiste dans une décentralisation sans équivoque du service de police de la CUM. La Commission a cru

154

nécessaire d'approuver ce concept de décentralisation après avoir constaté un engorgement au niveau du quartier général et des divisions ; une multitude d'autorités agissant sur le même territoire, provoquant ainsi le report sur autrui de la responsabilité, une réelle confusion dans la gestion, une paralysie au niveau local, une détérioration des services et des tiraillements internes. »

À cet égard, la Commission a estimé devoir donner suite aux représentations des appelants ainsi qu'aux propositions formulées par les auteurs du plan de façon à confier aux commandants du district l'entière responsabilité des ressources qui lui sont nécessaires pour assurer une protection efficace à la population du district. Ainsi, le commandant du district assure lui-même la coordination de toutes les ressources, enquêteurs, patrouilleurs ou autres ressources particulières qui peuvent être requises selon le cas.

Quant au Groupe de travail sur les fonctions policières au Québec, il préconisait la communication directe, les rapports humains étroits entre le policier et le citoyen et une polyvalence dans les fonctions policières. L'énoncé de principe était le suivant :

« La fonction de l'agent de police est polyvalente et on ne saurait la diminuer de quelque façon que ce soit au nom de la spécialisation.

« Le patrouilleur devrait en principe pouvoir conduire une enquête sur tous les délits. Cependant, en pratique il ne pourra le faire que dans la mesure où il n'est pas forcé de négliger la garde de son secteur et selon sa compétence. Autrement, il devra faire appel au service spécialisé de l'enquêteur. »

En conclusion, le Groupe de travail indiquait une des faiblesses majeures du système policier, à savoir :

« Une conception erronée des tâches qui entraîne une surspécialisation inefficace qui dévalue la première fonction policière, soit celle de la garde, de la surveillance des personnes et des biens, qui vise à prévenir les crimes et les délits.

« En vidant cette fonction de son sens, la motivation dans le groupe où les policiers sont les plus nombreux, on en vient à attendre des services de soutien, presque toujours reliés à l'enquête et à l'analyse, plus qu'ils ne peuvent raisonnablement donner. »

On ajoutait aussi :

« Une condition préalable est l'appartenance des enquêteurs et des techniciens à la même structure d'autorité et d'encadrement que les effectifs policiers qu'ils assistent. »

Dès lors, le Groupe de travail sur les fonctions policières préconisait que les fonctions d'enquête et de patrouille soient chapeautées par une même autorité, qu'un lien plus étroit puisse exister entre le citoyen et le policier et que le service de renseignement criminel soit à la disposition des enquêteurs et des patrouilleurs.

C'est en s'inspirant de ces principes que nous sommes passés aux changements.

Des paroles aux actes. Plusieurs changements ont vu le jour depuis ma nomination au poste de Directeur du service de police de la CUM. Sans entrer dans les détails, il serait intéressant d'en considérer quelques-uns.

Sur le plan administratif, des changements rapides ont été apportés parce que les études avaient déjà été complétées, notamment lors de la préparation du Plan d'allocation des ressources humaines et physiques.

Toutefois, la patrouille et les enquêtes exigeaient des études approfondies orientées dans le sens du plan d'allocation et de la revalorisation des tâches.

Les points les plus marquants me semblent être l'abolition de grades et de plusieurs paliers au niveau de l'état-major, de même que la restructuration de la Direction ; la fusion des districts de police, le nombre passant de 37 à 24, et aussi le fait d'avoir commencé à faire effectuer une part du travail d'enquête par le patrouilleur.

La redistribution du personnel en fonction de la charge de travail pour faire face au nouvel horaire de travail 4-3 et la mutation d'environ 1 800 policiers de la gendarmerie pour rencontrer les impératifs du nouvel horaire de travail 4-3 font aussi partie de la liste des changements.

La section Sécurité et Crime organisé faisait aussi l'objet d'une étude. Cette section fut restructurée et partagée au niveau des directions opérationnelles. Le principe à l'origine de ces changements est que le renseignement d'ordre criminel doit être placé là où le besoin se trouve, tout en faisant en sorte que le Directeur soit continuellement informé des opérations en cours et de la situation criminelle sur le territoire de la CUM.

Nous pouvons constater que cette initiative est venue concrétiser le principe de faire descendre la décision au plus bas niveau. En effet, le fait de placer l'analyse du renseignement au niveau de chaque région et au niveau de chaque section d'enquête spécialisée a eu pour effet de rapprocher l'administrateur du policier dans la rue et d'encourager le policier dans l'action à s'impliquer davantage dans le système.

Un groupe de travail dont le mandat était d'analyser le rôle des enquêteurs des sections spécialisées et des districts, d'étudier la structure des enquêtes criminelles et de faire les recommandations appropriées a été formé.

Des policiers de grades divers, choisis en fonction de leurs connaissances opérationnelles ou d'une expérience particulière et pertinente à l'objet de la recherche, composaient ce groupe de travail.

Les membres de ce groupe ont procédé à des consultations à l'intérieur du Service afin de permettre aux policiers de différents niveaux hiérarchiques d'exprimer leurs commentaires sur l'organisation du Service et de faire part des difficultés rencontrées dans l'accomplissement de leur travail. Ils ont invité tous et chacun, à tour de rôle, à formuler des suggestions, à offrir des éléments de solution aux problèmes soulevés et à présenter des recommandations sur les réformes à envisager.

L'étude a aussi comporté des voyages exploratoires dans une dizaine de grandes villes du Canada et des États-Unis par les membres du groupe dans le but de recueillir des témoignages de policiers d'expérience dans ces services. Ces rencontres ont permis de mieux apprécier l'organisation de ces services et de vérifier dans ces corps policiers certaines expériences à réaliser et aussi à proscrire dans notre propre organisation.

La Direction du Service donnait suite aux recommandations formulées par ce groupe de travail. À compter de ces dates, l'enrichissement des tâches était engagé non seulement sur papier mais aussi dans les faits.

Maintenant, le patrouilleur n'est plus un simple preneur de rapports ; il peut être en mesure de constater les fruits de son travail en le complétant. L'enquêteur de district n'est plus un « expert en sinistres », il n'a plus à passer son temps à compléter des rapports rédigés par d'autres et à brasser du papier, il peut travailler sur des groupes de crimes ou d'événements plutôt que sur des cas individuels ; et l'enquêteur attaché à une section d'enquête spécialisée devient un véritable spécialiste, il se voit octroyer une part réellement spécialisée du processus d'enquête et, par son expertise, devient un réel support à tous les policiers impliqués à divers niveaux du processus de l'enquête.

La collaboration de toute l'équipe est essentielle pour parachever l'œuvre que nous avons entreprise ensemble.

Un appui essentiel. Je peux toujours souhaiter bâtir le service de police de la CUM pour qu'il devienne l'un des meilleurs corps de police en Amérique du Nord, mais je serai vite désillusionné si je n'ai pas la collaboration de tous les membres du Service dans la réalisation des changements nécessaires à l'organisation et dans l'atteinte de nos objectifs.

Je peux toujours souhaiter que le Conseil de Sécurité publique augmente le budget afin d'embaucher plus de policiers, mais mes illusions disparaîtront vite si le personnel n'augmente pas davantage sa productivité et son efficacité au travail, si le taux d'absentéisme demeure aussi élevé, si l'ardeur au travail reste stable, si le taux de solution se maintient au niveau le plus bas au Canada et si l'indice de la criminalité devient l'un des plus élevé.

Je peux souhaiter établir le meilleur programme de relations publiques, mais perdre rapidement mes illusions si les policiers, même en très petite minorité, abordent les citoyens en les tutoyant, en leur manquant de respect, en les bousculant inutilement, en ne s'adressant pas à eux poliment, comme à des êtres humains, en ignorant parfois la chartre des Droits de la personne.

Oui, j'ai besoin de tous. En effet, qu'est-ce qu'un directeur de police peut faire pour diriger son service si le personnel se met à le boycotter ou qu'il n'emboîte pas la marche vers les changements ?

D'ailleurs, le président de la Fraternité des policiers de la Communauté urbaine de Montréal me l'a indiqué clairement lors d'une rencontre que nous avions à mon bureau en présence de son procureur et de quelques membres de l'exécutif de la Fraternité. Il me disait en ces mots : « Monsieur le Directeur, si vous voulez réaliser vos changements, vous avez besoin de la masse. »

Il n'y a rien de plus vrai. J'ai vraiment besoin de la masse, de la « base », pour concrétiser nos projets communs et je dois l'exhorter à m'accorder sa collaboration ; une collaboration qui m'est, d'ailleurs, en très grande partie acquise.

4. POUR UNE QUALITÉ DE VIE MEILLEURE OU FAIRE PLUS AVEC MOINS

Je partage, avec les membres de la direction de mon service, les préoccupations des autorités du Conseil de sécurité publique en pensant que, chaque année, des milliers de citoyens subissent directement les effets du crime, des milliers de citoyens vivent parfois de peur et de crainte après avoir été victimes d'un acte criminel. Par l'action policière, nous pouvons influencer grandement la qualité de notre milieu de vie.

Il est évident que les objectifs de la police doivent tenir compte de la réalité sociale et économique d'un système qui se partage entre le bien-être de la société et celui de l'individu et aussi de certaines autres considérations que je me permets d'énumérer ici, comme :

• la capacité de payer des contribuables ;

• l'augmentation de la criminalité, surtout les vols et les cambriolages, plus rapide que l'accroissement de la population ;

• la stabilisation du taux de solution des crimes contre la propriété ;

• la progression du coût des services policiers, malgré un effort de rationalisation et de contrôle ;

• le changement dans les formes de délinquance influencées par les transformations économiques, sociales et technologiques, par l'urbanisation et par la modification des mentalités ;

• la décroissance des ressources policières, malgré la croissance constante de la criminalité.

Telle est la réalité avec laquelle le service de police de la Communauté urbaine de Montréal doit composer. Nous avons retenu ces éléments lors de la préparation du dossier sur les prévisions budgétaires 1982. Ce budget nous place devant l'évidence de la nécessité de poursuivre avec intensité nos efforts, déjà entrepris depuis quatre ans, à rationaliser tous nos postes budgétaires, de l'urgence de repenser certains services dispensés aux citoyens et d'être particulièrement innovateurs dans le domaine de la prévention du crime.

En effet, dans la conjoncture économique actuelle, le budget 1982 est, à maints égards, représentatif des prochaines années où, dans un contexte de croissance minimale, voire de croissance zéro, tous les hauts fonctionnaires et grands commis de l'État, aux niveaux fédéral, provinciaux et municipaux, devront apprendre à *faire plus avec moins* et entraîner leurs subordonnés à appliquer rigoureusement ce principe.

Il s'agit là, bien entendu, d'engagements exigeants pour les gestionnaires. Mais étant donné que nous sommes désireux d'arriver à une saine administration des biens publics, nous devons nous imposer nous-mêmes ces règles de gestion. Nous réaliserons, par voie de conséquence, une valorisation plus grande de notre rôle de gestionnaires responsables et efficaces au service de nos concitoyens.

Selon la loi, j'ai présenté aux membres du Conseil de sécurité publique, un document indiquant les sommes nécessaires à l'administration du service de police de la CUM pour l'année 1982.

Pour répondre aux attentes des autorités du Conseil de sécurité publique, nous avons été obligés de réviser toutes nos activités, de remettre en cause les postes vacants et d'annuler toute demande de postes additionnels pour l'année 1982.

Au cours de cette prochaine année budgétaire, nous continuerons à effectuer des études susceptibles de rationaliser davantage nos ressources humaines et physiques.

C'est aussi avec cet objectif en tête que nous avons créé un Comité du budget où nous avons déjà amorcé un processus d'analyse des ressources en personnel policier. Cette opération permettra de retourner au niveau des districts et des régions des policiers qui sont actuellement affectés à des fonctions spécialisées ou administratives.

Nous avons également mis de l'avant les mécanismes pour réduire la flotte automobile. De plus, nous sommes en train de développer des moyens efficaces pour diminuer la consommation de photocopies et la paperasse.

Déjà, une procédure est en place où tout poste vacant doit requérir une justification avant d'être comblé ; de même, toute création de poste doit être soumise à cette forme de contrôle.

Au chapitre de l'accroissement de la productivité, nous sommes en train d'élaborer des programmes de formation et d'évaluation des cadres et des policiers syndiqués. Nous procédons actuellement à une analyse de la charge de travail et de l'utilisation rationnelle des ressources humaines du Service, de sorte que le travail sera effectué par la bonne catégorie d'employés, tout en apportant aux policiers l'aide nécessaire afin de les libérer le plus possible des tâches de bureau ou de celles qui ne relèvent pas proprement de leur compétence.

La création d'un Conseil de direction au niveau des districts a sûrement été un atout et les chargés d'enquêtes et de relèves peuvent maintenant participer aux décisions et faire valoir le point de vue des sergents, des sergents-détectives et des agents, en plus de s'intéresser davantage à la gestion du district et à l'orientation générale du Service.

Pour compléter le chapitre de l'économie, mentionnons que nous maintenons toujours de l'avant notre programme de conservation de l'énergie par l'achat d'automobiles de catégorie intermédiaire. Fait à remarquer, nous avons réussi au cours des dernières années à limiter le coût de l'essence et à demeurer ainsi à l'intérieur du budget et ce, malgré les hausses régulières et constantes des produits pétroliers.

5. LA VALEUR DU TEMPS

Comment un homme très occupé peut-il s'acquitter des tâches nécessaires en temps utile ? Sa carrière ne dépend-elle pas largement de son habileté à maîtriser les situations ? Comment parvient-il à maintenir l'équilibre entre la nécessité de travailler pour vivre et l'impérieux désir de profiter des fruits de ses efforts ? De quelle façon peut-il mener à bien son travail malgré la multitude des obstacles qui se dressent sur son chemin et le manque de compréhension et de coopération de son entourage ? Autant de questions que nous pouvons nous poser, vous comme moi, à la fin d'une journée exténuante où nous avons parfois l'impression de n'avoir rien accompli.

Edwin Bliss a une longue expérience dans le domaine de la gestion du temps, ses activités l'ayant amené à rencontrer de nombreux parlementaires. Au contact de ces personnes, il s'est particulièrement intéressé à leur manière d'organiser leur temps et il a pu recueillir des impressions fort intéressantes qu'il a communiquées dans un document non édité : « Planifier votre emploi du temps ».

En effet, il a remarqué que les parlementaires sont sans cesse sollicités par des tâches urgentes et difficiles à concilier : travail en commission, votes, discours et dossiers à préparer, entrevues, courrier, enquêtes, problèmes des électeurs à régler, nécessité de se tenir informés des sujets les plus variés. Pour y arriver, ils doivent exploiter au maximum leur emploi du temps.

Certains d'entre eux se sont fixé des règles élémentaires de conduite. Je vous livre ici les dix règles recommandées par cet auteur.

1. *Faire un plan de travail.* Dès le matin, établissez le programme de la journée, sinon il sera fonction des papiers qu'on déposera sur votre bureau, et vous vous retrouverez dans la situation détestable de quelqu'un qui doit sans cesse résoudre des problèmes au lieu de pouvoir profiter des occasions qui se présentent. Les choses se font d'autant plus vite qu'elles ont été mieux organisées. Ne vous laissez donc pas absorber totalement par les affaires courantes.

2. *Concentrer vos efforts.* Les gens qui manquent de temps sont ceux qui essaient d'en faire trop à la fois. Ce qui compte, ce n'est pas la quantité globale de temps que l'on passe sur une affaire, c'est la quantité de temps ininterrompu qu'on y consacre.

3. *Savoir vous arrêter.* Il est mauvais de travailler trop longtemps de suite, car l'énergie s'amenuise, l'ennui naît, la fatigue et la tension nerveuse s'accumulent. Pour se sentir mieux, il suffit parfois de s'accorder une pause de quelques minutes, de bouger, de faire quelques exercices, le tour du bureau ou même simplement de vous mettre debout. Ce n'est pas là perdre son temps.

4. *Éviter le désordre.* Il y a des gens qui travaillent avec un fouillis de paperasses sur leur bureau dans le vague espoir que les dossiers les plus importants émergeront d'eux-mêmes. Ce désordre, en plus de nuire à la concentration, peut engendrer tension nerveuse et insatisfaction. Une pratique à adopter consiste à mettre son bureau en ordre tous les soirs et de le débarrasser totalement afin de repartir du bon pied le lendemain matin.

5. *Éviter le perfectionnisme.* Si la recherche de la qualité est source d'une saine fierté, celle d'une perfection souvent impossible ne cause que frustration et d'effarantes pertes de temps.

6. *Savoir dire non.* Lorsqu'on craint d'offenser les autres, la vie se passe à plier devant leurs désirs. Si vous indiquez clairement que vous ne voulez nullement esquiver tel travail, mais vous consacrer avec plus de rentabilité aux tâches réellement importantes, il est probable qu'on ne vous imposera pas d'efforts improductifs.

7. *Ne pas remettre à plus tard.* C'est souvent une habitude très enracinée. William James, le père de la psychologie américaine, a indiqué le moyen de rompre avec les habitudes par ses principes de psychologie, parus en 1890 :

Décidez dès maintenant de réagir. Mettez-vous à l'œuvre dès que vous aurez fini de lire cet article, avant que votre résolution ait faibli.

N'essayez pas immédiatement d'en faire trop. Obligez-vous simplement à faire tout de suite l'une des choses que vous aviez remises à plus tard. Puis, à partir de demain, vous commencerez chacune de vos journées en faisant ce qui vous ennuie le plus. Quelle que soit la besogne, l'important est de la liquider en premier, avant d'attaquer la routine quotidienne.

8. *Supprimer toute activité parasite.* Si l'une de vos activités professionnelles ou autres vous fait perdre du temps parce qu'elle mine votre énergie, vous ennuie ou vous détourne de votre objectif, n'hésitez pas à la supprimer.

Passez en revue vos rendez-vous, vos activités personnelles, vos lectures, les émissions que vous suivez, et éliminez une fois pour toutes ce qui ne vous procure ni satisfaction ni fierté.

9. *Savoir déléguer les tâches.* Il n'est pas besoin d'être chef d'État ou directeur de société pour apprendre à déléguer une partie de son travail. L'expérience a démontré que les parents qui ne se font pas aider par leurs enfants leur rendent un aussi mauvais service qu'à eux-mêmes et, si l'on veut tout faire seul, la direction d'une troupe scoute peut devenir aussi absorbante que celle d'une grande entreprise.

Mais, par ailleurs, charger vos subordonnés de travaux dont ni vous ni personne ne veut, ce n'est pas déléguer des tâches, c'est assigner des corvées. Il faut apprendre à confier à d'autres des activités intéressantes tant sur le plan mental que sur le plan affectif, en leur conférant l'autorité suffisante pour prendre les décisions nécessaires. Cela peut contribuer à vous libérer du temps.

10. *Ne pas tout subordonner au travail.* La plupart des gens qui ont réussi dans un poste de responsabilité savent, tout en travaillant beaucoup, ne pas laisser leurs activités professionnelles empiéter sur ce qui est réellement important dans la vie : la famille, les amis, les distractions.

162

Si vous avez tendance à trop travailler, essayez de vous analyser : ces veilles prolongées n'affectent-elles pas votre santé ? Vous consacrez-vous suffisamment à votre épouse et à vos enfants ? Sont-ils vraiment votre souci majeur ? Êtes-vous sincère en prétendant que c'est pour eux que vous vous sacrifiez ?

Le passé est à jamais révolu, *l'avenir est une notion intellectuelle.* Avant tout, pour être bien organisé, il faut être conscient du fait que la journée en cours représente tout le temps dont on dispose.

Pour apprendre à bien gérer son travail, il ne serait pas inutile de méditer deux vieux proverbes français :

« Nul n'est aussi occupé que celui qui n'a rien à faire. »

et

« Le temps est comme un fleuve : il ne remonte pas à sa source. »

LA GESTION DU TEMPS
AIDE-MÉMOIRE

- Faire un plan de travail
- Concentrer vos efforts
- Savoir vous arrêter
- Éviter le désordre
- Éviter le perfectionnisme
- Savoir dire non
- Ne pas remettre à plus tard
- Supprimer toute activité parasite
- Savoir déléguer les tâches
- Ne pas tout subordonner au travail

6. PROFIL DU DIRIGEANT POLICIER DE DEMAIN

Le policier, comme agent de défense sociale, se trouve souvent placé dans un état d'équilibre entre la sauvegarde des droits du citoyen et la sécurité de la collectivité.

Si la police, dans un état démocratique, représente un besoin de protéger les libertés individuelles et sociales, elle doit représenter également la nécessité d'harmoniser ces libertés pour que naisse et se développe un climat général d'ordre, de tolérance et de paix. La police, loin d'être le bras séculier des tribunaux agissant au nom d'une puissance gouvernementale dirigiste et répressive, doit demeurer au service de la société dans le but de lui assurer son évolution normale.

Pour accomplir sa mission convenablement, le policier souhaite aussi que la société, grâce à ses institutions sociales et gouvernementales, lui apporte l'aide nécessaire dans les domaines qui débordent sa compétence. Comme exemples, prenons le cas du policier appelé sur les lieux d'une querelle familiale ou placé au hasard de sa patrouille en face d'un jeune sous l'effet de drogues, d'une personne souffrant de troubles de comportement, d'un « robineux » qui a besoin de protection ou d'un jeune délinquant en difficulté. Devant ces situations, le policier devient un travailleur social, bien malgré lui, et il se trouve, plus souvent qu'à son tour, confronté à des problèmes qui dépassent le cadre normal de sa compétence, de sa formation et de ses responsabilités.

Quoique la fonction du policier comporte parfois un aspect répressif, il sera le premier à le déplorer si le manque de ressources communautaires adéquates l'oblige à placer des personnes dépourvues de ressources dans les rouages de la machine judiciaire. D'où la nécessité d'avoir à sa disposition, 24 heures sur 24, des services et du personnel pour résoudre les cas problèmes qui ne sont pas, de toute évidence, de nature criminelle mais bien sociale et pour prendre en charge les personnes en détresse sur le plan psycho-social.

Tout le monde est bien conscient que la police représente une des institutions importantes au sein de la société. Son objectif, bien qu'il soit impalpable et difficilement mesurable, doit tendre à offrir aux citoyens la sécurité la plus totale, au moindre coût.

À travers les décennies, l'administration de la police a subi de nombreuses mutations, surtout depuis la fin des hostilités de la dernière grande guerre. Un retour dans le temps nous rend témoins de l'arrivée massive de nouveaux contingents de policiers formés d'anciens militaires, dans les années 1950, et de la popularité de l'automobile, dans les années 1960, période pendant laquelle on connaît un peu partout dans le monde des bouleversements sociaux prenant naissance surtout sur les campus universitaires, et des années 1970 avec la remise en question du style d'organisation para-militaire des services policiers, en anticipation des défis de la prochaine décennie.

Cette évolution de la société n'a pas été sans influencer et modifier, au cours des années, l'administration des services de police et même changer le rôle de la police auprès des citoyens. Sans se prétendre futurologue, il est opportun de s'interroger aujourd'hui pour savoir quel rôle jouera le dirigeant de demain et comment il devra se développer ou encore quelle orientation il devra prendre pour mieux répondre à sa mission actuelle et future vers les années 2000.

Pour répondre à ces interrogations, le dirigeant de demain devra devenir *un agent de relations humaines* à l'intérieur de son organisation, *un « relationniste »* avec le public et les divers paliers de gouvernement et *un administrateur* complet avec une approche conceptuelle de son rôle et de sa fonction.

Un agent de relations humaines. Comme le personnel est la ressource la plus importante dans une organisation policière et aussi la plus onéreuse, le dirigeant de demain devra devenir de plus en plus un agent de relations humaines. Les administrateurs devront prendre un soin accru de cette ressource, particulièrement dans une période où les contraintes budgétaires se feront sentir de façon encore plus drastique, selon des économistes reconnus. De plus, les syndicats sont là pour demeurer et ne cesseront pas pour autant d'exiger des demandes supplémentaires ayant une incidence économique.

La gestion de style autoritaire, comme nous l'avons connue, devra s'orienter principalement vers le travail en équipe. Les policiers, dans les postes et dans les sections, devront se sentir de plus en plus concernés par la vie du groupe auquel ils appartiennent. Faisant partie de la même entreprise ou plutôt embarqués dans le même bateau, ils réaliseront qu'ils peuvent dire leur mot sur le but du voyage, sur l'itinéraire et sur la vie à bord. De plus en plus, les officiers devront devenir des hommes de dialogue, capables de relations humaines véritables ; leurs compétences techniques, bien que toujours nécessaires, ne suffiront plus à leur conférer de l'autorité.

Être officier deviendra une tâche intéressante et stimulante, mais en contrepartie beaucoup plus exigeante. Pour réussir, un officier devra devenir attentif, à l'intérieur de son groupe, aux relations qu'il vit et développer les aspects de sa personnalité qui lui permettront de faire coexister harmonieusement et efficacement ses subalternes.

Une discipline raisonnable aura toujours sa place, mais ne devra jamais se trouver en contradiction avec des relations plus humanisées dans un service de police. De même, le maintien de l'ordre et de la paix publique sera davantage garanti là où les policiers seront respectueux des droits de la personne et se rapprocheront des besoins des citoyens.

Le dirigeant policier de demain deviendra un agent de relations humaines dans la mesure où il possédera la connaissance de ses hommes et qu'il ne considérera pas hâtivement un subalterne comme un incapable. En effet, il devra percevoir son rôle face à ses hommes comme celui d'un éducateur et, pour exercer davantage son influence, il devra anticiper les besoins, les aptitudes, les goûts, les caractères et les réflexes de ses subalternes et avoir l'instinct de deviner la psychologie de ses collaborateurs.

Pour jouer pleinement son rôle, le dirigeant de demain devra avoir la foi en sa mission, qu'il fera partager par son enthousiasme.

Un « relationniste ». Dans les années à venir, un effort particulier devra être consenti en vue de rapprocher les policiers avec la communauté pour mieux connaître les besoins des citoyens et pour mieux répondre aux aspirations de la collectivité. C'est dans cet esprit qu'un article a été prévu dans la loi de la Communauté urbaine de Montréal, qui demande au Conseil de sécurité publique de procéder à la consultation des citoyens et d'établir les objectifs du service de police de la Communauté urbaine de Montréal.

Ce rapprochement, en plus de sensibiliser le public au rôle qu'il doit jouer dans l'application des lois, l'amènera sûrement à s'impliquer davantage dans la prévention du crime et à collaborer avec le policier, par un support constant à sa tâche.

Tout le monde sait qu'un certain nombre de crimes ne serait pas commis, que des coupables pourraient être plus facilement mis sous verrous, si les citoyens prenaient conscience de la responsabilité sociale qu'ils ont face à la criminalité et s'ils informaient la police dès qu'ils sont témoins d'activités criminelles dans leur quartier.

La prévention du crime devra devenir un projet conjoint où policiers et citoyens travailleront ensemble en vue de l'identification des zones cibles et de la sensibilisation des concitoyens aux diverses méthodes de prévention.

La police, sans un appui véritable des citoyens et des hommes publics, se trouvera toujours limitée dans le contrôle de la criminalité. D'autant plus que la menace constante de crise financière rendra improbable l'engagement d'un plus grand nombre de policiers et l'achat d'équipement en quantité, comme la chose pouvait être possible dans le passé.

La décroissance des ressources policières et la croissance constante de la criminalité constitueront, en conséquence, la réalité avec laquelle devront composer les dirigeants des services de police. Cette réalité mettra en évidence l'urgence de repenser nos services aux citoyens et d'être particulièrement innovateurs dans le domaine de la prévention du crime.

Un administrateur. Nous vivons dans une société de communication et de participation. À l'avenir, dans les services policiers, le « management » participatif deviendra de plus en plus la méthode qui garantira leur développement.

Pour y arriver, il faudra convertir le climat de travail et l'encadrement afin d'amener chaque membre à se sentir impliqué. Pour cela, il faudra abaisser le niveau de décision le plus bas possible pour que chaque membre devienne individuellement responsable de ses actes, de ses décisions et de son administration.

Avec l'approche traditionnelle et autoritaire, l'employé doit s'ajuster à sa tâche et les changements organisationnels sont alors opérés aux frais de l'individu ; tandis qu'avec une approche participative, la tâche s'ajuste à l'employé.

Les années futures exigeront davantage des dirigeants de services policiers en termes de compétence, connaissances et aptitudes à remplir ces postes de commande.

L'administrateur est une personne qui dirige les activités d'autres personnes et qui conjugue les efforts de tous vers des objectifs précis et déterminés. Pour un bon administrateur, les chances de succès dépendent avant tout de ses aptitudes personnelles, qui apparaissent sous la forme d'aptitudes techniques, humaines et conceptuelles.

Les aptitudes techniques permettent la compréhension et l'accomplissement d'activités précises résultant des méthodes de travail, des procédures ou des techniques spécifiques. Si nous appliquions ce principe au domaine de la police, nous pourrions dire que la façon d'interroger un suspect, de le fouiller, de prélever des indices sur les lieux d'un crime découlerait de ces aptitudes.

Les aptitudes humaines sont celles qui aident un dirigeant à travailler comme membre d'un groupe et qui le rendent apte aussi à susciter un esprit de collaboration de la part des autres membres de ce même groupe.

Les aptitudes conceptuelles sont les qualités que possède un administrateur pour concevoir un service de police comme un tout, malgré ses unités composantes. Ainsi, pour faciliter la collaboration des sections spécialisées et des diverses équipes, un cadre devra être conscient des problèmes particuliers de son secteur, tout en ayant à l'esprit les objectifs globaux du service de police tout entier.

En pratique, il pourra être difficile de déterminer où commence une aptitude par rapport aux deux autres, à cause d'une relation très étroite entre elles ; mais leur importance deviendra évidente en fonction du niveau d'autorité que pourra détenir un administrateur.

De même, les aptitudes aux relations humaines et au travail d'équipe sont essentielles à tous les niveaux de l'organisation. Le dirigeant devra être sensible à l'attitude des subalternes sous son autorité et, lorsqu'elle se révélera négative, chercher à en comprendre les raisons. Considérer les subalternes comme de simples instruments de rendement ne pourra qu'engendrer des conflits qu'il devra par la suite s'employer à résoudre, en plus d'avoir à dépenser temps et énergie au détriment de l'équipe et de l'organisation.

Mais il est à remarquer qu'un officier, à mesure qu'il gravira la hiérarchie, aura de moins en moins besoin des aptitudes techniques, alors que les aptitudes conceptuelles deviendront de prime importance pour coordonner, dans un tout fonctionnel, plusieurs unités à la fois comme la section Police-jeunesse, les enquêtes criminelles, la patrouille, la circulation. Il aura également à établir parfois des relations étroites entre son service et d'autres corps policiers de sa région et différents groupes de citoyens.

Il pourra arriver que ce cadre supérieur présente des carences au point de vue technique ou bien sur le plan des relations humaines, mais qu'il soit malgré tout un administrateur efficace. Probablement, dans son cas, il devra son succès à la sagesse ou à l'avantage d'avoir pris soin de s'entourer de subalternes doués de qualités humaines et techniques remarquables. Par contre, l'absence d'aptitudes conceptuelles pourra facilement mettre en péril ses chances de réussite comme dirigeant à un niveau élevé du Service.

En d'autres termes, les officiers au rang subalterne, pour bien s'acquitter de leurs tâches, devront posséder des aptitudes techniques et des aptitudes aux relations humaines. Mais les aptitudes techniques seront relativement moins importantes au niveau plus élevé alors que les aptitudes conceptuelles deviendront primordiales. C'est ainsi que les chances de succès d'un administrateur seront d'autant plus grandes au sommet du Service que nous reconnaîtrons en lui des aptitudes conceptuelles, c'est-à-dire qu'il ne sera pas perçu comme un individu emprisonné dans une tour d'ivoire et limité à sa spécialité.

Nous reconnaîtrons le profil des futurs administrateurs au service de police, non seulement à leur expérience du métier de policier mais aussi à leur préparation et leur compétence qui les rendraient aptes à se comparer à tout chef de grande entreprise. Aux coûts où sont rendus les services policiers et devant la complexité de l'administration, il ne faudra pas hésiter à recruter les meilleures compétences pour remplir le poste de dirigeant et, si c'est nécessaire, recourir même à l'extérieur de l'organisation pour dénicher le candidat idéal.

Ce candidat souhaité devra avoir une connaissance diversifiée, une expérience de généraliste du travail policier et posséder, de préférence, une expérience pratique de l'enquête criminelle. En plus, du côté de l'éducation, il devra avoir une formation générale susceptible de faire ressortir son leadership tant sur le plan de la gestion des affaires d'un service de police et de la communication interpersonnelle que sur le plan de la compréhension des problèmes auxquels il devra faire face comme dirigeant d'un service de police opérant dans une société démocratique en pleine évolution.

Repenser les méthodes. Les services de police, comme la société elle-même, sont en mutation. Nous sommes dans un siècle où prédominent la communication et la technologie. Cette évolution exigera des administrateurs, dans les années 2000, la nécessité de repenser les méthodes traditionnelles généralement utilisées pour la patrouille et pour les enquêtes criminelles.

Comme le contexte sera à la participation, nous ne pourrons plus vivre isolés les uns des autres sans considérer l'impact du travail de patrouilleur sur celui de l'enquêteur et vice versa et sans reconnaître l'influence d'une relation plus étroite entre les policiers et les citoyens en vue d'un meilleur contrôle et d'une plus grande prévention de la criminalité.

La formation et le cheminement du futur administrateur policier ne pourront plus se faire en vase clos ou dans un corridor étroit. L'administrateur de demain devra apprendre à vivre dans la société, parmi les citoyens et s'impliquer lui-même dans des organismes sociaux reconnus. Il devra être un humaniste possédant une expérience policière variée et avoir un esprit ouvert aux changements de la société démocratique dans laquelle il vit et dont la première responsabilité sera toujours de la protéger.

Les responsabilités d'un administrateur policier sont lourdes de conséquences. La police accomplit aujourd'hui une tâche dont les difficultés sont directement proportionnelles à la complexité de la société. L'industrialisation et l'urbanisation ont resserré, si l'on peut dire, les rapports entre les gens.

Le policier ne pourra plus compter sur le seul « prestige » de son uniforme ou uniquement sur son gros bon sens. Il lui faudra souvent, pour agir avec efficacité, le secours de la criminologie, du droit, de la sociologie, de la psychologie, voire de la médecine.

Il ne s'agira plus simplement de protéger les « honnêtes citoyens » et de poursuivre les bandits. Au jugement du policier, à la bonne forme physique, à sa capacité de manier les armes à feu devra s'ajouter une solide formation intellectuelle dans plusieurs disciplines. Bref, il ne s'agira plus simplement d'agir : avant d'agir, il faudra comprendre, et pour comprendre, il faudra connaître. Voilà les attentes des citoyens auxquelles devra chercher à répondre le dirigeant policier de demain.

7. OSER INNOVER

Dans les sociétés industrielles, la criminalité en constante augmentation soulève des problèmes complexes de plus en plus difficiles à résoudre. Pour les grands parleurs, il est facile d'en rejeter la responsabilité sur les services de police ; cette attitude dénote sûrement une vue simpliste et superficielle du problème.

Comme policiers mais surtout comme administrateurs, il n'en demeure pas moins qu'il est temps pour nous de réviser nos méthodes de travail traditionnelles et notre ligne de pensée face aux enquêtes criminelles. C'est ce que nous avons timidement tenté de faire au service de police de la Communauté urbaine de Montréal avec l'approche du patrouilleur-enquêteur et de l'enquêteur-relève.

Dans notre Service, et c'est le cas dans toute organisation policière, l'élément le plus précieux et aussi le plus coûteux est le personnel. Chaque année, il en coûte de plus en plus cher pour administrer un service policier parce qu'il faut régulièrement ajuster nos coûts d'opération aux salaires et à la situation inflationniste toujours croissante.

Malgré un personnel imposant qui atteint près de 5 000 policiers et 1 000 employés civils, il est décevant de constater que tous ces employés, une fois répartis sur une base de 24 heures, sept jours par semaine, sont relativement peu nombreux.

Le chiffre total du personnel ne saurait nous impressionner car, à un moment donné, il y a peu de policiers et de fonctionnaires qui sont de service en comparaison avec l'importance des problèmes que posent la criminalité et la circulation sur notre territoire. Par conséquent, ce personnel est d'autant plus précieux en raison de sa rareté.

Police et société démocratique. Nous ne pouvons pas dire qu'un service de police est efficace s'il est administré uniquement en fonction de crises à surmonter. Il a besoin, au contraire, de plans définis qui demandent à être réexaminés périodiquement.

Il faut aussi tenter des expériences et innover après s'être assuré que le plan préconisé a toutes les chances de succès et après avoir fait la preuve de la nécessité de ce nouveau programme. Bref, il est essentiel pour le service de police que chacun dans l'organisation puisse retirer la plus grande satisfaction personnelle sur le plan humain, et aussi pour que notre corps policier puisse atteindre la plus grande efficacité possible au service des citoyens.

La télévision et les films à bon marché ont souvent projeté une idée déformée et inexacte en prétendant que les policiers passaient la majeure partie de leur temps à poursuivre des criminels, laissant croire par là que tout délinquant, dangereux ou non, en liberté dans la rue, pouvait faire l'objet d'une surveillance constante et concertée de la part des policiers.

Chaque jour, les patrouilleurs, qui sont la clé de voûte de notre organisation policière, sillonnent les rues et consacrent une proportion écrasante de leur temps à des tâches souvent sans rapport avec la criminalité, qui se multiplie à un rythme beaucoup plus rapide que nos effectifs.

D'une part, la criminalité a augmenté à une allure effarante depuis les 20 dernières années, non seulement sur notre territoire mais aussi au Québec et au Canada tout entier ; d'autre part, la solution des crimes majeurs est décroissante de façon disproportionnée.

Pourquoi la police résout-elle si peu d'affaires graves, arrête-t-elle si peu de malfaiteurs et retrouve-t-elle si peu d'objets volés, à l'exception, peut-être, des automobiles ?

Certains répondront hâtivement et sans faire preuve de beaucoup d'originalité que « c'est la faute des tribunaux », que « nous n'avons pas assez de personnel » ou « qu'il n'y a plus personne pour coopérer avec la police ». D'autres, faisant preuve d'un plus grand esprit d'analyse, reconnaîtront que la police est soumise à d'importantes contraintes dans une société démocratique où elle ne peut avoir une autorité illimitée et se considérer en même temps une organisation au service de cette même société.

Causes et remèdes de la criminalité. Samuel G. Chapman, un professeur de sciences politiques à l'Université d'Oklahoma, ancien Directeur à Washington de la Commission présidentielle sur la police et sur l'administration de la justice, et Donald E. Clark, Directeur de la police du comté de Multnomah, à Portland, Orégon, et ancien shérif de ce comté (reconnus tous deux pour leur expérience et leur compétence dans le domaine de la police et des enquêtes pour avoir été eux-mêmes policiers de carrière en uniforme et affectés par la suite aux enquêtes criminelles), ont développé une opinion fort judicieuse sur le rôle important de la police au sein de la société démocratique.

Ces spécialistes ont été amenés à rencontrer, entre autres, de nombreux cadres et directeurs de police ainsi que des professeurs en gestion. Au cours de leur carrière, ils ont donc pu recueillir des impressions intéressantes qu'ils ont, par la suite, publiées dans la Revue internationale de police criminelle, sous le titre : « L'indice de priorité dans les enquêtes ». Je me permets de retenir quelques opinions émises par Chapman et Clark, que je trouve particulièrement valables et intéressantes et des plus susceptibles de provoquer des idées nouvelles et constructives.

Ainsi soulignent-ils bien à propos la difficulté de trouver les causes et les remèdes de la criminalité. La vérité, selon ces auteurs, est que la police, même à 100 pour cent efficace, même avec beaucoup plus de latitude en matière d'enquête, même avec des effectifs plus considérables, même avec une coopération plus grande du public, ne pourrait pas pour autant améliorer de façon spectaculaire la répression du crime et augmenter davantage le nombre des arrestations. Tout au plus pourrait-elle espérer faire accroître quelque peu le pourcentage des affaires graves élucidées.

Chapman et Clark soutiennent leur raisonnement et leurs conclusions d'après les réserves suivantes :

• La criminalité est d'abord un problème social complexe et pas seulement un problème policier. Pour y faire face et la réprimer, il faut beaucoup plus qu'un simple effort de la police.

• La criminalité est l'un des nombreux problèmes dont s'occupe la police. En fait, elle consacre davantage de temps à la circulation et à des tâches à incidence sociale et administrative.

• La répression de la criminalité ne peut s'exercer qu'à l'intérieur de limites légales, acceptées et acceptables par notre société libre et démocratique.

• La police, comme les autres organismes de la justice criminelle, ne dispose que de crédits, d'effectifs et de moyens limités à la capacité de payer des citoyens.

D'où l'importance que nous devons apporter à la formation du personnel, à l'amélioration de nos méthodes de travail et de la technologie au service des policiers.

Il semble probable que, dans un proche avenir, les systèmes d'identification, les techniques d'enquêtes criminelles et les méthodes de recherche et d'analyse scientifiques des preuves devraient être davantage mis au point. Par exemple, le jour n'est pas tellement éloigné où des systèmes d'identification de voix, la mise sur ordinateur des « modus operandi », des fichiers d'empreintes monodactylaires sur ordinateurs viendront s'ajouter aux méthodes relativement récentes et qui sont actuellement en cours de développement, de l'analyse par activation, de la spectro-analyse, des cartes de la criminalité par géo-codification, de l'utilisation de façon courante du polygraphe, de l'hypnose, pour ne parler que de ces nouveaux moyens d'assistance aux enquêteurs.

Remise en question des méthodes d'enquête. Au niveau de la rue, point de départ réel du travail d'enquête, il faut malheureusement reconnaître que l'enquête criminelle, au lieu d'être un art fondamental en constant progrès, n'a pas tellement évolué et elle en est toujours pratiquement au même point qu'au début du siècle. Cette remarque s'applique en général, à tous les services policiers sur notre continent.

Un personnel ayant souvent reçu une formation insuffisante continue à piétiner en tous sens certains lieux de crime détruisant inconsciemment des éléments de preuve importants. Parfois la chaîne de possession des indices est brisée ou emmêlée, les objets et les échantillons susceptibles de servir de preuves dans des causes criminelles sont conservés dans des conditions lamentables. Les sections d'enquêtes criminelles sont malheureusement trop souvent entravées par les mythes entourant cette fonction, la tradition et la résistance au changement.

Comme le rappellent Chapman et Clark, au mépris de toute notion de rentabilité, de nombreux officiers supérieurs responsables des enquêtes criminelles déplorent le manque de personnel, mais en sont encore à envoyer des équipes de deux hommes faire des enquêtes banales :

• pour obtenir des renseignements sur un suspect auprès d'une compagnie de prêts ;

• pour questionner une victime, dans les moindres détails, au sujet d'un vol de sac ou d'un « vol de corde à linge » ;

• pour consulter des dossiers auprès d'un service de police voisin ;

• pour interroger un témoin ou une victime pour un crime sans importance.

Chaque année, notre Service doit fournir une somme énorme de travail aux enquêtes et on nous signale des milliers de délits. Mais la très grande majorité ne sont que des infractions mineures et la plupart n'ont qu'un intérêt local.

Si parfois le préjudice pécuniaire est important, il y a la plupart du temps contrariété, impression de frustration et blessure d'amour-propre pour la victime d'un délit.

Il ne faut pas oublier qu'en général les délits mineurs deviennent pratiquement impossibles à élucider pour la police, faute d'indices utiles et en raison du temps écoulé entre le moment de leur perpétration et celui de leur signalement à la police qui survient dans certains cas des semaines ou des mois après, souvent simplement pour que la victime puisse se faire indemniser par sa compagnie d'assurance.

Il est peu probable et sans doute peu souhaitable que la police donne suite à chaque cas qui lui est signalé, sans tenir compte d'une importance relative du délit. La plupart des enquêteurs se plaignent, non sans raison, d'être surchargés de travail et du fait que le Service manque de personnel. L'option qui reste est donc d'établir des priorités.

Indice de priorité dans les enquêtes. Le moment est sûrement venu de formuler et d'expérimenter cette théorie développée par Chapman et Clark portant sur l'indice de priorité dans les enquêtes et de l'appliquer au traitement des plaintes mineures pendant une période définie. Évidemment, le succès d'une telle expérience repose avant tout sur l'information et la formation du personnel pour l'amener à comprendre véritablement les objectifs du programme et à y participer de bonne grâce.

Selon ces auteurs, l'indice de priorité des enquêtes est établi de la façon suivante : on attribue une valeur numérique à différents facteurs pour arriver à décider selon le chiffre total, si telle ou telle plainte nécessite que la police y consacre davantage de temps. En fait, l'indice de priorité repose sur l'attribution arbitraire d'une valeur arithmétique à des aspects spécifiques et définis pour chaque plainte déposée auprès de la police et qui n'a pas été classée à la fin de l'enquête préliminaire ou initiale.

Afin d'établir les critères permettant de prendre une décision valable pour déterminer dans quels cas une enquête devrait être approfondie ou non, nous pouvons retenir trois éléments :

- le caractère de la victime ou de l'événement ;
- lorsque l'événement démontre des probabilités de solution ;
- lorsque l'événement fait partie d'une concentration de crimes.

Après l'application de ce système proposé de « l'indice de priorité aux plaintes », le fait de charger des enquêteurs de compléments d'enquête s'avérera sans doute supérieur à la méthode actuelle, incommode, mal réglementée, sans fin, que l'on pourrait définir de « méthode d'enquête sur tout ».

En donnant ainsi des missions précises aux enquêteurs, la victime pourra obtenir plus de garanties d'être équitablement traitée et, à plus longue échéance, la police pourra concentrer ses efforts sur les délits les plus graves et sur ceux où il y a de fortes chances de pouvoir arrêter des suspects. En outre, la victime sera moins portée à se plaindre du fait que son affaire a été négligée, car le Service l'aura bien avisée que c'est l'absence d'indice évident qui a motivé une telle décision.

Il ne faut pas négliger que dans certains cas des facteurs humains peuvent prendre le pas sur les chiffres. En effet, il y aura toujours des affaires, bien que totalisant peu de points, qui nécessiteront une poursuite de l'enquête, à cause d'autres facteurs comme le quartier où a été commis le délit, la personnalité des victimes, et le fait que l'affaire pourrait éventuellement être liée à une série d'autres crimes.

Si l'enquêteur décide, selon cette méthode, de ne pas pousser davantage une enquête, il est recommandable, pour maintenir de bonnes relations avec les citoyens, que la victime en soit avisée par une lettre rédigée en termes précis et clairs sur les motifs de la décision. La lettre doit mentionner que l'affaire sera classée pour le moment mais qu'elle sera réouverte dès que des éléments nouveaux seront apportés, indiquer le numéro du dossier attribué par le Service et finalement expliquer à la victime la façon de signaler à la police tout fait nouveau.

Innovations récentes. Un service de police, comme la société elle-même, doit être constamment en mutation. Cette évolution exige donc des administrateurs la nécessité de repenser les méthodes traditionnelles généralement utilisées sur la patrouille et les enquêtes criminelles. C'est sûrement dans cet esprit que s'inscrit la méthode préconisée par Chapman et Clark sur l'indice de priorité dans les enquêtes.

De même, l'implantation d'un nouvel horaire de travail, sans augmentation de personnel, nous a imposé de toute évidence la nécessité d'un déploiement différent du personnel et nous a obligés à sortir des sentiers battus.

Dans les districts, des patrouilles préventives et spéciales ont été créées selon les besoins locaux et la forme de criminalité. Une utilisation de la microanalyse a justifié la décision d'immobiliser parfois des véhicules de patrouille réguliers afin de faire converger l'effectif vers les secteurs frappés par une concentration criminelle particulière.

De même, la formation de sections d'intervention régionale a découlé de ces innovations récentes. Ces sections d'intervention régionale ont été formées de policiers chargés d'enquêter sur des plaintes touchant la moralité, d'analyser et de disséminer les informations policières en collaboration avec la section Renseignements, de fournir un support opérationnel aux districts de la région, notamment lors de perquisitions d'envergure et de surveillance.

Nous pouvons ajouter que la disponibilité d'analystes de la criminalité a permis de créer un réseau d'information entre les régions et les sections d'enquêtes spécialisées, toujours en coordination avec la section Renseignements afin de rendre les renseignements policiers accessibles au plus grand nombre possible d'intervenants policiers.

C'est toujours dans cette ligne de pensée que nous avons favorisé sur chaque groupe de travail et dans chaque district la présence d'un sergent-détective pour initier les enquêtes lors d'événements criminels d'importance. Ainsi, le plus tôt possible après le constat du patrouilleur, sans perte de temps inutile, il est loisible à l'enquêteur-relève de s'attaquer à sa tâche de prélever les indices sur la scène du crime, d'interviewer sans délai les victimes, les plaignants, les témoins et de questionner les suspects.

Pour améliorer la communication avec le personnel de la base, nous n'avons pas hésité à constituer au niveau de chaque district un Conseil de Direction dans le but précis d'élargir la participation des policiers à la prise de décision. Les chargés de relève et les chargés d'enquêtes ont alors voix à ce Conseil de Direction locale où ils peuvent faire valoir, de façon tout à fait démocratique, leur point de vue personnel ainsi que celui de leurs collaborateurs et subalternes, les sergents, les enquêteurs et les agents sous leur responsabilité.

Ces innovations, quoiqu'elles puissent paraître à certains modestes, ont eu pour effet de régénérer l'organisation et la motivation du personnel. Inutile de rappeler qu'au cours de la présente décennie nous devrons nous adapter davantage au rythme de l'ère spatiale et à la technologie contemporaine et ne plus laisser place à l'improvisation dans la gestion de nos ressources et dans la direction des opérations policières.

À l'instar des entreprises progressives, l'accent devra être mis sur la performance, la productivité et l'utilisation plus rationnelle des ressources humaines et physiques.

De plus, il sera essentiel, au cours des prochaines années, d'accentuer le rapprochement entre citoyens et policiers pour arriver à travailler ensemble, à découvrir les besoins et les aspirations mutuelles et arriver à démontrer une volonté de partager le risque lors d'implantation de programmes innovateurs de prévention de la criminalité sous toutes ses formes.

Il ne faut surtout pas avoir peur d'innover et la plus grave erreur serait de ne pas essayer...

CONCLUSION

LA POLICE : UN MAILLON DE LA CHAÎNE

La police représente la partie la plus visible du système de justice pénale et, par conséquent, fait fréquemment l'objet de comptes rendus par les organes d'information. Bien que les forces policières soient plus en vue, elles ne doivent pas devenir pour autant le bouc émissaire des problèmes profonds de notre société.

En effet, la police est étrangère aux conditions sociales qui existent dans notre milieu et ne peut, de toute façon, les éliminer. Dans le même ordre d'idées, les policiers ne sont pas à l'origine des changements sociaux. Tout comme la population, ils les subissent et se doivent d'évoluer à l'intérieur de ces changements, d'autant plus qu'ils ne possèdent pas les moyens d'arrêter cette évolution sociale.

Les policiers ne sont pas, non plus, les législateurs qui créent les lois, ni les juges qui disposent des accusés. La police n'est, en définitive, qu'un seul maillon de la longue chaîne que constitue le système de justice pénale. Par exemple, les statistiques s'efforcent de comparer les méfaits et les arrestations mais, bien souvent, elles soulèvent en même temps des controverses. Pour les uns, les chiffres relatifs aux méfaits traduisent un état de fait devant lequel la police reste, sinon impuissante, du moins inapte à remplir totalement sa tâche. Pour les autres, les chiffres sur les arrestations possèdent une signification bien supérieure, c'est-à-dire celle de laisser croire que la police peut arrêter tous les malfaiteurs en liberté.

D'un côté comme de l'autre, les données statistiques sont alors considérées comme des absolus trouvant en eux-mêmes leur valeur et leur signification. Mais loin de moi l'idée de reprendre les arguments qui ont si souvent dénoncé cette valeur absolue accordée aux chiffres, dans un domaine qui appartient aux sciences humaines et qui ne peut se limiter à de simples expressions mathématiques. Car, pour le policier, il y a derrière les complications de chiffres, des personnes : les victimes, les malfaiteurs. Ces chiffres représentent pour lui plus que des données quantifiables ; ce sont des êtres humains agressés, des agresseurs, des situations et des scènes dramatiques vécues par des gens marqués souvent de traumatismes physiques et psychologiques profonds.

177

Une approche humaine des statistiques, basée non seulement sur des facteurs mathématiques, constitue un idéal à atteindre. Mais, il existera toujours ce décalage entre la courbe de la criminalité et celle de la répression. Les arrestations opérées ne correspondent jamais au nombre de victimes lésées et de méfaits commis au cours d'une même période.

Il sera toujours ardu d'évaluer, en termes de qualité (si ce n'est par les nombreuses lettres d'appréciation que nous recevons), la valeur des services rendus par chaque policier et par chaque employé civil de notre organisation aux personnes en détresse, aux nombreuses victimes rencontrées sur les scènes de crimes et aux autres personnes secourues et réconfortées sur les lieux d'un accident ou d'un incendie.

Pensons donc aux victimes. Un regard sur la criminalité nous oblige à faire le point et à pousser davantage notre réflexion, particulièrement sur la permissivité de nos lois et la prodigalité des diverses institutions, qui ont aussi comme mission d'être des agents de contrôle social. Cet état de faits crée, sans l'ombre d'un doute, un cercle vicieux. Comment pourrait-il en être autrement ? S'il y a plus de criminels qui sont remis en liberté par les diverses instances du système judiciaire et pénal, le risque est proportionnellement plus grand de noter une augmentation de la criminalité et du nombre d'arrestations et, par la suite, d'être confrontés régulièrement aux mêmes criminels. Tout cela reflète bien notre époque et notre société, dans son ensemble plus permissive, où les lois sont devenues plus libérales, les sentences appliquées de façon moins sévère que par le passé, les permissions d'absence distribuées avec largesse par le système correctionnel et les libérations conditionnelles accordées avec générosité.

Au milieu de ces changements sociaux et politiques, la police se trouve donc à un carrefour. Nous vivons dans une société démocratique qui, à tort ou à raison, est moins portée à châtier les criminels. Que devient alors la raison d'être de la police ? S'il y a moins ou s'il n'y a aucun châtiment à la fin du processus judiciaire, l'activité policière se trouve par le fait même dénuée de sens. Il ne suffit pas qu'une collectivité, pour se donner bonne conscience, se dote d'un service de police chargé dans la communauté de l'application de la loi. En outre, il faut de toute urgence que les autres intervenants aux divers niveaux de notre société jouent mieux leur rôle et qu'ils assument également leurs responsabilités de protecteurs des citoyens dans l'intérêt de la grande majorité et dans le respect des droits de la collectivité. Je pense surtout aux droits des victimes du crime, qui sont devenues les « parents pauvres » et les « laissés-pour-compte » du système de justice pénale.

Presque tout le monde a un ami ou un parent qui a subi des traumatismes consécutivement à un acte criminel. Pourtant, les souffrances subies par les victimes sont considérées comme normales et, tout occupés qu'ils sont par les jeunes délinquants et les criminels adultes, les gouvernements ont jusqu'à maintenant oublié les victimes, ou presque. Il est temps que ce déséquilibre disparaisse. Sans pour autant mettre en veilleuse les droits des détenus, le temps est venu de prendre des mesures concrètes pour mieux équilibrer les priorités au sein de notre système de justice pénale afin de tenir compte aussi des victimes.

Nous pouvons regrouper en trois principales catégories les dommages infligés aux victimes.

Il y a les dommages financiers que subissent les victimes de cambriolage, de vandalisme et d'autres infractions relatives aux biens. Il s'agit souvent de crimes que certains considèrent peu graves. Mais qu'arrive-t-il à la personne dont les vitres ont été brisées en plein mois de janvier par des vandales et qui n'a pas les moyens financiers pour les remplacer ?

Viennent par la suite les blessures infligées aux victimes de crimes avec violence, aux dames âgées qui se font voler leur sac à main ou aux parents de personnes assassinées. Nous avons trop souvent tendance à ignorer ceux qui doivent continuer à vivre après la mort de leur proche ; nous oublions trop facilement ces personnes qui, elles aussi, sont des victimes du crime.

Enfin, la dernière catégorie comprend les blessures infligées aux victimes de crimes sexuels, de viol, aux femmes battues et aux enfants maltraités. Que représente un attentat sexuel pour la famille de la victime d'un viol ? Peu de personnes en parlent. Des États comme le Connecticut, le Maryland et la Pennsylvanie ont adopté une approche uniforme et non discriminatoire en vertu de laquelle c'est le délinquant et non le contribuable qui doit indemniser la victime. Il ne s'agit surtout pas d'une question de finances, mais plutôt d'un principe fondamental de justice.

Un contexte difficile. Un second sujet de réflexion découle du contexte social et économique que nous subissons et qui a, sans l'ombre d'un doute, une influence sur l'accroissement de la criminalité et sur le taux de solution relativement faible. L'économie actuelle, loin de faciliter la tâche aux administrateurs policiers, les oblige à diriger leur service de police avec des effectifs toujours plus réduits, malgré une situation criminelle à la hausse et des demandes toujours croissantes des citoyens. Nous sommes de plus en plus conscients que l'augmentation de personnel n'est plus la solution facile d'autrefois pour régler tous nos problèmes actuels. Il nous faut faire montre de beaucoup d'imagination pour découvrir d'autres moyens plus originaux, et surtout moins onéreux, qui devraient être tout aussi efficaces, à la longue.

Il est entendu que les années d'abondance sont maintenant chose du passé. C'est aujourd'hui que nous affrontons le « choc du présent » et faisons face à la réalité, à la dure expérience des compressions budgétaires, à la réduction progressive de personnel, aux horaires de travail comprimés.

Puisque cette situation est appelée à persister pendant un laps de temps indéterminé, les gestionnaires, fonctionnaires et policiers se sont sensibilisés à accepter une fois pour toutes cette situation irréversible, de façon à ce qu'elle devienne une préoccupation constante à travers nos tâches quotidiennes et qu'elle nous habitue à l'économie et à la rationalisation de la gestion des biens publics.

Une ressource importante : les citoyens. C'est pourquoi, dans l'avenir, nous devons orienter nos énergies vers la prévention du crime en faisant appel à une ressource accessible, riche en potentiel mais trop longtemps méconnue : les citoyens. Maintenant, nous devons nous considérer, citoyens et policiers, comme des partenaires dans le développement de moyens intéressants et efficaces aptes à diminuer les occasions de perpétrer des crimes. Pour le citoyen, prévenir le crime, c'est d'abord commencer par respecter les lois et devenir, par la suite, plus vigilant pour améliorer sa propre sécurité.

Dans le passé, nous n'avons rien négligé. En plus de poursuivre la réorganisation de notre Service, nous avons travaillé avec la population et les organes d'information. Ainsi, nous avons entrepris des actions publicitaires dont l'objectif était à la fois de valoriser le service de police auprès des citoyens et de promouvoir la prévention du crime par des conseils simples et pratiques. Nous avons aussi participé à des programmes d'éducation populaire, toujours dans l'esprit d'obtenir la collaboration de groupes de citoyens à tous les niveaux : jeunes en milieu scolaire et personnes du troisième âge.

Pour atteindre ces groupes, nous avons favorisé la surveillance de quartier, l'opération Identification, l'inventaire des sujets d'intérêt, le programme de formation des policiers en prévention, la patrouille à pied, les rencontres avec les personnes âgées, le programme de déjudiciarisation pour adultes et juvéniles, la collaboration avec des organismes sociaux et des clubs de service comme les clubs Kiwanis, Optimiste, Lions, Richelieu.

Des associations d'assureurs et des entreprises privées, stimulées par notre encouragement, ont aussi décidé d'orienter leur publicité commerciale vers ce secteur de la prévention du crime. Il est intéressant de souligner le travail remarquable accompli par les jeunes, avec l'appui de policiers de plusieurs districts, en collaboration avec le Y.M.C.A., dans l'élaboration et la réalisation de programmes de prévention de la délinquance juvénile, et avec l'organisation Jeunesse au Soleil pour diminuer la criminalité et minimiser les problèmes causés aux gens du quartier, soit par le vandalisme, soit par diverses formes de délinquance juvénile.

Dans notre société démocratique, tout le monde sait que ce sont les citoyens qui déterminent, par l'intermédiaire de leurs élus, les fonds qui sont consacrés à la police et à la sécurité publique. Ce sont ces mêmes personnes qui décident, d'une certaine manière, de l'ampleur que prendra la lutte contre la criminalité. C'est dans cette ligne de pensée que les objectifs d'un service de police sont aussi fixés par les autorités civiles qui déterminent alors les secteurs d'activités essentielles en fonction de la capacité de payer des citoyens.

Mais il reviendra toujours au service de police et à chacun de ses membres de susciter l'intérêt de la collectivité pour la prévention du crime, puis de traduire cet intérêt en une prise de conscience individuelle pour aider les forces de l'ordre.

Les services de police les plus efficaces dans l'avenir seront reconnus comme tels s'ils acceptent et s'ils adoptent le concept de la prévention. En intervenant avant la perpétration d'un crime, en coopérant avec les citoyens et les organismes en vue de renforcer les cibles, en concevant l'agencement du milieu, en décourageant les éventuels criminels et, finalement, en suscitant des changements dans l'attitude et le comportement des gens, ils influenceront de façon positive des individus susceptibles de commettre des actes répréhensibles ou de devenir des délinquants d'occasion.

Voilà, pour la police, un défi redoutable, mais combien exaltant : le défi des années 2000.

Index des titres parus aux Éditions Stanké

Jean Drapeau, Susan Purcell et Brian Mc Kenna
J'elle, Hélène Rioux
Je ne suis pas plus con qu'un autre, Henry Miller
Jean Paul Lemieux retrouve Maria Chapdelaine, Jean Paul Lemieux
Je reçois avec Anco, Pol Martin
Jeux pour playboys, Playboy
Journal de Pierre-Esprit Radisson,
Knockout Inc., Paul Ohl
L'arc-en-soi, Denis Pelletier
Langage des socialistes (Le), Jacques Gerstle
Laura, à la découverte de la petite maison dans la prairie, Donald Zochert
Lhassa, étoile-fleur, Han Suyin
Leçon (Une), Johanne Harelle
Lettres inspirées par le démon du soir, Jean Bourget
Libérez les forces de votre subconscient, Dr J.A. Winter
Long du Richelieu (Le), Hector Grenon
Marc-Aurèle Fortin, Guy Robert
Ma maison a deux portes, Han Suyin
Magie du tofu (La), Yvon Tremblay et Frances Boyte
Maigrir avec la cuisine végétarienne, Vicki Chelf Hudon
Manuscrit, Marcel Godin
Marc-Aurèle Fortin en Gaspésie, Jean-Pierre Bonneville
Martine son souffle est le mien, Annette Desroches-Oligny
Masochisme dit féminin (Le), Marcelle-Maugin Pellaumail
Méditation transcendantale (La), Gary Klang
Mémoires: Richard Nixon
Mémoires: Dr Wilder Penfield
Mes dix années d'exil à Cuba, Pierre Charette
Mieux vivre avec vos allergies, Dr Maurice Comeau
Milliardaires (Les), Max Gunther
Mille et un trucs de cuisine, Huguette Couffignal
Moi, Pétrouchka, Robert Choquette
Moineau, l'apatride aux bottes de sept lieues, Grégoire Brainin
Mon enfance avec Gurdjieff, Fritz Peters
Monde de Rampa (Le), San Ra-ab Rampa
Moisson du Phénix (La), Han Suyin
Mossad, les services secrets israéliens, Uri Dan, Dennis Eisenberg, Eli Landau
Moukhabarat, les services secrets arabes, Yaacov Carroz
M.T.S., (Maladies transmises sexuellement), Johan Daugiras
Mutations! 71 fenêtres sur l'avenir, Isaac Asimov
Nahanni, la vallée des hommes sans têtes, Jean Poirel
Natashquan, le voyage immobile, Gilles Vigneault et Anna Birgit
Naufragés des Bermudes (Les), Luc Granger et coll.
Ne ronfle plus s'il te plaît, Marc Boulware
Nous ne vivons plus dans des igloos,
Nouveau guide du diabétique (Le), Rosario Robillard
Nouvelle classe et l'avenir du Québec (La), Jacques Grand'Maison
Nuits de l'Underground (Les), Marie-Claire Blais
Oeufs limpides, Marc Favreau
Oeuvres de chair, Yves Thériault
Oiseaux familiers du Québec (Les), Julien Boisclair
Ombre et le double (L'), Yvon Rivard
Otages, Claude Poirier
Peau nue, moderne et vraie, Josette Ghédin
Pension Leblanc (La), Robert Choquette
Pentimento – Julia, Lillian Hellman

Index des titres parus dans la collection Québec

Achevé d'imprimer
en avril mil neuf cent quatre-vingt-deux
sur les presses de l'Imprimerie Gagné Ltée
Louiseville - Montréal.
Imprimé au Canada